全国高等职业院校护理类专业第二轮教材

职业生涯规划与就业创业指导

第2版

（供护理、助产专业用）

主　编　曹　旭

副主编　曾朝锋　王钧田

编　者　（以姓氏笔画为序）

王钧田（山东医学高等专科学校）

刘世伟（长沙卫生职业学院）

闫松林（岳阳职业技术学院）

郭海秀（广东江门中医药职业学院）

曹　旭（长沙卫生职业学院）

曾朝锋（长沙卫生职业学院）

谭　萍（重庆三峡医药高等专科学校）

中国健康传媒集团

中国医药科技出版社

内 容 提 要

本教材为"全国高等职业院校护理类专业第二轮教材"之一，系根据本套教材的编写指导思想和原则要求，结合专业培养目标和本课程的教学目标、内容与任务要求编写而成。本教材主要内容包括大学学业生活与职业发展，自我认知与职业素质培养，职业与职业生涯规划概述，职业生涯规划制定与修订，就业观与就业心理准备，大学生就业形势与政策，求职准备与求职活动，就业权益与法律保护，创新素质与创新意识思维，创新创业观与创业能力素质，创业形势政策与赛事锻炼，创业管理与实务。本教材为"书网融合教材"，即纸质教材有机整合电子教材、教学配套资源、数字化教学服务（在线教学、在线作业、在线考试）。本教材主要供护理、助产等专业的师生使用，也可作为高等职业院校其他专业的教材。

图书在版编目（CIP）数据

职业生涯规划与就业创业指导/曹旭主编 . —2 版 . —北京：中国医药科技出版社，2023.2

全国高等职业院校护理类专业第二轮教材

ISBN 978 - 7 - 5214 - 3516 - 0

Ⅰ.①职…　Ⅱ.①曹…　Ⅲ.①职业选择 - 高等职业教育 - 教材　Ⅳ.①G717.38

中国国家版本馆 CIP 数据核字（2023）第 007051 号

美术编辑　陈君杞

版式设计　友全图文

出版　**中国健康传媒集团** | 中国医药科技出版社

地址　北京市海淀区文慧园北路甲 22 号

邮编　100082

电话　发行：010 - 62227427　邮购：010 - 62236938

网址　www. cmstp. com

规格　889mm×1194mm $\frac{1}{16}$

印张　11

字数　315 千字

初版　2018 年 8 月第 1 版

版次　2023 年 2 月第 2 版

印次　2023 年 2 月第 1 次印刷

印刷　北京市密东印刷有限公司

经销　全国各地新华书店

书号　ISBN 978 - 7 - 5214 - 3516 - 0

定价　**39.00 元**

获取新书信息、投稿、为图书纠错，请扫码联系我们。

为贯彻落实《国家职业教育改革实施方案》《职业教育提质培优行动计划（2020—2023年）》《关于推动现代职业教育高质量发展的意见》等有关文件精神，不断推动职业教育教学改革，对标国家健康战略、对接医药市场需求、服务健康产业转型升级，支撑高质量现代职业教育体系发展的需要，中国医药科技出版社在教育部、国家药品监督管理局的领导下，在本套教材建设指导委员会主任委员西安交通大学医学部李小妹教授，以及长春医学高等专科学校、江苏医药职业学院、江苏护理职业学院、益阳医学高等专科学校、山东医学高等专科学校、遵义医学高等专科学校、长沙卫生职业学院、重庆医药高等专科学校、重庆三峡医药高等专科学校、漯河医学高等专科学校、皖西卫生职业学院、辽宁医药职业学院、天津生物工程职业技术学院、承德护理职业学院、楚雄医药高等专科学校等副主任委员单位的指导和顶层设计下，通过走访主要院校对2018年出版的"全国高职高专院校护理类专业'十三五'规划教材"进行了广泛征求意见，有针对性地制定了第二版教材的出版方案，旨在赋予再版教材以下特点。

1. 强化课程思政，体现立德树人

坚决把立德树人贯穿、落实到教材建设全过程的各方面、各环节。教材编写应将价值塑造、知识传授和能力培养三者融为一体，在教材专业内容中渗透我国医疗卫生事业人才培养需要的有温度、有情怀的职业素养要求，着重体现加强救死扶伤的道术、心中有爱的仁术、知识扎实的学术、本领过硬的技术、方法科学的艺术的教育，为人民培养医德高尚、医术精湛的健康守护者。

2. 体现职教精神，突出必需够用

教材编写坚持现代职教改革方向，体现高职教育特点，根据《高等职业学校专业教学标准》《职业教育专业目录（2021）》要求，以人才培养目标为依据，以岗位需求为导向，进一步优化精简内容，落实必需够用原则，以培养满足岗位需求、教学需求和社会需求的高素质技能型人才准确定位教材。

3. 坚持工学结合，注重德技并修

本套教材融入行业人员参与编写，强化以岗位需求为导向的理实教学，注重理论知识与岗位需求相结合，对接职业标准和岗位要求。在教材正文适当插入临床案例，起到边读边想、边读边悟、边读边练，做到理论与临床相关岗位相结合，强化培养学生临床思维能力和操作能力。

4. 体现行业发展，更新教材内容

教材建设要根据行业发展要求调整结构、更新内容。构建教材内容应紧密结合当前临床实际要求，注重吸收临床新技术、新方法、新材料，体现教材的先进性。体现临床程序贯穿于教学的全过程，培养学生的整体临床意识；体现国家相关执业资格考试的有关新精神、新动向和新要求；满足以学生为中心而开展的各种教学方法的需要，充分发挥学生的主观能动性。

5. 建设立体教材，丰富教学资源

依托"医药大学堂"在线学习平台搭建与教材配套的数字化资源（数字教材、教学课件、图片、视频、动画及练习题等），丰富多样化、立体化教学资源，并提升教学手段，促进师生互动，满足教学管理需要，为提高教育教学水平和质量提供支撑。

本套教材凝聚了全国高等职业院校教育工作者的集体智慧，体现了凝心聚力、精益求精的工作作风，谨此向有关单位和个人致以衷心的感谢！

尽管所有参与者尽心竭力、字斟句酌，教材仍然有进一步提升的空间，敬请广大师生提出宝贵意见，以便不断修订完善！

数字化教材编委会

主　编　曹　旭
副主编　曾朝锋　王钧田
编　者　（以姓氏笔画为序）
　　　　王钧田（山东医学高等专科学校）
　　　　刘世伟（长沙卫生职业学院）
　　　　闫松林（岳阳职业技术学院）
　　　　郭海秀（广东江门中医药职业学院）
　　　　曹　旭（长沙卫生职业学院）
　　　　曾朝锋（长沙卫生职业学院）
　　　　谭　萍（重庆三峡医药高等专科学校）

前言 PREFACE

本教材是在贯彻落实《关于进一步做好普通高等学校毕业生就业工作的通知》（国发〔2011〕16号）、《关于深化医教协同进一步推进医学教育改革与发展的意见》（国发〔2017〕63号）、《关于进一步引导和鼓励高校毕业生到基层工作的意见》（中办发〔2016〕79号）、《关于深化高等学校创新创业教育改革的实施意见》（国办发〔2015〕36号）、《国家职业教育改革实施方案》（国发〔2019〕4号）、《"十四五"就业促进规划》（国发〔2021〕14号）等有关重要文件精神，主要依据高等职业院校护理类专业培养目标和主要就业方向及职业能力要求，按照本套教材编写指导思想和原则要求，结合本课程教学大纲，由全国多所院校从事教学一线的教师悉心编写而成。

本教材主要是为了指导学生进行学习、生活规划，就业和创业，此课程共分为规划、就业、创新创业三篇，共十二章，在体例设置上，各篇章节中设有"学习目标""情境导入""素质提升""学生活动""本章小结"，每节开始以"情境导入"引入，然后再阐述理论知识，通过理论与实际结合，把知识讲得更透彻、更生动。综合考虑高职多学制、重视技能训练、培养模式多样化的因素，教师讲授和学生自主学习相结合，提高了高职学生就业指导和服务的针对性、实用性、操作性、时效性和适应性。

本教材编写遵循"三基、五性、三特定"的基本规律。基本理论和基本知识以"必需、够用"为度，可适当扩展，但更加强化实际操作的培养。把握好了教材内容的深度和广度，适应全国高等职业院校护理类专业教育的需要。本教材适用于护理、护理涉外方向、助产等专业的师生使用。本书结构完整、内容充实、实用性强，对大学生职业生涯规划、就业指导、创业指导以及能力的提升大有益处。

本书由长沙卫生职业学院曹旭担任主编，并负责全书的策划、统稿和定稿工作。参与本书编写的同志都是长期从事大学生就业指导和服务工作、思想政治教育的教师。本书共十二章。前言、第一章由曹旭编写；第二章、第三章由曾朝锋编写；第四章、第六章由郭海秀编写；第五章由刘世伟编写；第七章、第八章由谭萍编写；第九章、第十章由闾松林编写；第十一章、第十二章由王钧田编写。

本书的编写，加强了对中青年编委的培养和锻炼，同时，也体现了中青年教师扎实的理论功底和创新思想理念。在编写的过程中，得到了各编者所在单位领导的关心、支持，在此深表谢意。虽然教材编写过程中多次进行了审校，但限于编者水平，难免书中存在不足之处，敬请广大读者、专家批评指正，我们将不胜感谢！

编　者
2022 年 10 月

CONTENTS 目录

上篇　规划篇

1　**第一章　大学学业、生活与职业发展**
1　第一节　大学学业规划
1　一、大学学业规划步骤
2　二、学业规划的作用
3　第二节　大学生活规划
3　一、大学生活规划的内容
7　二、大学生活规划的意义
7　第三节　职业与职业发展
7　一、对职业的认识
8　二、职业发展的含义及类型
9　第四节　大学学业、生活对职业发展的影响
9　一、专业对职业发展的影响
11　二、社会活动对职业发展的影响
12　三、课外活动对职业发展的影响

15　**第二章　自我认知与职业素质培养**
15　第一节　自我认知与自我分析
15　一、自我认知
15　二、自我分析
24　第二节　职业素质与职业能力培养
24　一、职业素质的培养
25　二、职业能力的培养

28　**第三章　职业与职业生涯规划概述**
28　第一节　职业概述
28　一、职业的定义、特性和功能
30　二、职业的分类
32　第二节　职业生涯规划概述

33　一、职业生涯规划的定义
35　二、影响职业生涯规划的主要因素

40　**第四章　职业生涯规划制定与修订**
40　第一节　职业生涯规划发展阶段及类型
40　一、职业生涯规划发展阶段
43　二、职业生涯规划类型
44　第二节　制定职业生涯规划的基本原则
44　一、职业生涯规划的规划原则
45　二、职业生涯规划的制定原则
45　第三节　职业生涯规划的基本步骤
46　一、确立志向
46　二、自我评估
46　三、职业生涯机会评估
46　四、确定目标
46　五、职业发展路线选择
46　六、行动与实施
47　七、评估与反馈
47　第四节　职业生涯规划的内容
47　一、职业生涯规划的主要内容
49　二、职业生涯规划书的主要内容
49　第五节　职业生涯规划的修订
49　一、职业生涯规划的评估要点
50　二、职业生涯规划的修订目的
50　三、职业生涯规划的修订内容
50　四、职业生涯规划的修订原则

中篇　就业篇

53　**第五章　就业观与就业心理准备**
53　第一节　科学就业观

54　一、树立"先就业后择业"的就业观
54　二、树立积极到基层、民营医院的就业观

1

55　三、积极配合就业统计工作

58　第二节　积极就业心理素质的培养

58　一、消极的就业心理素质表现

61　二、积极就业心理素质培养的基本途径

65　第六章　大学生就业形势与政策

65　第一节　当前大学生就业形势

65　一、正视当前的就业形势

66　二、护理行业就业形势

68　三、高校毕业生的就业去向

69　第二节　大学生就业政策

69　一、我国大学生就业政策的历史沿革

70　二、高校大学毕业生就业政策

73　第三节　国家就业促进活动

73　一、完善高校毕业生就业创业支持体系

76　二、国家就业促进活动

79　三、国家促进高校毕业生就业创业的补贴支持

83　第七章　求职准备与求职活动

83　第一节　求职准备

83　一、就业信息收集

85　二、求职简历制作

88　三、求职信格式和撰写

90　第二节　求职活动

90　一、参加招聘会

91　二、参加笔试与接受面试

93　三、面试的准备与礼仪

99　第八章　就业权益与法律保护

99　第一节　就业权益

99　一、大学生就业权益产生的背景

99　二、大学生就业权益的基本内容

102　三、大学生就业权益的维护途径

102　第二节　就业法律保障

103　一、大学生就业权益的《民法典》保护

104　二、大学生就业权益的《劳动法》保护

105　三、大学生就业权益的《劳动合同法》保护

105　第三节　常见侵权现象

105　一、招聘面试阶段常见侵权现象及应对策略

106　二、签约阶段常见侵权现象及应对策略

107　三、就业报到阶段常见侵权现象及应对策略

下篇　创新创业篇

110　第九章　创新素质与创新意识思维

110　第一节　创新素质培养

110　一、创新素质的内涵

111　二、创新素质的基本要求

112　三、大学生创新素质培养的基本途径

113　第二节　创新意识培养

113　一、创新意识的概述

114　二、创新意识的作用

114　三、创新意识培养的基本方法

118　第三节　创新思维培养

118　一、思维的含义

118　二、创新思维的含义

118　三、创新思维的特点

119　四、创新思维是创新能力的核心

119　五、创新思维训练

123　第十章　创新创业观与创业能力素质

123　第一节　科学的创新创业观

123　一、创业

125　二、大学生创新创业的时代背景

126　三、社会环境对创新创业的鼓励与支持

127　四、大学生对创新创业的内在渴望

128　第二节　创业能力和素质

128　一、创业基本知识

130　二、创业需具备的能力与素质

133　三、高等职业院校学生创业的优势

134　四、对大学生创新创业的几点建议

138　第十一章　创业形势政策与赛事锻炼

138　第一节　创业形势

138　一、国内创业形势

139　二、经济形势分析

140　三、毕业生自主创业
140　第二节　创业政策
140　一、国家对于就业创业的政策文件
144　二、高校毕业生就业创业政策解答
146　第三节　创新创业竞赛锻炼
146　一、创新创业竞赛的意义与作用
146　二、国内大学生创新创业竞赛介绍
151　三、创新创业竞赛项目筛选与培育
152　四、创新创业竞赛赛前准备

154　第十二章　创业管理与实务
154　第一节　抓住创业机会
154　一、创业机会的概念
154　二、创业机会识别的重要性
154　三、大学生如何对创业机会进行识别
155　四、如何抓住创业机会
156　第二节　建立创业资源
156　一、创业资源的概念

156　二、创业资源的分类
156　三、创业资源的重要性
157　四、如何建立创业资源
158　五、社会资源的建立
159　六、管理资源的建立
159　第三节　初创企业管理
159　一、初创企业的背景
159　二、初创企业的特点
159　三、初创企业管理上存在的问题
160　四、如何对初创企业进行管理
160　第四节　规避创业风险
160　一、大学生创业风险背景
161　二、大学生创业风险概念
161　三、大学生风险意识重要性
161　四、大学生创业风险来源
162　五、大学生创业风险规避途径

165　参考文献

上篇 规划篇

第一章 大学学业、生活与职业发展

PPT

◎ 学习目标

1. 通过本章学习，重点掌握大学学业、生活规划的步骤、内容和意义；大学学业生活对职业发展的影响。

2. 学会运用大学学业、生活规划的知识进行学业、生活规划设计，具有提高大学生综合素质、锻炼较强的实践能力、树立人生理想目标的重要意义。

▶▶ 情境导入

情境描述 小溪是某高职院校护理专业的一年级新生，在开学后的第一次班会上，辅导员老师提出："班上每一个同学，从现在开始要珍惜在大学里的每一天，一定要提前做好大学学业、生活规划……"小溪不解地问："我们不就是按照学校教学进程去学习吗？好好上课，复习并参加考试，所有科目成绩合格，三年之后顺利毕业。大学生活应该是轻松、快乐、随意的，打打球、唱唱歌、刷刷手机、追追剧、来几次"说走就走的旅行"。还需要做什么学业、生活规划吗？"

讨论 1. 为什么要规划大学学业、生活？

2. 规划大学学业、生活的内容、方法和意义？

第一节 大学学业规划

一、大学学业规划步骤

（一）自己选择专业

第一，要分析自己的兴趣爱好、特长和理想，确定自己以后想干什么？在人生中，选择了自己喜欢的专业，其奋斗的动力更大、信心更强，并能持之以恒，其实现人生远景目标的概率就更大。第二，分析自己的实际能力，确定自己能干什么？能力是完成目标或任务所具备的综合素质，也是职业要求从业者必须掌握的技术技能。每个人所具备的能力是不同的，但每个人都要充分认识自己、认识职业、认识社会，来确定自己能干什么？第三，分析社会需求是什么？分析当今社会的发展和经济结构的变化，现在是最热门的行业，几年后就不一定是热门，从业时要避免"哪门干的人多就做哪门"。最好选择社会发展紧缺，又有利于自身优势发挥的专业。把自己的兴趣爱好、奋斗目标同这个时代的需求密切结合起来，将大有作为。

（二）强化学业规划

许多大学生虽确定了学业规划，但常出现"不实施、不坚持或中途放弃"的现象，最终他们将无法完成学业规划。造成此类现象主要是由于大学生缺乏不断强化规划的过程，强化学业规划能使自己不断地思考学业规划的重要性，产生有进一步落实学业规划的紧迫感，从而培养出积极的心态，增强内生动力，以保证学业规划顺利完成。

（三）制定学习计划

学业总目标制定出来以后，需要对总目标进行分解，要制定详细的学习计划，才能保证学习顺利进行。以3年制高职高专为例，按时段分，可分解为3年、1年、1学期、1季度和1周的学习目标。如按阶段分，可分为学习阶段、实习阶段、毕业设计阶段，每个阶段又可能有分时段的学习目标。时段性、阶段性目标能让学习目标更明确，思路更清晰，这样学业规划就能一步一步得到具体落实。

（四）评估与反馈学业规划

在学业规划实施中，及时对环境、条件、规划执行情况做出阶段性的评价和评估。针对实际执行中存在的许多不确定因素，学业规划的设计须进行一定的调节，为此，对评价和评估出来的结果进行反馈，能及时发现学业规划中存在的问题，迅速调整或变更规划。同时，通过每年、每学期、每月定期检查评估与反馈，详细地分析具体的原因，找出改进的方法和有效的措施。

（五）激励与惩罚

"奖优罚劣"是一种有效的管理制度和措施。有效激励能更大程度激发人的潜能和积极性，为了工作和更高的目标而不断奋斗，因圆满地完成工作任务将受到奖励，能让人全身心地投入到学习中来。惩罚在一定的程度上可预防惰性的产生，完不成工作任务将按制度接受惩罚。

二、学业规划的作用

（一）指导大学生学习

大学新生进入校园，又步入了人生的另一个重要阶段，通常会有一段时间的适应期。同时，学习方式、生活方式以及周围环境的变化，学习压力大幅度降低，他们会出现很大程度的松弛，如没有学业规划的指导，这部分学生的学习目标和人生目标都是茫然的，从而虚度许多美好的时光，非常不利于他们的成长。大学生学业规划能够通过分析个人的兴趣特长、综合能力和人生目标，帮助大学生明确目标，科学合理地安排他们的学习和生活，指导他们顺利地完成大学学业。

（二）构建合理知识结构

通过科学的学业规划构建合理的知识结构。坚持"广泛与精深、理论与实践、积累与调节"的原则，不断地丰富专业知识，不断优化知识系统结构，特别要补好"走进社会所必需的知识"的短板。学习没有捷径可走，它是一个坚持、积累、思考的反复过程，还要采取适合自己的科学方法，这样才能建立和完善自己的知识结构，为今后的就业打下坚实的基础。

（三）提升大学生综合素质

学业规划能让大学生不断地认识自己，更加明确自己的学习目标，并发现自己在学习目标与自身素质之间存在的差距，这个寻找差距、认识差距的过程，就是在提高自己的综合素质。要解决哪些素质存在差距的问题，大学生就要找出自身的问题和短板，解剖自己，针对自身的不足，努力地改变自己、完善自己，这样自我的潜能将被不断挖掘，自身的能动力将被一次又一次激化。相关的交流沟通、适应环境、解决问题、创新发展等综合素质将不断提升。

（四）锻炼综合实践能力

知识不等于能力，但知识和能力是紧密相联的。一定程度上说，知识是能力的一个重要基础。大学毕业生如只有思想理念、理论知识，那也不是一个合格的大学生。只有同时具有较强的实践能力，才能在择业、就业创业中一帆风顺，顺应社会的发展。大学生应具备的基本能力包括表达能力、动手能力、适应能力、交际能力、管理能力、创造能力、决策能力等，这些能力都要在实践中锻炼，这些能力培养过程中又同时锻炼了实践能力。

（五）增强社会责任感

经历了高考竞争，进入大学是大学生人生道路上的关键一步。大学也是其世界观、人生观和价值观进一步完善的关键时期。当代大学生是优秀青年群体，他们肩负了新时代中国特色社会主义建设和中华民族伟大复兴的重任。社会责任感对于大学生来说显得尤为重要。如今，大学开设毛泽东思想和中国特色社会主义理论体系概论、形势与政策、思想道德修养与法律基础、国防教育等多门思想政治理论课程，创新了授课形式和实践方式，使大学生更加深入了解我们的国家，很大程度上提高了大学生的社会责任感。加强大学学业规划，重视思想政治、意识形态教育，能让大学生奋斗目标更明确，社会责任感更强。

第二节　大学生活规划

一、大学生活规划的内容

（一）关注社会大事

大学生是国之栋梁，民族复兴的希望。大学生要关心社会、关心国家、关心大事，结合所掌握知识和所见所闻，要有思考，有想法，有见解。大学生在不断关注社会中成长进步，探求新知识的渴望将越来越强，思维能力和辨析能力将越来越强，社会责任、敢于担当、积极上进的意识将越来越强。同时，大学生思想境界也同步提升，近年来，积极向中国共产党党组织靠拢的大学生大幅增多，他们以实际行动接受党组织一次又一次的考验。大学生的培养和成长不能脱离这个社会，不能封闭在"自己的世界"。

（二）增强人际沟通能力

许多学生在来到大学之前从没有离开过自己的父母，没有离开过家，没有独立生活经历，没有真正体会到生活的意义。来到大学，首先要解决的就是独立生活的问题和如何过集体生活的问题。以平等、真诚、尊重的心态来锻炼和提升自己。通过和老师、同学和社会人交流来提高自身的人际交往能力。

（三）学会处理自己的情感

大学是人生最美好的情感阶段，包括同学之情，室友之情，尤其是爱情。爱情是人类的基本感情之一，是一个特别关注的话题，也是大学生宿舍"卧谈会"的热门内容，大量事实证明，最让大学生心醉与神往的爱情，同时也是最大的"烦恼源"。一般来说最短暂的爱情也就是校园爱情，失恋越来越成为引发大学生情感波动的主要因素。面对失恋的打击，有的同学不能走出失恋的阴影，影响自己的日常生活，甚至会失去理智。所以说，即使失恋，也要友好地说声再见，经历了失恋磨难的人，一旦重新站起来，将会倍加显示出强大的力量。

（四）学会做事

充分发展个人能力，特别是自学能力、实践能力和创新能力。社会处处都是施展才华的空间，会不会做事？能不能做成事？就看愿不愿意，善不善于充分发挥自己的能力。学会做事，就是要有一个良好的、积极的心态，才能把自己的能力发挥到最大限度。

（五）积极参加社团

大学生社团是高校学生依据共同的兴趣爱好而自愿组成，按照章程自主开展活动的群众性组织。是大学生自我教育、自我管理、自我服务的重要阵地；是实施素质教育的重要途径；是开展大学生思想政治教育的有效形式。

1. 合理地选择社团

（1）多结合实际情况　自己对社团有什么设想？在社团活动中能获得什么？参与的社团能带给自己什么影响？只有明确自己对参加社团的期望，才能做好正确定位，以便能找到符合自身实际情况的社团。清楚自己的兴趣爱好，选择适合自己的社团，积极地参与社团活动，这样，才能收获自己想得到的知识和能力。

（2）多考虑与自身专业的相关性　如果在大学里能加入一个以自己专业为兴趣的社团，专业学习将在实践中得到进一步的深化和拓展，并使课堂内外相辅相成、互相促进。

（3）选择要适度　现在，大学社团丰富，各种各样的社团汇集在一起，让人"眼花缭乱"。由于一个人时间和精力是有限的，只能有限地选择自己最喜欢的社团。有些同学爱好、兴趣广泛，选择参与的社团较多，由于时间的问题，部分社团活动无法参与，部分社团活动不能完全参与，最终，既没有达到参与社团的锻炼目的，又浪费了大量的时间。为此，大学生在选择社团时，要认真掂量，反复思考，一旦选择了喜爱的社团，就要认真对待，持之以恒，充分地锻炼自己，展现自己。

2. 多方面历练自己　部分同学对社团认识存在误区，认为社团活动不过就是娱乐活动。可以随着自己的心情确定去或不去，随意性很大。这样，就违背了社团的宗旨，是对自己和社团不负责任的态度和行为。

每个社团都会有明确的章程，强调志趣相投，有共同爱好和追求的人集合在一起，为实现自己的目标而集聚在一起。社团能够让参与者体验到归属感、成就感和幸福感。作为社团的成员，想要在社团中得到最大程度的锻炼，最大限度地实现自己的价值，就要充分发挥自己的主动性、能动性，尽情地释放自己的热情、激情和活力。

（1）能培养学生的社会责任感　参加社团能培养学生的社会责任感，增强学生的集体荣誉感和团队凝聚力。在各类社团活动中，大学生常常进行集体性的活动，不断地产生集体向心力和凝聚力。

（2）能培养学生良好的情绪调控能力　在社团活动中，同学们会不断地遇到不同的人和问题。为了解决这些问题，大学生要学会与各种性格的人打交道、沟通交流，还要学会运用各种方法解决问题。为此，不管遇到什么样的事，都要控制好自己的情绪。

（3）能培养学生适应社会的能力　大学生社团活动不仅具有思想性、趣味性、娱乐性和实践性，还具有相当的社会性。在社团的活动中大学生能学到课堂上学不到的知识，并在实践中亲身体会到、感触到。现在大学生的社团活动范围不再局限于本校校园内，会延伸其他学校或社会其他领域，从而，社团搭建了学生与其他学校，与社会沟通的桥梁。

（4）能培养学生与人交往的能力　在社团中，大学生能接触许多来自不同地方、不同性别、不同专业的同学，学会与多种人员交往，学会交流、合作和研讨，学会做人、尊重他人，在社团中不断地成长、创新和发展。

（5）能培养竞争合作的能力　在社团里，学生在竞争中合作，在合作中竞争。大学生既要有丰富的知识，又要有强烈的竞争意识、合作意识。社团活动是在竞争合作中，逐步提升服务质量，扩大社会的影响。

丰富的社团活动锻炼了大学生多种素质和综合能力，包括团队合作能力和领导能力。开拓了其综合思维能力，创新了工作方法，能创造出团队的大智慧与力量。

3. 合理规划社团生活 部分大学生在选择社团时，常常会遇到这样的问题，对许多社团都感兴趣，都想参加。有的同学还常常遇到社团活动与专业课冲突的情况，难以取舍。遇到此类问题时，需要冷静下来思考，权衡利弊，做出正确的选择。这种选择就是人生成长道路上的一次考验，会让人受益匪浅。

虽然大学社团生活丰富多彩，但大学生还是要不忘自己的主业，即学习好专业知识。在紧张的学习之余，发展自己的特长和兴趣，才是最科学、合理的大学生活。

4. 参加社团意义

（1）社团活动有利于大学生全面发展 社团作为高校课堂教育的补充和延伸。社团活动的实践性、社会性，为学生综合素质的提高提供了广阔的平台。各种社团组织有利于大学生开拓视野、增长知识、培养能力、陶冶情操。

（2）社团活动有利于大学生心理成熟、人格完善 据调查，有20%的大学生存在不同程度的心理障碍，不少高校开设了心理辅导室、心理咨询热线电话，大学心理辅导老师鼓励同学们多参加学校社团，敞开心扉，融入集体，感受集体的温暖。

（3）社团活动有利于大学生社会实践能力的培养 大学生从高中到大学，书本知识学习了不少，但不足是社会实践能力差、适应性差、适应周期长。通过社团活动，有利于培养大学生社会实践能力。

（六）社会实践

1. 学生校外兼职 许多大学生走出校园寻求兼职，究竟应该通过什么渠道获得兼职；有哪些工作适合大学生去做；如何获得合理的报酬；如何让自己真正得到锻炼；这些都是要面对的问题。

（1）慎重选择兼职的途径 大一新生入校后，由于没有熟人介绍，大部分都是自己寻找兼职机会。经过一段时间的学习，以老师、同学和朋友介绍的方式来寻找兼职，也随之多了起来。学校勤工俭学中心也会为许多同学提供兼职的机会。报纸广告、招聘网站也有不少正规兼职信息。

由于越来越多的大学生想获得兼职，市场很大，一批批非法分子在大学校园内打着"校园中介"的幌子，来骗取学生的中介费。大家一定要谨记：如有"中介"拿出资证文件，同时，又要你交中介费，那么你一定不要去。因为正规的中介公司一般是向被介绍人收咨询费，而不是向提供服务人收取费用。当然，一般通过老师、亲戚和朋友介绍的兼职是比较可靠的。

（2）拓展兼职渠道 家教一般是大学生首选的兼职。是因为做家庭教师相对比较轻松，收入也不错。虽然家教可以提高交际沟通能力、口头表达能力，但是这种锻炼是很局限的。实际上，大学生根据自己的特长或专业，还有许多种兼职可以选择。如利用寒暑假到大小企业园区去顶岗实习；不要工资待遇，到自己向往的企业做兼职；到旅游胜地兼职导游或向外国人提供导游服务；参与公司节日礼仪和促销活动；做兼职记者、现场活动主持人、市场调研员等。

（3）学会保护自己 由于大学生缺乏社会经验，所以在从事兼职时很容易掉入多种陷阱。有些用人单位会抓住大学求职心切，将大学生作为自己廉价的劳动力。在与用人单位协商劳动报酬时，如果对方过于苛刻，一定要拿起法律的武器，保护好自己的权利。与用人单位事前争取权利而不是事后争取权利。如在协商劳动报酬时，对方提出了不符合《中华人民共和国劳动法》（以下简称《劳动法》）、《中华人民共和国合同法》的"霸王规定"，一定要坚决地予以抵制，要据理力争。

（4）态度决定一切 大学生兼职的主要目的不是为了挣钱，而是体验生活，积累工作和社会经验，为毕业后求职做好充分的准备。做好兼职，先是态度问题，只要有认真的态度，珍惜工作中每一次锻炼的机会，就一定能将事做好，得到用人单位和同事的肯定。

（5）注重兼职层次 通过大学兼职真正地提高自己，就须对从事的兼职有一定的要求。如果自己毕业后想做一名优秀的程序设计员，但在大学兼职期间只做了一些类似发传单、办公室内勤的工作。这将对你的奋斗目标没有太多的帮助。大学生不要认为所有的兼职都能有效地锻炼自己的能力，在大学生活中，一定要找到与自己规划发展目标相符合的兼职。

（6）不要沦为兼职学生　大学生千万不要把兼职和正常学习"本末倒置"，如正常学习都没保证，想在毕业后找到一个基本的工作都会存在问题。为此，大学生应该珍惜在校的每一天时光，多积累专业知识，为以后找工作作准备。

2. 参加社会实践　社会实践为大学毕业生找工作提前做好了准备。大学生社会实践主要有专业实践、社会调查、志愿服务等。

（1）专业实践　走进企业或单位进行实习锻炼，加强专业知识学习，是大学生校外实践的一种较好的方式。据相关权威统计：超过半数的大学生曾有过因没有工作经验而被用人单位拒绝的经历。特别是新《劳动法》实施后，用人单位为了有效地控制人力成本，将有工作经验的人作为首选，这也使得大学生的就业形势更加严峻。为了积累"工作经验"，大学生麻木地、天真地将促销、家教、打字、复印等工作当"工作经验"，实际上，这些"工作经验"与用人单位要求相差太远。

用人单位工作经验更多的是指专业实践，即大学生在自己所学专业上所积累的经验，而这才是用人单位真正需要的。通过参与用人单位合作的校园招聘或假期实习生计划，不仅有助于大学生积累到用人单位所认可的"专业实践"和"工作经验"，还能让大学生的人生经历增光添彩。

（2）社会调查　社会调查是大学生一般利用寒暑假，围绕经济社会发展的重要问题，开展社会研究，提出解决问题的意见和建议，形成调研成果的一种校外实践方式。大学生可以通过社会调查来正确认识社会现象，掌握科学研究方法，提出分析问题和解决问题的能力，努力把握事物的本质和规律。

社会调查的形式和内容是极为丰富的，主要包括以下方面：①结合专业进行社会调查。通过考察了解专业的发展情况、社会需求度以及在国家建设中的地位和作用，考察所学专业的就业形势及方向，帮助确定个人职业规划和专业学习目标，从而激发对专业的学习热情和积极性。②结合社会热点进行专项调研。大学生应关注社会发展，从自己的角度，针对社会热点问题进行专项调研，提出自己的看法和建议，打开思路，提高自己分析问题、解决问题的能力。③结合国情开展民族文化的考察调研。大学生以伟大的民族、悠久的历史、富饶的资源和美丽的山河等为专题，通过考察学习历史和地理知识，了解中华民族的灿烂文化，增加文化自信力，增强民族自豪感。④结合家乡的发展变化调研活动。大学生以热爱家乡、了解家乡、为家乡做贡献为主题，对家乡风土人情、自然资源、周边环境等调查，对家乡的现状进行评估，对家乡的未来进行思考，并通过多种方式宣传、推介家乡，将家乡土特产、农产品、创业成果的信息带到市场。

（3）志愿服务　大学生志愿服务活动是热心公益事业的大学生利用业余时间志愿为社会和他人提供服务与帮助的一种活动方式。其特点如下：①在实践中体现个体和集体的自觉行为，发挥大学生在活动中的主体作用，尊重大学生的选择和需求。②充分发挥社会教育的作用，注重实践。

大学生志愿服务活动的现实意义如下：①大学生志愿服务活动对于构建社会主义和谐社会具有重要意义。大学生志愿者是国家、政府与人民群众相互沟通的桥梁，弘扬了"奉献、友爱、互助、进步"的志愿精神，他们用自己的实际行动给社会，特别是弱势群体提供更多的无偿服务，增强了人与人之间的关爱，一定程度上缓解了社会矛盾。②大学生志愿服务活动是大学生实现自我价值的重要形式。大学生开展的志愿服务只停留在校园是远远不够的，要走出校门，走向社会。把大学所学知识服务于人民，服务社会，在实践中提高自己，展现出自身价值和当代大学生精神风貌。③大学生志愿服务活动是弘扬校园精神文明的重要载体。大学生志愿者的示范带动将逐渐形成积极向上的校园风气和校园文化。高校是社会主义精神文明建设重要的示范区和辐射源，高校的精神文明建设不能仅局限于校园以内，还应积极融入社会，参与全社会的精神文明建设，增强校园文化与社会文化的交流互动。一方面，青年志愿者行动所体现的校园文化精神引导着社会公众朝着健康的方向发展；另一方面，青年志愿者行动又使校园文化不再封闭化，大学生自觉地将民主参与、公平、法制、竞争、效率等公民参与意识带入校园，使校园文化在与社会文明融合的同时，也感染和熏陶着每一个大学生。

二、大学生活规划的意义

1. 大学生活规划有助于学生全面认识自己　大学生活规划是对培养兴趣爱好、学会为人处世、参与社会实践等事项的合理安排。结合个人实际，有助于大学生发掘自我潜能。同时，也促使学生常常自我反省，全面地、真实地、不断地认识自己。

2. 大学生活规划有助于学生明确自身发展的方向与目标　当大学生对自己的大学生活有了整体规划，明确自己的发展方向和奋斗目标。不再出现精力分散，迷迷糊糊，无方向无目标的现象。大学生主动思考自己现有能力和素质，并根据个人特点和潜在优势，明确各阶段目标，努力提升自身多方面的能力，实现自我价值、社会价值。

3. 大学生活规划有助于学生提升适应社会的能力　如今，社会竞争相当激烈，大学生要掌握好社会发展有利时机，顺应社会发展、实现人生长远的目标，前提是必须具有很强的社会适应能力。大学生活规划对大学生社会适应性的提升影响很大。如果没有做好大学生活规划，没有科学合理安排社会实践，综合能力是不可能提高的，从而缺少社会竞争力。大学生应分析社会形势，收集并梳理相关信息，找到适合自己的立足点，早日积累自己的竞争实力，增强社会适应性，在社会竞争中脱颖而出。

第三节　职业与职业发展

一、对职业的认识

（一）什么是职业

在现实生活中，劳动者总是要在一定的职业岗位上实现就业。从不同学科来分，职业具有不同的概念。在经济学上，职业被认为是一种劳动模式和经济关系；在社会学上，职业被认为是一种反映社会组织的关系；在行为学上，职业被认为是指不同的活动模式和行为模式。职业也可定义为是人们维持生活、承担社会分工角色、发挥个体才能的一种持续进行的社会活动。职业对于个人来说，有三方面的意义。

1. 维持生活　人们必须通过在职业劳动中获得个人收入来维持生活，满足自己或家庭生活上的各种需求。人类社会的生存与发展都是基于劳动创造的，没有社会上的劳动创造，也就没有人类社会的进步和发展。同时，人们通过参加一定职业岗位上的职业劳动获得报酬，以满足生活的基本需求，也积累了个人的财富。

2. 促进个性发展　职业活动对于人的个性发展有着重要的促进作用。每种职业都有其独特的活动结构，对从业者在生理和心理都有一些特定的要求。在职业活动中，个人的智力、体力、知识与技能水平都能得到充分的发挥与提高，使个性得到进一步发展。职业还对人们具有塑造的作用，甚至影响各种职业人的做事风格和人格魅力。

3. 贡献社会　人们在职业活动中，为个人获得谋生的生活资料的同时，也为社会创造财富。现代社会的劳动有明确的分工，一个人只能从事某种类型的具体劳动，不可能从事所有的生产劳动。只有通过各自劳动成果的交换，才能满足大家彼此的需要。在这种平等的交换劳动成果的过程中，也体现出对社会和国家所做的贡献。

（二）职业的特点

通常，职业具备了以下几种主要特点。

1. 专业性与技术性 社会分工是职业产生的前提，分工的目的是使生产专业化、技术化、标准化，从而提高单位时间产品的数量和质量，因此，职业的第一特征就是工作岗位的高度专业化和技术化。不同的职业其工作性质和内容都存在着很大的不同。不同的职业所需要的专业知识也是不一样的，在进入职业之前每个人都需要进行岗位培训，获取相关资格证，掌握相应的专业知识与相应的技能。

2. 稳定性与发展性 社会分工使得各行业成为社会中不可缺少、不可替代、相互联系又相对独立的部门，同时，又使得这些行业、部门具有相对的延续性、稳定性，它们在很长的历史时期都完成同样的社会工作、承担着相同的社会职责，具有相同的职业对象、工作模式、技术要求等。如工程师、教师、医生、律师等。但是职业的延续性与稳定性是相对的，当一种工作不再被社会需要，或与其他行业相合并，这种职业也就不再有。从发展的趋势来说，新出现的职业数量必然大于被淘汰的职业数量，这也体现了职业发展性特征。

3. 有偿性与一致性 职业是在"雇佣劳动"的基础上发展起来的，因此职业的概念不仅体现了分工，还体现了有偿劳动和有酬劳动。不同的职业工作、不同性质单位、不同的岗位、不同的职称、职务等级有不同的工资、津贴、奖金等收入标准。这些收入标准与职业的权利与职责联系在一起，提供给求职者自由选择，并以劳动合同的形式确定用工，受到人事资源管理部门和法律的保护。职业的工资体现着付出劳动与获得收入的经济关系，这也是社会主义按劳分配原则的一种体现。

（三）大学生了解职业的途径

大学生了解职业的途径是多种多样的。学校既是传授知识、培养人才的场所，同时也是学生了解社会、了解职业的窗口。教学是学校的日常工作，学好各门功课是学生的基本任务，各科教学虽不直接与职业相关联，但是通过课堂可以帮助学生了解职业。首先是文化基础课。文化基础课是学校的主导课程，掌握文化基础知识是从事任何职业的基础。文化基础课是按科学分类进行分科的，每一学科虽不涉及某一项具体职业，但它同许多职业有着密切的联系。通过文化课的学习了解职业，是学生了解职业的最重要、最广泛的途径。其次是专业技能课。学生可以通过专业技能课，培养正确的劳动观，掌握一些生产劳动或职业技术的基础知识和基本技能，增强分析和解决实践问题的能力。了解到有关职业的要求和科技发展状况，从而对相关职业产生兴趣，有意识地培养发展职业能力。最后是学校的就业指导课和有关的社会实践活动。通过就业指导课的学习，学生可以比较全面地了解社会职业概况、职业道德、就业形势与政策、劳动纪律与安全操作规程等方面的知识，再通过参加社会调查、访问、学习、讨论等实践活动，对职业形成一定的感性认识。

二、职业发展的含义及类型

（一）含义

职业发展是指为达到职业生涯计划的各种职业目标而进行的知识、能力和技术的发展性培训、教育等活动，也是逐步实现职业生涯目标和工作理想，而不断制订、实施新目标的过程。

在个人漫长的职业生涯中，尽管每个人的职业选择、职业变动的具体情况不同，职业发展却是每个人的共同追求。在现代社会中，每个人都生活在一个集体中，并在其中从事职业活动。第一，个人只有融入集体并在其中努力工作，完成组织交给的任务，满足组织的需要，达到组织寄予的期望，才能不断发展，实现个人职业发展的目标；第二，组织不能单纯地把个人当作一种劳动工具，必须给个人创造条件，提供发展机会，关注个人潜力的发挥、素质的提高和职务的晋升等。因此，职业发展是个人与组织的共同追求，个人只有与组织之间相互配合，力求实现各自的目标，才能更好地实现个人职业发展的目标。

（二）类型

职业发展的形式多种多样，但主要分为职务变动发展和非职务变动发展两种基本类型。职务变动发展分为晋升与平行调动两种形式。晋升是职业生涯发展的常见形式，是职业成功的标志之一。对晋升的渴望是一种积极的动机，它会促使员工在工作中创造出更好的业绩，特别是对处于职业生涯早期和中期的员工，具有更加明显的激励效果。平行调动虽在职务级别上没有提高，但在多个岗位上的锻炼，可以提高综合管理能力和素质，为将来的晋升打下基础。

非职务变动发展包括工作范围扩大、职务内容丰富、改变观念以及方法创新等内容。非职务变动发展是一个基本类型，已成为职业生涯发展的一种常见的形式。"职务和级别没有提升即意味着职业生涯的失败"是一种极错误的观点。随着现代管理不断发展和经济状况的变化，各类社会组织的结构呈现出扁平化发展趋势，管理层逐步削减，组织结构的上层空间越来越受局限。为留用大量优秀管理人员，达成共识的看法是：职业生涯的成功可以以横向调整的形式实现。如员工的能力提高了，却没有高一级职位的空缺，这时可通过发展职务、职责、权利的方法使其职业生涯得到发展，制定细则使其职务的内容更加丰富，并给予相应的待遇。实践证明，这种方式也可使员工受到激励和鼓舞，对员工来说这同样是职业发展的成功。

第四节　大学学业、生活对职业发展的影响

大学生活是丰富多彩、紧张有序的，尤其是将之与今后的职业发展联系起来时，时间与学习机会都会变得愈加珍贵。大学生只有做好了大学学业、生活规划，才能更好地学习并面临大学和未来的生活。如今的招聘单位，对学历、个人素质、实践经验要求高，为此，在学校里努力学知识、在成长中提升自己的素质、在实践中获得经验，将是一名大学生不可缺少的三项任务。大学学业生活规划是指学生结合自身实际情况和大学环境等因素，为自己确立大学在校期间的学习、生活以及择业和就业的计划和打算，它是人生规划的一部分。大学是一个人的人生观、价值观、世界观形成的重要时期，尽早做好大学学业生活规划是很重要的。大学学业生活可以分成专业学习、社会活动和课外活动三个部分。无论处于大学的哪个阶段，它们都将伴随着学生，并且共同帮助学生构建知识、培养能力和提升素质。

一、专业对职业发展的影响

（一）专业概述

1. 专业的定义　专业是指根据学科分类和社会职业分工的需要分门别类地进行专门知识教学活动的基本单位。按照专业设置组织教学，进行专业训练，培养专门人才，是现代高等教育的重要特征之一。

2. 如何选择专业　选择专业对人的一生具有重要影响。然而，许多学生对于专业的选择是非理性的，其原因大致有以下几个方面。①学生不了解自己：包括对自身性格，兴趣和特长都不太了解。②学生不了解所学专业的情况：专业对应的职业类别，以及相关职业和行业的就业形势。③随大流选择专业：认为新兴、体面的专业就是热门专业、好专业。实则相反，专业的选择是一个综合衡量的过程。选择专业应当根据自己的兴趣爱好，了解社会的就业形势，做出自己的正确判断，把实现个人价值与实现社会价值结合起来。做出了正确的选择后就要坚定不移地走下去。④理性选择专业：选择专业时，我们应当辩证地看待热门专业与冷门专业。当下某些热门专业，可能会因市场需求趋于饱和，几年内就会"不热"；相反，某些冷门专业，却在几年后会出现紧俏。如，水利、气象、机械、环境保护等当年的

冷门专业却因就读人数较少反而供不应求。因此，我们在选择专业的时候切忌随波逐流和追赶热门。

（二）专业与职业的关系

1. 合适的专业有利于职业发展　根据职业生涯发展理论，大学生基本处于职业准备期。专业背景和工作经验是绝大多数用人单位非常关注的问题，因此，具备相关专业背景，对于找到自己所钟爱的工作是很重要的，用人单位也倾向于招聘专业对口的职工。调查显示，大部分人认为专业选择会影响今后的就业，会影响尽早确定职业目标。只有开始选择合适的专业，越有利于职业的发展。

2. 专业知识和综合素质为职业发展的重要基础　随着社会行业、职业结构调整速度的加快，大学毕业生在择业、就业上已不可能"从一而终"，也不再是"服从分配"，择业的自主，职业岗位的变动不可避免。专业知识和综合素质职业发展的重要基础，是每个大学生的职业发展之本。

3. 专业精深是职业发展的核心竞争力　大学教育以培养专业性较强的人才为目的，要求大学在学好理论课的同时，对应专业或某一专业方向进行深入的研究和探索。专业知识是大学生知识的核心部分，随着社会发展和高校扩招，每个专业学习的大学生都很多，如何在众多同专业的毕业生中脱颖而出？对从业者的能力和知识结构、专业素质的要求也越来越高。拥有与从事职业相关的扎实的专业知识是职业发展过程中实现目标的核心依据。

4. 专业不能决定职业　在市场经济环境中，毕业生有了更大的就业自主权，即使你所学的专业与从事的工作差异较大，只要你有能力胜任，同样具有极其广阔的发展空间。由于现代的大学教育多数为通识教育，其培养的并非专才而是适应力很强的通才。大学生具有很强的适应能力，完全有可能适应非专业性的工作。实际上，大学生要找到与自己专业完全对口的工作并不容易。据调查，大部分人的职业是"与专业有关系但非本专业完全对口的工作"，"与专业根本没有关系的工作"所占比例不小。因此，我们不必太纠结于专业与职业对口的问题。大学里的任何一个专业适应于职场中的很多具体工作，我们要善于寻找专业与职业的相交点。如果遇到所学专业与职业目标确有差距的时候，我们可以试着从以下方面着手解决。①通过实践经历弥补不足：很多学生开始大学学习之后，才发现所学的专业并不是自己感兴趣的，且无法调换专业。这部分学生可以旁听或自修相关专业课程，利用假期多进入相应公司实习，以积累多一些的实践经验。现在，一些大企业在选择人才方面"不拘一格"，他们更看重实践。②从内部转变：工作几年后，如果确有转行的想法，可先在单位内部寻找机会。从人力资源的角度看，在内部转岗比较合理，因为现单位对员工比较了解，而且大家比较熟悉，会考虑给予一些机会。所以，如果想换到某部门，可以先与该部门的员工交流，了解他们的具体工作内容，同时也为自己职业转向创造条件。③要用阶段目标规划职业生涯：每个人在人生的不同阶段职业目标都可能不一样，也不可能只从事一种工作。所以，无论你所学如何，都应该及时调整自己的心理定位，冲破专业与职业的藩篱，为自己创造更多的机会。

（三）大学学业与职业发展

1. 专业学习是大学学业重要的组成部分　专业学习是贯穿大学学习的主线。我们应深入了解自己选择的专业，喜欢自己选择的专业。不少学生开始对专业不太感兴趣，通过对一个专业的学习了解，不断地接触和熟悉，就会慢慢产生兴趣。每个专业都有自身的特点，学好这些专业的具体方法有很多种，并有共通之处。首先，要规划好专业学习。选定专业后，很多大学生没有规划，结果导致专业学习不能实施或实施后不能持久，最终无法实现自己的目标。做好学业规划能促使自己增强自我管理能力，能使自我准确定位。其次，要分解专业学习的目标。在确定总体学习目标后进行分解，使每年每月每周每日都有自己的学习目标，使得专业规划落实到具体时间，并确保其严格执行。再次，及时地评估和反馈。在计划实施的过程之中，要及时地对环境和条件、对自己的执行情况做出评估，由于现实生活中种种不确定因素的存在，学习的规划必须有一定的弹性，留出时间和空间让自己及时反省，及时纠正。

2. 扎实的学业为就业提供保障 学业是大学生立身之本，具备好的学业，是拥有好的就业、好的职业的基础。机会总是会眷顾真才实学、有准备的人。大学教育既是素质教育又是职前教育，准备充分的人在求职择业时将具有更大的自由度和取得更高层次的职业岗位。大学生应重点从以下三个方面抓好学业，做好就业的准备：①要构建合理的知识结构；②要锻炼较强的实践能力；③要全面提高综合素质。这三方面互为补充，缺一不可。

二、社会活动对职业发展的影响

当前高等教育已经进入大众化阶段，大学生在社会人力资源结构中所占比例逐渐增大。随着大学毕业生数量的增加及有关就业政策的进一步开放，用人单位在挑选大学生时范围更广，要求更高。如在选聘过程中除了笔试、结构化面试、试用期、跟班考核等一般流程外，还增加了小组讨论、情景测试、管理游戏等新的形式，从而提高了大学生入职的门槛。但在大学生的培养环节中，高校则更多地侧重于理论教学、课堂授课、考试考查等，培养计划中对大学生专业方面的实践主要集中于部分验证性实验，综合实践仅依赖于一定期限的实习。这使得大学生在择业过程中或初次就业后表现出诸多方面的不适应，这种不适应自然会影响到大学生的职业发展。大学生的社会实践活动对改变这种不适应状态有着积极的作用。

社会活动既是大学生走向社会的一个很重要的锻炼环节，也是教育与实践相结合的具体体现。社会活动一般包括社会调查、社会实践和青年志愿服务等活动。这些活动按触面广、形式多样。开展这些活动不但能使学生从中吸取丰富的营养，而且又能为社会作出应有的贡献。大学生的职业发展要适应时代要求，不仅要具备丰富的专业知识和高超的业务水平，更要具备一定的社会实践能力。

（一）社会活动对职业发展的作用

1. 以职业要求为标尺，形成自我认识 大学生的成长一般都是从学校到学校，接触社会、接触实践、接触生产劳动第一线的机会较少。大学生走出校门，到相关的企事业单位进行实践活动，能够了解自己在该单位做好相应工作需要具备哪些素质、能力；哪些知识是在学校可以学到的，哪些是需要在课堂以外通过自己主动学习得到补充的；自己通过劳动体会工作的快乐与艰辛，体会团队合作对成功的重要性。这些都有利于了解自身存在的问题和不足，形成对自我的正确认识。带着这些认识回到学校，就可以有针对性地查漏补缺，进一步深化提高自己的优势，弥补自身存在的不足，促进自身综合素质的提高，增强就业的综合竞争力，并形成良好的职业观和价值观。

2. 以社会需求为标准，确定职业定位 大学生的实践活动是职业生涯的"引入期"，其目的就是为以后走上社会和工作岗位做准备。通过实践活动，结合一些职业发展规划测评系统的测试，使大学生主动分析自身适合的职业发展方向，并根据自身的专业、兴趣以及社会实际需求确定今后的职业发展定位。社会的实际需求是大学生就业的基础。通过实践活动，有利于提高大学生对就业形势、难度和需求情况的认识，自觉调整择业、就业的定位，使个人的发展空间、待遇等方面的期望值更加符合用人单位的实际，主动适应用人单位对人才的要求，缩小两者间的差距。

3. 以职业体验为基础，加强角色适应 适应社会是指个体在社会认识和社会生活的基础上，不断调整和改变自己的观念、态度、习惯和行为等，以适应社会的要求和变化。从学生到单位员工的角色转变是每一位大学生必须经历的重要环节。学校对大学生的要求主要侧重于学生的思想品德、学业成绩、专业技能及身心素质等综合素质和共性要求方面，用人单位则在注重学生综合素质的前提下更侧重于不同职业岗位的特殊要求，更多地看重员工对经济或社会效益的贡献。大学生在走上工作岗位之前应该对该岗位有一定的认识和了解，在就业后将自身的努力与单位的发展有机地统一起来，从而为自身的职业发展奠定良好的基础。要真实地了解掌握本专业、行业单位对员工的要求，好的方法就是到相关行业单位进行实践。通过实践，全面地了解单位对不同岗位员工的要求，并主动地根据自身的实际情况进行调整、发展、提高，从而初步完成从大学生到单位员工的角色转变，具备进入职业发展的基本素质。

4. 以职业活动为平台，积累经验阅历　通过实践，除了可以掌握单位对某个岗位的特定要求外，还能了解到单位对其他岗位的要求，对处理与客户、上级、同事等人际关系的要求，以及完成岗位职责所需要的专业知识和实际运用能力、组织管理能力、适应能力、表达能力等各能力的要求。许多用人单位在招聘时都要求应聘者具有一定的工作经验。用人单位之所以提出这样要求的目的就是要求应聘者对职业具有初步的认识，亲身体会履行某个岗位职责需要的职业素养，其实质是希望高校在学生培养过程中加强职业素质培养，使毕业生尽快进入职业角色。如果大学生认真地参与过社会实践，并能在实践过程中取得一些深刻体会的话，对自己今后的工作和生活是有帮助的。

（二）大学生参加社会活动需把握三个关系

社会活动对大学生职业发展的积极影响非常重大。然而，对以求学为目的的大学生而言，社会活动又具有"两面性"，如果处理不好，将会导致大学生活"失衡"。我们在参加社会活动的时候，需要把握三个关系。

1. 处理好获取知识和获取利益的关系　在大学中，很多人在对待参加社会活动获取知识经验重要还是金钱利益重要方面出现"失衡"的现象。一部分人落入金钱利益的怪圈，失去了参加社会活动的出发点。最好的选择是在二者之间找出平衡点。

2. 处理好学业和社会活动的关系　部分同学在社会活动上投入了很多时间和精力，甚至在上课时间也参与社会活动，造成学业成绩出现"危机"，而无法正常毕业。这种本末倒置的做法，是得不偿失的。在学业和社会活动之间，我们必须坚持以学业为主、活动为辅的原则。

3. 处理好锻炼能力和保护自我安全之间的关系　社会是一个"训练场"，同时也隐藏着危险。每年都有不少学生因为参加社会活动受到伤害，如被骗取钱财、陷入非法传销、校园贷等。在参加社会活动锻炼自身能力的同时，一定要保持清醒的头脑，理性、理智地保护自我。

三、课外活动对职业发展的影响

课外活动是指在课堂教学任务以外，以培训学生基本技能和提高学生综合素质为重点，以丰富的资源和活动空间，有目的、有计划、有组织地对学生进行多种多样的开放性教育活动。主要包括思想教育、文体艺、科技学术、技能培训、咨询服务、社会实践活动等。大学课外活动是高校活动的重要组成部分，是课堂教学的重要补充，是学生课余生活的良好组织形式，是大学环境育人的重要内容。开展课外活动是为了实现教育目的，促进学生身心发展，培养全面发展的社会主义建设者和接班人。同时，课外活动强调以育人为中心，以学生为主体，促进大学生的思想教育、技能培养、素质提高，强化学生的主体意识、成功意识、成才意识，对大学生职业发展也有不可估量的作用。

（一）提高大学生的思想道德素质

各种课外活动，如社会政治、学生社团，文化科技、艺术活动、体育运动等，还有高校举办的各种学习班、培训研讨班以及学生自发组织的理论学习会、社会科学协会等学生理论社团，开展的读原著、听报告、讨论、写心得活动及各种演讲会、辩论会、征文比赛、知识竞赛等，都具有思想教育的功能，能够提高大学生的思想道德素质。

（二）增强大学生的心理素质

校园文化艺术节、校运会、辩论赛、演讲赛等积极的课外文体娱乐活动，减轻了高校学生的学习负担和不必要的压力，有利于提高学生的社会交往能力、心理承受能力，促进大学生身心素质的整体发展。大学生在课外活动以提高素质为宗旨，检验自我、充实自我、实现自我，达到身心全面发展，人格不断健全之目的。

（三）提高大学生的科学文化素质

多种多样的课外活动，特别是文化科技、学生社团、校外科研实践、科技创新活动、知识竞赛、科技成果展览、科研课题研究等，都有助于学生智力的开发。一方面可以帮助学生加深对教学内容的理解；另一方面有利于大学生运用所学知识解决实际问题，加强理论和实践的联系，促进其人格培养和创新能力的开发。

（四）培养大学生的应用能力

课外活动不仅可整合课堂的知识，还汇集品德、能力、身心健康于一体，进一步激活了知识与实践结合的过程。一些院校经常开展学校之星比赛、演讲赛、辩论赛、多媒体课件比赛等课外活动，充分调动了大学生的主体能动性。大学生在主持、组织和参与课外活动中，自然而然地培养了组织管理和社会交际、互相合作的能力。

（五）发展大学生的兴趣和特长

课外活动为培养学生的多方面兴趣提供了有效的方式，如"四星"比赛、书画比赛、演讲比赛、辩论比赛、羽毛球比赛、足球比赛、棋类比赛等。这些活动包容了各种不同性格、气质的学生，让其各展所能、各尽其才；调动学生个体的能动性，充分挖掘学生个体的潜能，使学生个性与能力充分结合，达到自我完善、自我良性发展的目的。

目标检测

答案解析

一、单项选择题

1. 大学生生活规划的内容除关注社会大事、增强人际沟通能力外，还有（　）

　　A. 学会处理自己的情感　　　　　　　B. 学会做事

　　C. 积极参加社团　　　　　　　　　　D. 社会实践

2. 大学生社会实践主要有（　）

　　A. 专业实践　　　　B. 社会劳动　　　　C. 社会调查　　　　D. 志愿服务

3. 职业对于个人来说，具有什么意义（　）

　　A. 维持生活　　　　B. 促进个性发展　　C. 提升人格魅力　　D. 贡献社会

4. 大学学业生活可以分成（　）

　　A. 文体活动　　　　B. 专业学习　　　　C. 社会活动　　　　D. 课外活动

5. 社会活动一般包括（　）活动

　　A. 社会调查　　　　B. 社会实践　　　　C. 青年志愿服务　　D. 扶贫工作

6. 职务变动发展分为什么形式（　）

　　A. 晋升　　　　　　B. 提拔　　　　　　C. 平行调动　　　　D. 出国

7. 大学生参加社会活动需把握好（　）

　　A. 处理好获取知识和获取利益之间的关系　B. 处理好学业和社会活动的关系

　　C. 处理锻炼能力和保护自我安全之间的关系 D. 处理好心理健康与身体健康的关系

8. 如在协商劳动报酬时，对方提出"霸王规定"，一定要用（ ）法律坚决地予以抵制，要据理力争

    A.《劳动法》   B.《行政法》   C.《合同法》   D.《民商法》

二、思考题

1. 如何规划自己的大学学业？

2. 思考自己在大学阶段的学习和生活目标？

3. 结合自己的实际，如何规划自己在大学阶段的社会实践？

书网融合……

本章小结

第二章　自我认知与职业素质培养

PPT

◎ 学习目标

1. 通过本章学习，重点把握大学生自我认知的意义、主要内容以及大学生职业素质培养的意义和路径。
2. 学会掌握自我认知与分析的方向与技巧，具有培养自身职业素质的能力。

第一节　自我认知与自我分析

》 情境导入

情境描述　英国著名诗人济慈（1795—1821）原修学医学专业，后来他发现了自己诗词创作的才能，于是当机立断，用自己的整个生命去写诗。他虽只活了二十几年，但为人类留下了不少不朽的诗篇。马克思年轻时曾想做一个诗人，也努力写过一些诗（就是后来他自称是"胡闹的东西"），但他很快就发现自己的长处其实不在此，便毅然放弃做诗人的打算，转身投入社会科学的研究。如果他们两个人不能充分认识自己，那么英国不过增加一位不高明的外科医生济慈，德国不过增加一位蹩脚的诗人马克思，而在英国文学史和国际共产主义运动史上则肯定要失去两颗光彩夺目的明星。

讨论　1. 结合上述材料，简述当代大学生应如何进行自我认知与自我分析？
　　　　2. 结合上述材料，谈谈自我认知与自我分析对大学生职业规划的重要性？

一、自我认知

护理专业是一个服务特殊人群的专业，其主要任务是帮助患者恢复健康、帮助健康的人促进健康，该专业是一门综合自然、社会及人文的生命科学，作为一名护理专业的大学生，要开展好自己的职业生涯规划，自我认知是职业生涯规划的第一步，也是重要的一步，同学们应从职业需求的角度进行自我认知，了解自己的兴趣、性格、能力、气质和价值观，做到自知者明，才能选择正确的职业定位，进而在个人的职业生涯中获得成功。

二、自我分析

俗话说："女怕嫁错郎，男怕入错行"，那么如何才能避免这种情况的发生呢？这就要求同学们在进行职业规划之前，必须进行自我分析，规避盲目规划给自己带来难以弥补的损失。通过从以下几个重要的层面进行有意识、多角度的自我分析，同学们一定会得出一个真实的自我，开展好自己的职业规划。

（一）兴趣

兴趣是一个人倾向于认识、研究、获得某种事物，并带有情绪色彩的心理特征。

兴趣是保证自己职业生涯规划成功的前提，它对一个人的职业发展有始动、定向和调节作用，可以推动个人的职业生涯规划获得更好的发展。兴趣对人生事业发展至关重要，所以兴趣是职业选择考虑的重要因素之一。

纵观古今中外，但凡有所成就的人，甚至是那些天才，他们之所以能够在某些方面有所建树，原因其实很简单，只不过是他们发挥了某方面的兴趣而已。

职业兴趣是指人们对某种职业或工作所持的态度和积极性。明确职业兴趣对于提高自我认识、改善职业生涯规划具有非常重要的作用，一个人的职业兴趣可以通过霍兰德职业兴趣倾向测试来确定。

霍兰德认为人的职业兴趣可分为现实型、研究型、艺术型、社会型、企业型和常规型六种类型。

现实型（R）：其基本的倾向是喜欢以物、机械、动物、工作等为对象，从事有规则的、明确的、有序的、系统的活动。因此，这类人偏好的是以机械和物为对象的技能性和技术性职业。

研究型（I）：其基本的倾向是分析型的、智慧的、有探究心的和内省的，喜欢根据观察而对物理的、生物的、文化的现象进行抽象的、创造性的研究活动。因此，这类人偏好的是智力的、抽象的、分析的、独立的、带有研究性质的职业活动。

艺术型（A）：其基本的倾向是具有想象、冲动、直觉、无秩序、情绪化、理想化、有创意、不重实际等特点，他们喜欢艺术性的职业环境，也具备语言、美术、音乐、演艺等方面的艺术能力，擅长以形态和语言来创作艺术作品，而对事务性的工作则难以胜任。

社会型（S）：其基本的倾向是合作、友善、助人、负责任、圆滑、善于社交言谈、善解人意等。他们喜欢社会交往，关心社会问题，具有教育能力和善于与人相处等人际关系方面的能力，适合这一类人的典型职业有教师、公务员、咨询员、社会工作者等以与人接触为中心的社会服务型的工作。

企业型（E）：其基本的倾向是喜欢冒险、精力充沛、善于社交、自信心强。他们强烈关注目标的追求，喜欢从事为获得利益而操纵、驱动他人的活动。由于具备优秀的主导性和说服别人、与人接触的能力，这一类型的人特别适合从事领导工作或企业经营管理的职业。

常规型（C）：其基本的倾向是顺从、谨慎、保守、实际、稳重、有效率、善于自我控制。他们喜欢从事记录、整理档案资料、操作办公机械、处理数据资料等有系统、有条理的活动，具备文书、算术等能力，适合他们从事的典型职业包括事务员、会计师、银行职员等。

人们通常倾向选择与自我兴趣类型匹配的职业环境，这样可以最好地发挥个人的潜能。但在具体职业选择中，个体并非一定要选择与自己兴趣完全对应的职业环境，这主要是因为个体本身通常是多种兴趣类型的综合体，出现单一类型显著突出的情况不多，因此评价个体的兴趣类型时也时常以其在六大类型中得分居前三位的类型组合而成，组合时根据每个类型得分高低依次排列字母，构成其兴趣组型，如EIS、AIS等。

因此，应对自己的职业兴趣有了一个大致的了解，并从现在开始就努力创造条件，发展自己这方面的兴趣与特长，为自己未来的职业生涯做准备，为自己未来的人生成功做准备。

（二）性格

性格即个人特质，是个人对现实的稳定态度和习惯化的行为方式的总和，表现为独特的心理特征。

东方古语云："积行成习，积习成性，积性成命"，西方也有名言："播下一个行为，收获一种习惯；播下一种习惯，收获一种性格；播下一种性格，收获一种命运。"可见性格在一定程度上会影响一个人的命运。

性格与职业之间存在一定的关联性，性格中对工作态度的成分，往往影响到职业的选择和成就，选择适合自己性格的职业，会得心应手；选择不适合自己性格的职业，会力不从心；职业和性格的最佳匹配使得我们成为更有焦点、效率更高的职业人，因此我们可以每天都去工作并且喜欢我们所从事的职业。

目前，在职业选择与发展领域，应用最广泛的是基于著名心理学家荣格（Jung）心理类型理论而发展出的"梅尔－布瑞格斯心理类型指标"（Myer－Briggs type indicator，MBTI），这个指标以瑞士心理学家荣格划分的 8 种类型为基础，加以扩展，形成四个维度（表 2－1）。

表 2－1 类型指标介绍

维度	类型	相对应类型引文缩写	类型	相对应类型引文缩写
①	外倾	E	内倾	I
②	感觉	S	直觉	N
③	思维	T	情感	F
④	判断	J	理解	P

如果只能用一个维度将人群区分开来的话，那么，这个维度应该是内外倾向，它是区分个体的最基本的维度，外向型和内向型的性格特点见表 2－2。

表 2－2 内倾－外倾型性格特点

外倾型（E）	内倾型（I）
与他人相处时精力充沛	独处时精力充沛
行动先于思考	思考先于行动
喜欢边想边说出声	在心中思考问题
易于"读"和了解；随意地分享个人情况	更封闭，更愿意在经挑选的小群体中分享个人的情况
说的比听的多	听的比说的多
高度热情地社交	不把兴奋说出来
反应快，喜欢快节奏	仔细考虑后，才有所反应
重于广度而不是深度（心理能量的获得途径和与外界相互作用的程度）	喜欢深度而不是广度（心理能量的获得途径和与外界相互作用的程度）

我们每个人都在不断接受着信息，这是我们跟上外界节拍的必要前提。但不同类型的个体接受信息的方式不同，这便有了感觉型与直觉型之别，感觉型和直觉型的性格特点见表 2－3。

表 2－3 感觉型－直觉型性格特点

感觉型（S）	直觉型（N）
相信确定和有形的东西	相信灵感或推理
对概念和理论兴趣不大，除非他们有着实际的效用	对概念和理论感兴趣
重视现实性和常情	重视可能性和独创性
喜欢使用和琢磨已知的技能	喜欢学习新技能，但掌握之后很容易厌倦
留意具体的、特定的事物；进行细节描述	留意事物的整体概况、普遍规律及象征含义；用概括、隐喻等方式进行表述
循序渐进地讲述有关情况	跳跃性地展现事实
着眼于现实	着眼于未来，留意事物的变化趋势，惯于从长远角度看待事物
接受信息上喜欢深度而不是广度	接受信息上重于广度而不是深度

从作决策的方式来看，可将性格维度分为思维型和情感型，思维型和情感型的性格特点见表 2－4。

表 2－4 思维型－情感型性格特点

思维型（T）	情感型（F）
退后一步思考，对问题进行客观的、非个人立场的分析	超前思考，考虑行为对他人的影响

续表

思维型（T）	情感型（F）
重视符合逻辑、公正、公平的价值；一视同仁	重视同情与和睦；重视准则的例外性
被认为冷酷、麻木、漠不关心	被认为感情过多，缺少逻辑性，软弱
认为坦率比变通更重要	认为变通比坦率更重要
只有当情感符合逻辑时，才认为它可取	无论是否有意义，认为任何感情都可取
被"获取成就"所激励	被"获得欣赏"所激励
很自然地看到缺点，倾向于批评	惯于迎合他人，着重维护人脉资源

从喜好的生活方式来看，有些人经常是井然有序，而有些人就不那么习惯于保持整齐，前者是判断型具有的特征，后者是知觉型的人经常有的状态；判断型和知觉型的性格特点见表2-5。

表2-5　判断型-知觉型性格特点表

判断型（J）	知觉型（P）
做了决定后最为高兴	当各种选择都存在时，感到高兴
有"工作原则"：工作第一，玩其次（如果有时间的话）	"玩的原则"：现在享受，然后再完成工作（如果有时间的话）
建立目标，准时地完成	随着新信息的获取，不断改变目标
愿意知道它们将面对的情况	喜欢适应新情况
着重结果（重点在于完成任务）	着重过程（重点在于如何完成工作）
满足感来源于完成计划	满足感来源于计划的开始
把时间看作有限的资源，认真地对待最后期限	认为时间是可更新的资源，而且最后期限也是有收缩的

通过对照四个维度的描述，你或许已经识别出自己在每个维度上的偏好，取每个维度上偏好类型的代表字母，即可以由四个字母构成你的性格类型。四个维度、八个端点可组合成16种性格类型，你必然属于其中的一种；各类型的特点见表2-6。

表2-6　16种性格类型特点

类型名称	相对应英文字母简称	类型名称	相对应英文字母简称
内倾感觉思维判断	（ISTJ）	内倾感觉情感判断	（ISFJ）
内倾直觉情感判断	（INFJ）	内倾直觉思维判断	（INTJ）
内倾感觉思维知觉	（ISTP）	内倾感觉情感知觉	（ISFP）
内倾直觉情感知觉	（INFP）	内倾直觉思维知觉	（INTP）
外倾感觉思维判断	（ESTJ）	外倾感觉情感判断	（ESFJ）
外倾直觉情感判断	（ENFJ）	外倾直觉思维判断	（ENTJ）
外倾感觉思维知觉	（ESTP）	外倾感觉情感知觉	（ESFP）
外倾直觉情感知觉	（ENFP）	外倾直觉思维知觉	（ENTP）

（三）能力

能力是在观察力、记忆力、想象力等智力因素基础上形成的掌握知识、运用知识、进行创造的本领，是人为取得预定成果与顺利完成某项活动所具备的有关知识、技能、智力的综合。

能力按照其获得的方式（先天具有与后天培养），可分为"能力倾向"和"技能"两大类。

同学们可以借助表2-7，对照表2-8和表2-9，自我评定一下自己的职业能力倾向。

表 2 – 7　职业能力倾向自我评定量表

	强 1	较强 2	一般 3	较弱 4	弱 5
1. 一般学习能力倾向（G）					
（1）快而容易地学习新的内容	（　）	（　）	（　）	（　）	（　）
（2）快而正确地解决数学题目	（　）	（　）	（　）	（　）	（　）
（3）你的学习成绩总的来说处于	（　）	（　）	（　）	（　）	（　）
（4）对课文的字、词、段落和篇章的理解、分析和综合的能力	（　）	（　）	（　）	（　）	（　）
（5）对学习过程的材料的记忆能力	（　）	（　）	（　）	（　）	（　）
各等级次数累积	（　） ×1	（　） ×2	（　） ×3	（　） ×4	（　） ×5

总计分数（　）＝（　）＋（　）＋（　）＋（　）＋（　）

自评等级（　）＝总计分数（　）÷5

2. 言语能力倾向（V）					
（1）善于表达自己的观点	（　）	（　）	（　）	（　）	（　）
（2）阅读速度快，并能抓住中心内容	（　）	（　）	（　）	（　）	（　）
（3）掌握词汇量的程度	（　）	（　）	（　）	（　）	（　）
（4）向别人解释难懂的概念	（　）	（　）	（　）	（　）	（　）
（5）你的语文成绩	（　）	（　）	（　）	（　）	（　）
各等级次数累积	（　） ×1	（　） ×2	（　） ×3	（　） ×4	（　） ×5

总计分数（　）＝（　）＋（　）＋（　）＋（　）＋（　）

自评等级（　）＝总计分数（　）÷5

3. 算术能力倾向（N）					
（1）做出精确的测量（如测量长、宽、高等）	（　）	（　）	（　）	（　）	（　）
（2）笔算能力	（　）	（　）	（　）	（　）	（　）
（3）口算能力	（　）	（　）	（　）	（　）	（　）
（4）打算盘	（　）	（　）	（　）	（　）	（　）
（5）你的数学成绩	（　）	（　）	（　）	（　）	（　）
各等级次数累积	（　） ×1	（　） ×2	（　） ×3	（　） ×4	（　） ×5

总计分数（　）＝（　）＋（　）＋（　）＋（　）＋（　）

自评等级（　）＝总计分数（　）÷5

4. 空间判断能力倾向（S）					
（1）解决立体几何方面的习题	（　）	（　）	（　）	（　）	（　）
（2）画三维度的立体图形	（　）	（　）	（　）	（　）	（　）
（3）看几何图形的立体感	（　）	（　）	（　）	（　）	（　）
（4）想象盒子展开后的平面形状	（　）	（　）	（　）	（　）	（　）
（5）想象三维度和三维度的物体	（　）	（　）	（　）	（　）	（　）
各等级次数累积	（　） ×1	（　） ×2	（　） ×3	（　） ×4	（　） ×5

总计分数（　）＝（　）＋（　）＋（　）＋（　）＋（　）

自评等级（　）＝总计分数（　）÷5

续表

	强 1	较强 2	一般 3	较弱 4	弱 5
5. 形态知觉（P）					
（1）发现相似图形中的细微差异	（ ）	（ ）	（ ）	（ ）	（ ）
（2）识别物体的形状差异	（ ）	（ ）	（ ）	（ ）	（ ）
（3）注意到多数人所忽视的物体的细节部分	（ ）	（ ）	（ ）	（ ）	（ ）
（4）检查物体的细节	（ ）	（ ）	（ ）	（ ）	（ ）
（5）观察图案是否正确	（ ）	（ ）	（ ）	（ ）	（ ）
各等级次数累积	（ ） ×1	（ ） ×2	（ ） ×3	（ ） ×4	（ ） ×5

总计分数（ ）＝（ ）＋（ ）＋（ ）＋（ ）＋（ ）

自评等级（ ）＝总计分数（ ）÷5

	强	较强	一般	较弱	弱
6. 职员能力倾向（Q）					
（1）快而准确地抄写资料（诸如姓名、日期、电话号码等）	（ ）	（ ）	（ ）	（ ）	（ ）
（2）发现错别字	（ ）	（ ）	（ ）	（ ）	（ ）
（3）发现计算错误	（ ）	（ ）	（ ）	（ ）	（ ）
（4）在图书馆很快地查找编码卡片	（ ）	（ ）	（ ）	（ ）	（ ）
（5）自我控制能力（如较长时间地抄写资料）	（ ）	（ ）	（ ）	（ ）	（ ）
各等级次数累积	（ ） ×1	（ ） ×2	（ ） ×3	（ ） ×4	（ ） ×5

总计分数（ ）＝（ ）＋（ ）＋（ ）＋（ ）＋（ ）

自评等级（ ）＝总计分数（ ）÷5

	强	较强	一般	较弱	弱
7. 眼 – 手运动协调（K）					
（1）玩电子游戏	（ ）	（ ）	（ ）	（ ）	（ ）
（2）打篮球或打排球一类的活动	（ ）	（ ）	（ ）	（ ）	（ ）
（3）打乒乓球或羽毛球	（ ）	（ ）	（ ）	（ ）	（ ）
（4）打算盘	（ ）	（ ）	（ ）	（ ）	（ ）
（5）打字	（ ）	（ ）	（ ）	（ ）	（ ）
各等级次数累积	（ ） ×1	（ ） ×2	（ ） ×3	（ ） ×4	（ ） ×5

总计分数（ ）＝（ ）＋（ ）＋（ ）＋（ ）＋（ ）

自评等级（ ）＝总计分数（ ）÷5

	强	较强	一般	较弱	弱
8. 手指灵巧（F）					
（1）灵巧地使用很小的工具（如镊子等）	（ ）	（ ）	（ ）	（ ）	（ ）
（2）穿针眼、编织等使用手指的活动	（ ）	（ ）	（ ）	（ ）	（ ）
（3）用手指做一件小手工艺品	（ ）	（ ）	（ ）	（ ）	（ ）
（4）使用计算器的灵巧程度	（ ）	（ ）	（ ）	（ ）	（ ）
（5）弹琴	（ ）	（ ）	（ ）	（ ）	（ ）
各等级次数累积	（ ） ×1	（ ） ×2	（ ） ×3	（ ） ×4	（ ） ×5

总计分数（ ）＝（ ）＋（ ）＋（ ）＋（ ）＋（ ）

自评等级（ ）＝总计分数（ ）÷5

续表

	强 1	较强 2	一般 3	较弱 4	弱 5
9. 手的灵巧（M）					
（1）用手把东西分类（如把一大堆苹果分为大、中、小三类）	（　）	（　）	（　）	（　）	（　）
（2）在推和拉东西时手的灵活度	（　）	（　）	（　）	（　）	（　）
（3）很快地削水果	（　）	（　）	（　）	（　）	（　）
（4）灵活地使用手工工具（如锒头、锤子等）	（　）	（　）	（　）	（　）	（　）
（5）在绘画、雕刻等手工活动中手的灵活性	（　）	（　）	（　）	（　）	（　）
各等级次数累积	（　） ×1	（　） ×2	（　） ×3	（　） ×4	（　） ×5

总计分数（　）＝（　）＋（　）＋（　）＋（　）＋（　）

自评等级（　）＝总计分数（　）÷5

统计：在下列括号中填写你的每一职业能力倾向的自我评定等级

职业能力倾向　自我评定等级

一般学习能力（G）（　）

言语能力倾向（V）（　）

算术能力倾向（N）（　）

空间判断能力倾向（S）（　）

形态知觉（P）（　）

职员能力倾向（Q）（　）

眼—手运动协调（K）（　）

手指灵巧（F）（　）

手的灵巧（M）（　）

在确定你的每一种职业能力倾向后，参阅关于职业对人的职业能力倾向的要求。

职业与其所要求的职业能力倾向的基本标准对照表中，在等级数字下有"."的职业能力倾向等级，表示此职业所必须达到的职业能力倾向水平。材料部分引用国外资料，不一定完全适合中国。但是，从中可以了解部分职业对人的职业能力倾向要求的高低，此材料仅供参考（表2-8）。

表2-8　职业与其所要求的职业能力倾向的基本标准对照表

职业类别	GVNSPQKFM	职业类别	GVNSPQKFM
生物学家	111223323	大学教师	113323444
建筑师	111123333	中学教师	223433444
测量员	222223333	小学和幼儿园教师	223333333
测量辅导员	444444343	职业学校教师（职业课）	222333333
制图员	232223223	职业学校教师（普通课）	223433444
建筑和工程技术专家	222223333	内、外、牙科医生	112123222
建筑和工程技术员	233333333	兽医学家	112123222
物理科学技术专家	222233333	护士	223333333

续表

职业类别	GVNSPQKFM	职业类别	GVNSPQKFM
物理科学技术员	2 3 3 3 2 3 3 3 3	护士助手	3 4 4 4 4 3 3 3 3
农业、生物、动物、植物学的技术专家	2 2 2 4 2 3 3 2 3	工业药剂师	1 1 1 3 2 3 3 3 3
农业、生物、动物、植物学的技术员	2 3 3 4 2 3 3 3 3	医院药剂师	2 2 2 4 2 3 3 3 3
数学家和统计学家	1 1 1 3 3 2 4 4 4	营养学家	2 2 2 3 3 3 4 4 4
系统分析和计算机程序编制者	2 2 2 2 3 3 4 4 4	配镜师（医）	2 2 2 2 2 3 3 3 3
经济学家	1 1 1 4 4 2 4 4 4	配眼镜商	3 3 3 3 3 4 3 2 3
社会学家、人类学者	1 1 3 2 2 3 4 4 4	放射科技术人员	3 3 3 3 3 3 3 3 3
心理学家	1 1 2 2 2 3 4 4 4	药物实验室技术专家	2 2 2 3 2 3 3 3 3
历史学家	1 1 3 4 4 3 4 4 4	药物实验室技术员	2 3 3 3 3 3 3 3 3
哲学家	1 1 4 3 3 3 4 4 4	画家、雕刻家	2 3 4 2 2 5 2 1 2
政治学家	1 1 3 4 4 3 4 4 4	产品设计和内部装饰者	2 2 3 2 2 4 2 2 3
家政经济学家	2 2 2 3 3 3 3 3 3	舞蹈家	2 3 3 2 3 4 2 3 3
社会工作者	2 2 3 4 4 3 4 4 4	演员	2 2 4 3 4 4 4 4 4
社会服务助理人员	3 3 3 4 4 3 4 4 4	电台播音员	2 2 3 4 4 3 4 4 4
法官	1 1 3 4 3 3 4 4 4	作家和编辑	2 1 3 3 3 3 4 4 4
律师	1 1 3 4 4 3 4 4 4	翻译人员	2 1 4 4 4 3 4 4 4
公证人	2 2 3 4 4 3 4 4 4	体育教练	2 2 2 4 4 3 4 4 4
图书馆管理学专家	2 2 3 3 4 2 3 4 4	体育运动员	3 3 4 2 3 4 2 2 2
图书馆、博物馆和档案管理员	3 3 3 2 2 4 3 2 3	秘书	3 3 3 4 3 2 3 3 3
职业指导者	2 2 3 4 4 3 4 4 4	打字员	3 3 4 4 4 3 3 3 3
记帐员	3 3 3 4 4 2 3 3 4	农民	3 3 3 3 3 3 3 4 3
出纳员	3 3 3 4 4 2 3 3 4	饲养动物者	3 4 4 4 4 4 4 4 4
统计员	3 3 2 4 3 2 3 3 4	渔民	4 4 4 4 4 5 3 4 3
声讯台及电话接线员	3 3 4 4 4 3 3 3 3	矿工和采石工人	3 4 4 3 4 5 3 4 3
一般办公室职员	3 4 3 4 4 3 3 4 4	纺织工人	4 4 4 4 3 5 3 3 3
商业经营管理	2 2 3 4 4 3 4 4 4	机床操作工	3 4 4 3 3 4 3 4 3
售货员	3 3 3 4 4 3 4 4 4	锻工	3 4 4 4 3 4 3 4 3
警察	3 3 3 4 3 3 3 4 3	电器修理工	3 3 3 3 2 4 3 3 3
门卫	4 4 5 4 4 4 4 4 4	细木工	3 3 3 3 3 4 3 4 4
厨师	4 4 4 4 3 4 3 3 3	其他一般木工	3 4 4 3 4 3 3 4 3
招待员	3 3 4 4 4 4 3 4 3	电工	3 3 3 3 3 4 3 3 3
理发师	3 3 4 4 2 4 3 3 3	裁缝、服装设计	3 3 4 3 3 4 3 2 3
导游	3 3 4 4 4 4 3 4 3		
驾驶员	3 3 4 3 3 5 3 3 3		

表 2-9　专业大类与可以从事的职业关系表

专业	职业	专业	职业
工科	工程师、建筑、技术员、技工、技师等	政法	法官、律师、警察、公务员、公证等
体育	职业运动员、教练、裁判、体育管理等	艺术	音乐家、作曲、画家、设计师、演员、导演等
管理	企业家、经济人、秘书、经济学家、行业管理等	服务	咨询师、服务员、营业员、经理等
旅游	导游、翻译、厨师、旅游经济人、景区管理等	理科	研究员、教师、工程师、科学家、专业技术人员等

续表

专业	职业	专业	职业
农科	农艺师、技术员、农场经营等	林科	园林管理、林场经营、工程师等
医学	医生、药剂试、护士、技师、保健师等	文学	教授、教师、记者、编辑、作家、剧作家等
财经	经济学家、经济师、统计师、会计、商务师等	师范	教育家、心理学家、教师、社会工作等

技能是指掌握并能运用专门技术的能力分类，美国辛迪·鲍尔斯将技能分为三种类型，即专业知识技能、自我管理技能、可迁移技能。

（四）气质

气质是表现在心理活动的强度、速度、灵活性与指向性等方面的一种稳定的心理特征；是一个人内在涵养在外部形象上的反映。气质是现代企业择业标准的重要条件，其特征影响一个人的择业活动，也影响一个人职业活动中的职业成就。

气质差异是先天形成的，它只给人们的言行涂上某种色彩，不能决定人的社会价值，也不直接具有社会道德评价含义，气质不能决定一个人的成就，任何气质的人只要经过自己的努力都能在不同实践领域中取得成就，但也可能成为平庸无为的人。

古希腊医生希波克拉底（公元前460—前377）很早就观察到人有不同的气质，他认为人体有四种体液：血液、黏液、黄胆汁和黑胆汁。希波利特根据人体内的这四种体液的不同配合比例，将人的气质划分为四种不同类型。

1. 多血质　灵活性高，易于适应环境变化，善于交际，在工作、学习中精力充沛而且效率高；对什么都感兴趣，但情感兴趣易于变化；有些投机取巧，易骄傲，受不了一成不变的生活。

2. 黏液质　反应比较缓慢，坚持而稳健的辛勤工作；动作缓慢而沉着，能克制冲动，严格恪守既定的工作制度和生活秩序；情绪不易激动，也不易流露感情；自制力强，不爱显露自己的才能；固定性有余而灵活性不足。

3. 胆汁质　情绪易激动，反应迅速，行动敏捷，暴躁而有力；性急，有一种强烈而迅速燃烧的热情，不能自制；在克服困难上有坚忍不拔的劲头，但不善于考虑能否做到，工作有明显的周期性，能以极大的热情投身于事业，也准备克服且正在克服通向目标的重重困难和障碍，但当精力消耗殆尽时，便失去信心，情绪顿时转为沮丧而一事无成。

4. 抑郁质　高度的情绪易感性，主观上把很弱的刺激当作强作用来感受，常为微不足道的原因而动感情，且有力持久；行动表现上迟缓，有些孤僻；遇到困难时优柔寡断，面临危险时极度恐惧。

对于气质类型不同的从业者来讲，其职业的适应性与职业成就也大不相同。

（五）职业价值观

自我认知的核心是对自身价值的认知，职业价值观指人生目标和人生态度在职业选择方面的具体表现，也就是一个人对职业的认识和态度以及他对职业目标的追求和向往。理想、信念、世界观对于职业的影响，集中体现在职业价值观上。

在现实社会中，由于人们所处的地位和生活环境不同，对于什么是价值、应当树立什么样的价值观、如何实现人的价值等问题的看法不是完全相同的，有的甚至是直接对立的。这就必然要求当代大学生树立正确的人生观与价值观，俗话说："人各有志"。这个"志"表现在职业选择上就是职业价值观，它是一种具有明确的目的性、自觉性和坚定性的职业选择的态度和行为，对一个人职业目标和择业动机起着决定性的作用，职业价值观是企业文化的核心，同时又是企业在录用人才时的优先选项，大学生的职业选择倾向受其择业动机支配，而择业动机是大学生价值观的重要组成部分，大学生的择业动机可以归纳为三种类型。

（1）谋生型　劳动作为人的谋生手段，通过从事某种职业而获得维持生活的经济收入，这是最普遍的择业动机。在此动机支配下的大学生择业所考虑的首要因素。即是考虑经济收入水平和福利的高低。

（2）创业型　大学生希望获得事业的成功，在创业中展示才华，取得成就。在这种择业动机支配下，大学生择业考虑的第一因素是该项事业是否能够充分展示自己的才华。

（3）贡献型　一部分大学生的职业理想是做一个对社会、对人类有贡献的人，在这种择业动机的支配下，大学生择业考虑的第一因素是社会的需要，当社会需要与个人利益发生冲突时，它们会把社会需要放在首位。

第二节　职业素质与职业能力培养

》》情境导入

情境描述　苏雅香女士，第39届南丁格尔奖获得者，贵州省护理学会理事长，1965年护理专业毕业后分至贵州省人民医院儿科病房工作，38年的护理工作中，她救治和养护过12个被遗弃在医院的弃婴，用整个身心去弹奏爱的乐章，几十年如一日，她带领的护理部被评为厅级优秀集体、全国文明示范岗，获全国千家医院百日竞赛二等奖等荣誉。苏雅香女士于2003年获得国际护理界最高荣誉奖——南丁格尔奖。

讨论　1. 结合上述材料，谈谈大学职业素质对职业生涯的重要性？

　　　　2. 结合上述材料，谈谈职业素质与职业能力的关系？

一、职业素质的培养

职业素质是劳动者在劳动实践过程中通过学习、培训、磨炼等途径形成和发展起来的对社会职业了解与适应能力的一种综合体现，我们所讲的职业素质是指专业知识、专业技能和专业能力等与职业直接相关的基础能力和综合素质。职业素质是做好本职工作的前提，一般来说，劳动者能否顺利就业并取得成就，在很大程度上取决于本人的职业素质，职业素质越高的人，获得成功的机会就越多。

（一）培养爱岗敬业的素养

爱岗敬业精神是做好工作的根本，是职业生涯中创造佳绩的前提；现代大学生应当将爱岗敬业精神变为一种习惯，一种做人做事的品质，将使你在平凡的岗位上做出不平凡的业绩，最终成就一番事业。

（二）培养恪守责任的素养

任何一项工作，无论多么艰难，只要你认真对待，就能取得成功。世界上没有做不好的工作，只有做不好工作的人，只要我们认真去做，用负责的精神投入其中，任何工作都可以做精做好。

（三）培养忠于职守的素养

企业在衡量一个员工是否可用时，都会将忠诚置于职业素质的首位。只有忠诚的员工，才会使企业效益增大，才能提高企业的凝聚力和竞争力，才能让企业在市场中立于不败之地。

（四）培养团结协作的素养

当今职场，只有懂得团结协作的人才是具有竞争力的人，一个人的能力是有限的，只有通过团队协作，才能实现共同进步，只有具备团队合作精神的员工才是企业进步的原动力。

（五）培养业绩说话的素养

对于企业或组织来说，业绩是证明自己的硬道理，业绩在一定程度上是检验优劣的标准，是证明能力和价值的尺度。一个企业或者一个人是否优秀，关键要看他所创造的业绩。因为只有每一个人的业绩都突出，集体的业绩才探得上突出，集体和个人才能赢得更好的发展。

（六）培养创新工作的素养

职业生涯中应该时刻提醒自己，我是在勤奋工作还是在聪明地工作，当今社会，科学技术日新月异，知识信息快速更新，面对这样的形势仅仅靠勤奋的工作是不够的，我们还需要聪明地工作，创造性地工作，后者甚至比前者更重要。

（七）培养感恩工作的素养

感恩是每一个员工必备的职业素养，是一种良好的心态；以一种感恩图报的心情工作时，你会工作得更愉快、更出色。带着一种从容、坦然、喜悦的感恩心情投入工作，职业生涯定会轻松愉悦、硕果累累。

（八）培养微笑工作的素养

微笑是一种职业素养，是每个大学生都应该学习和具备的一种修养、一种气质、一种风度、一股正能量。职业生涯，请带上微笑，把其作为培养职业素养的首要一步去对待。

（九）培养诚信工作的素养

不信不立，不诚不行；诚实守信是我们取得事业成功的必备美德。诚实比一个人的其他品质更能深刻地表达人的内心，作为新时代大学生，职业生涯中为人处世，做事立业，诚信二字要谨记于心，落实于行。

（十）培养高效执行的素养

"执行"即是"做"，对执行力通俗的理解是"执行并完成任务的能力"，服从是执行力的具体表现，是每一个从业者必须具备的基本职业素养，服从是第一执行力，学会服从，才能成为一个优秀的执行者。

二、职业能力的培养

职业能力是大学生从事职业活动和推进职业发展的核心要素之一，是为了胜任一种具体职业而必须具备的能力，也是大学生职业素质最为关键的要素，每个职业都需要一定特殊的能力才能胜任。大学毕业后，有些同学毕业后较长时间找不到工作或者找不到自己满意的工作；有些同学还未毕业就成为雇主争抢的对象，有多家不错的单位可以选择。实践证明，内因是影响大学生就业的关键因素之一。大学生要想在毕业时找到自己满意的工作，提高自身的职业能力刻不容缓。

（一）做好规划，明确目标是基础

学校要优化教学培养，从大学一年级开始对学生们进行分阶段、分层次，逐步深入的就业指导，让学生在对职业规划有清晰认识的前提下对自己的职业方向进行明确，在明确的方向指引下规划自己职业目标，有方向、有目标、有规划，职业生涯的规划能力才能从基础上得到提升。

（二）先学做人，再学做事是根本

完整的教育是科学精神和人文精神的统一，当代大学生要在学会做人的前提下学会做事，当好自己的主人，加强自我修养，坚持从小事做起、从自己做起，牢固树立自律、自敬、自爱、自立的精神风貌，才能立足于整个职业生涯中做好每一件事。

（三）专业知识与技能的学习是核心

专业知识和专业技能是大学生将来从事社会工作的基础，只有深厚的专业理论知识结合精湛的专业实践技能，才能在人才市场引起重视、受到青睐。大学生在大一的时候就要牢固树立热爱本专业、学好本专业、钻研本专业的学习精神。要将学习培养成一种兴趣或者爱好，培养自己形成爱读书、读好书、善读书地好习惯，在理论学习的同时，一定要践行"读万卷书，行万里路"的学习方式，将所学知识尽可能地融入到实践中，同时利用实践获得的经验来反证、巩固和补充所掌握的理论知识，实现从知识型向高素质技能型人才的转化。

（四）心理素质与就业心态是保证

良好的心理素质对于大学毕业生顺利就业有着至关重要的作用。近年来，在扩招、岗位要求相对少等问题上给大学生职业规划上带来了一定的心理压力，即将踏上职业旅途的大学毕业生面对严峻的就业形势，提高就业心理素质迫在眉睫，因此，在紧张的学习之余，也要注重自己心理素质的加强，尤其在日常的学习生活中锻炼自己坚韧不拔的性格和较强的抗压能力，沉着冷静地应对职业道路上遇到的用人挑选和现实社会中激烈的竞争，个人的职业能力才能得到凸显。

✵ 学生活动

每个同学根据护理专业的要求，结合自身情况制作一份自我认知与自我分析的认知与分析报告或者设计一份职业素质及能力培养规划方案。

目标检测

答案解析

一、单项选择题

1. 保证自己职业生涯规划成功的前提，对一个人的职业发展有始动、定向和调节作用，可以推动个人的职业生涯规划获得更好的发展的是（ ）

    A. 爱好　　　　　　　B. 兴趣　　　　　　　C. 气质　　　　　　　D. 性格

2. 基本的倾向是喜欢以物、机械、动物、工作等为对象，从事有规则的、明确的、有序的、系统的活动的人格特征是（ ）

    A. 社会型　　　　　　B. 研究型　　　　　　C. 现实型　　　　　　D. 企业型

3. 情绪易激动，反应迅速，行动敏捷，暴躁而有力；性急，有一种强烈而迅速燃烧的热情，不能自制属于（ ）

    A. 多血质　　　　　　B. 胆汁质　　　　　　C. 抑郁质　　　　　　D. 黏液质

4. 在观察力、记忆力、想象力等智力因素基础上形成的掌握知识、运用知识、进行创造的本领，是人为取得预定成果与顺利完成某项活动所具备的有关知识、技能、智力的综合的是（ ）

    A. 知识　　　　　　　B. 素质　　　　　　　C. 胆识　　　　　　　D. 能力

5. 人生目标和人生态度在职业选择方面的具体表现，也就是一个人对职业的认识和态度以及他对职业目标的追求和向往的是（ ）

    A. 职业价值观　　　　B. 职业人生观　　　　C. 世界观　　　　　　D. 职业素质

6. 做好工作的根本，是职业生涯中创造佳绩的前提的是（ ）

    A. 恪守责任   B. 忠于职守   C. 爱岗敬业   D. 团结协作

二、多项选择题

1. 大学生的就业动机可以归纳为（ ）

    A. 谋生型   B. 创新型   C. 创业型   D. 贡献型

2. 下列属于霍兰德认为是人的职业兴趣类型的是（ ）

    A. 现实型   B. 研究型   C. 艺术型   D. 社会型

3. 下列属于性格类型的是（ ）

    A. 外倾型   B. 情感型   C. 直觉型   D. 判断型

三、填空题

1. 护理专业是一个_____的专业，其主要任务是帮助患者_____、帮助健康的人促进健康，该专业是一个综合_____、_____及_____的一门生命科学。

2. 性格即_____，是个人对现实的_____和习惯化的_____的总和，表现为独特的_____。

3. _____和_____是大学生将来从事社会工作的基础，只有深厚的专业理论知识结合精湛的专业实践技能，才能在人才市场引起重视、受到青睐。

4. 大学生要牢固树立_____、_____、_____的学习精神。

四、名词解释

1. 自我认知
2. 职业兴趣
3. 职业能力
4. 气质
5. 职业素质

五、思考题

1. 结合自身情况如何制作一份自我认知与自我分析的认知与分析报告。
2. 根据护理专业的人才培养要求，怎样设计一份职业素质及能力培养规划方案？

书网融合……

本章小结

第三章　职业与职业生涯规划概述

PPT

◉ 学习目标

1. 通过本章的学习，重点把握职业的定义、职业的特性和功能以及职业生涯规划的定义。
2. 学会对职业进行分类，具有根据影响职业生涯规划的主要因素分析自身实际的能力。

第一节　职业概述

≫ 情境导入

情境描述　高职高专护理类学生蒋某和曹某是同班同学。在开学后一次"我的未来"主题班会上，曹某表示自己想成为一名优秀的护士，而蒋某表示自己想成为一名出色的管理者。

曹某在大学期间，每天按时上课，专心学习，专业知识扎实，各科成绩都优秀，实习期间便被实习单位留任。蒋某则积极参加大学期间的各种活动，还成为辅导员的得力助手，帮助老师处理一些日常事物。

毕业十年后，曹某成为了一家三甲医院优秀的护士长，蒋某成为了一家医院的管理人员。

讨论　1. 这个故事告诉我们什么道理？

　　　　2. 如果是你，你会怎么安排自己的大学生活？

一、职业的定义、特性和功能

（一）职业的定义

职业是一个综合性的概念，从不同的角度分析，可以得出不同的内容。从狭义上来说，职业是一个人为了生存的需要而在社会中所从事的工作，它是一种社会角色的需要，是人们自身发展和社会进步的载体。从广义上来分析，职业是人们为了谋生和发展而从事的相对稳定的、有经济收入的社会活动，是人的生活方式、经济状况、文化水平、行为模式、思想情操的综合反映，也是一个人的权利、义务、职责以及社会地位的综合体现。

综合分析，我们发现不论怎样去定义职业的概念，它大致都具有以下的几种特征。①经济性：就是说要有收入，从事职业活动的就业者要能从职业中获得经济收入，这种经济性最好是稳定而持续的。②社会性：指从事职业活动的就业者，它是个人体现社会性的一个过程，是个人和社会连接的一个纽带。③技术性：职业者要具有相应的职业技能和职业技巧，以便能适应所需要完成的任务。④规范性：职业者在从事某种职业时，要遵循一定的职业规范。所以，在从事某种职业之前，从业者都要接受择业前的教育，包括基础教育、高等教育、职业教育、专业培训等。这些教育的目的是为了使从业者获得良好的职业技能和生存能力，适应社会的发展和职业角色的需要。同时，在为社会输送合格人才的同时，驱动经济的发展，从而为社会创造更多的职业，满足年轻人选择性发展的需要。

（二）职业的特性

职业从技术层面上分析，它属于一种工作门类，是指从业人员以获取主要生活来源为目的、相对稳定的、由一定人数组成的、从事社会活动的专门工作类别，职业的特性大概包括以下几个方面。

1. 专业性　职业是指人们从事的专门业务，每一种职业都有其技术规范要求，要从事某种职业，从业者必须具备一定的专业知识、能力和职业道德品质，需要进行专门的学习或训练。随着科技的发展和社会进步，职业的专业性尤其是现代职业的科学技术含量会越来越强，对从业者专业化程度的要求也会越来越高，人们在从事某种职业前，应进行一定实践的专业理论学习和专业技能培训，以适应或符合职业的专业性要求。

2. 时代性　职业随着时代的变化而变化，不同时代有不同时代的热门职业。任何一种职业的存在，都是为了满足人们的实际需要，进而满足社会发展的需要。所以，当一种社会形式发生变化的时候，人们对于职业的发展，也一定同时发生变化。为了满足这种时代的需要，职业总是在不断变化。所以，职业的划分也体现着明显的时代气息，越来越细而且又互相交叉、融合，具有明显的时代性。

3. 稳定性　一种职业产生后，总是会相对稳定地存在于相当长的一段时间内。职业的产生，从根本上来说是为了满足社会发展和人的价值的实现，所以当社会需要这种职业的时候，说明人的价值的实现，也需要这种职业的存在。所以，在知识经济时代，社会职业的变化虽然更为迅速，但是一种职业一旦存在，便会存在一段时间，即使随着社会的变化，某些职业形式会发展变化，但总体上保持稳定性。

4. 多样性　随着生产力的发展，产业结构的调整变化，社会分工会越来越细，职业的分类越来越多，即职业的多样性。我们现在看到的职业发展，是在一定的社会结构过程中，出现的社会分工变化。当我们的社会需要这种变化的时候，职业会随着发生变化，目的是满足日益变化的社会生产力的需要。在这种情况下，职业可以变换自己的样式，出现了很多的职业样式。也就是职业的多样性特征。知识经济时代，随着科学技术的迅猛发展，学科划分越来越细，交叉学科、边缘学科越来越多，新的行业不断涌现，将会增加许多新的职业。

（三）职业的功能

个人的生存、成长和发展，都要借助于职业这一手段，社会的形成、发展与进步，也是以职业为基础的。没有职业，人就无法生存，社会也不复存在。生活在社会上的人，通过社会化劳动为社会创造了财富，也为自己的生存和发展创造了条件，这就是职业的功能。具体地讲，职业的功能大致可以概括成以下的几个方面。

1. 职业为人们提供了生存的基础，是人们的谋生手段　人生的重要组成部分是人的职业活动，职业活动的主要表现是人们通过参加社会劳动来获取生存所必须的生活资料，所以职业为人们提供了生存的基础，人们通过职业创造生存、生活的条件。在现实社会中，职业是人们谋生的手段，人们通过一定职业岗位的劳动，获得劳动报酬，满足生活的需要，并且可以积累个人财富，为人们的生活和生活质量提供保障。

2. 职业为个体发展提供了广阔舞台　职业的实现，归根结底是人的价值的实现。这是因为一个人的价值，需要在社会中体现出来。一个人，只有满足了社会和他人对他的需要，才能实现自身的价值。所以，职业是一个人实现自己价值的重要因素。每个人在完成自己工作的同时，实现了自身的价值。因为完成职业任务的过程，就是人们满足他人需要，满足社会需要的过程。虽然任何职业都有其专门的特征和要求。但是，个人在职业生活中要运用自己的知识、技能完成工作任务，并在完成任务的过程中不断提高自己的技能，在工作经历中不断丰富知识、积累经验，不断成长、成熟，一直成才，从而走向成功，实现自我价值。

3. 职业是个人与社会融合并促进社会发展途径　职业的本质是劳动力与生产资料的结合，个人谋取了社会职业，通过职业活动把个人融入社会。通过职业劳动，个人在获得谋生的同时，也为社会创造了财富，为社会做出了贡献，促进了社会的进步。所以，我们认为在社会发展的过程中，一个人可以从事一种或兼做几种职业，但不可能同时从事其生活所需各种劳动，劳动者只有通过各自劳动成活的交换，才能满足各自的需要，这种劳动成果交换的过程，就体现了个人为他人的服务，其实质就是对社会做出的贡献。当一个人能够满足他人和社会对他的需要的同时，就是一个人和社会相融合的过程，就是一个人实现自身价值的过程。

二、职业的分类

职业的分类是指在社会发展过程中，运用一定的标准和方法，对从业人员按照工作的种类和性质进行的划分。我们认为职业分类是职业发展过程中，一个重要的因素。它是形成产业结构、产业组织以及产业政策的前提，也是择业者了解职业、认识职业和选择职业的基础。

2022 年人力资源社会保障部向社会公示了新修订的《中华人民共和国职业分类大典》（以下简称"大典"）。此次大典修订工作，是 2021 年 4 月由人力资源社会保障部、国家市场监督管理总局、国家统计局联合启动的，也是自 1999 年颁布首部国家职业分类大典以来的第二次全面修订。

此次大典修订，遵循客观性、科学性、创新性原则，对 2015 年版大典确立的 8 个大类总体结构不作调整，对社会各方面反映的意见建议，秉承求真务实、理性实证的科学精神研究论证，写实性描述各职业（工种）的具体内容，优化更新大典信息描述，以充分反映经济社会和科技发展带来的实际业态变化。具体来说，围绕数字经济、绿色经济、制造强国和依法治国等要求，专门增设或调整了相关中类、小类和职业。与此同时，根据实际，取消或整合了部分类别和职业，例如：将报关专业人员和报检专业人员 2 个职业，整合为报关人员 1 个职业；取消了电报业务员等职业。据统计，新版大典包括大类 8 个、中类 79 个、小类 449 个、细类（职业）1636 个。与 2015 年版大典相比，增加了法律事务及辅助人员等 4 个中类，数字技术工程技术人员等 15 个小类，碳汇计量评估师等 155 个职业（含 2015 年版大典颁布后发布的新职业）。

我国职业分类体系调整为：8 个大类，75 个中类，434 个小类，1481 个职业。并列出了 2670 个工种，标注了 127 个绿色职业。

第一大类　国家机关、党群组织、企业、事业单位负责人

1－01 中国共产党机关负责人

1－02 国家机关负责人

1－03 民主党派和工商联负责人

1－04 人民团体和群众团体、社会组织及其他成员组织负责人

1－05 基层群众自治组织负责人

1－06 企事业单位负责人

第二大类　专业技术人员

2－01 科学研究人员

2－02 工程技术人员

2－03 农业技术人员

2－04 飞机和船舶技术人员

2－05 卫生专业技术人员

2－06 经济与金融专业人员

2－07 法律、社会和宗教专业人员

2－08 教学人员

2 – 09 文学、艺术、体育专业人员

2 – 10 新闻出版、文化专业人员

第三大类　办事人员和有关人员

3 – 01 办事人员

3 – 02 安全和消防人员

第四大类　社会生产服务和生活服务人员

4 – 01 批发与零售服务人员

4 – 02 交通运输、仓储和邮政业服务人员

4 – 03 住宿和餐饮服务人员

4 – 04 信息传输、软件和信息技术服务人员

4 – 05 金融服务人员

4 – 06 房地产服务人员

4 – 07 租赁和商务服务人员

4 – 08 技术辅助服务人员

4 – 09 水利、环境和公共设施管理服务人员

4 – 10 居民服务人员

4 – 11 电力、燃气及水供应服务人员

4 – 12 修理及制作服务人员

4 – 13 文化、体育和娱乐服务人员

4 – 14 健康服务人员

4 – 99 其他社会生产和和生活服务人员

4 – 99 – 00 – 00 无人机驾驶员

第五大类　农、林、牧、渔业生产及辅助人员

5 – 01 农业生产人员

5 – 02 林业生产人员

5 – 03 畜牧业生产人员

5 – 04 渔业生产人员

5 – 05 农、林、牧、渔业生产辅助人员

5 – 99 其他农、林、牧、渔业生产辅助人员

第六大类　生产、运输设备操作人员及有关人员

6 – 01 农副产品加工人员

6 – 02 食品、饮料生产加工人员

6 – 03 烟草及其制品加工人员

6 – 04 纺织、针织、印染人员

6 – 05 纺织品、服装和皮革、毛皮制品加工制作人员

6 – 06 木材加工、家具与木制品制作人员

6 – 07 纸及纸制品生产加工人员

6 – 08 印刷和记录媒介复制人员

6 – 09 文教工美、体育和娱乐用品制作人员

6 – 10 石油加工炼焦、煤化工生产人员

6 – 11 化学原料和化学制品制造人员

6 – 12 医药制造人员

6－13 化学纤维制造人员

6－14 橡胶和塑料制品制造人员

6－15 非金属矿物制品制造人员

6－16 采矿人员

6－17 金属冶炼和压延加工人员

6－18 机械制造基础加工人员

6－19 金属制品制造人员

6－20 通用设备制造人员

6－21 专用设备制造人员

6－22 汽车制造人员

6－23 铁路、船舶、航空设备制造人员

6－24 电气机械和器材制造人员

6－25 计算机、通信和其他电子设备制造人员

6－26 仪器仪表制造人员

6－27 废弃资源综合利用人员

6－28 电力、热力、气体、水生产和输配人员

6－29 建筑施工人员

6－30 运输设备和通用工程机械操作人员及有关人员

6－31 生产辅助人员

6－99 其他生产制造及有关人员

第七大类　军人

7－00 军人

第八大类　不便分类的其他从业人员

8－00 不便分类的其他从业人员

新版大典的一个亮点，就是首次标注了数字职业（标注为"S"）。数字职业是从数字产业化和产业数字化两个视角，围绕数字语言表达、数字信息传输、数字内容生产三个维度及相关指标综合论证得出。标注数字职业是我国职业分类的重大创新，对推动数字经济、数字技术发展以及提升全民数字素养，具有重要意义。新版大典中共标注数字职业 97 个。新版大典沿用 2015 年版大典做法，标注了绿色职业 133 个（标注为"L"）。新版大典中，既是绿色职业又是数字职业的有 23 个（标注为"L/S"）。

职业分类作为制定职业标准的依据，是开展职业教育培训和人才评价的重要基础性工作。此次新版大典特别是新增职业的发布，对于增强从业人员的社会认同度、促进就业创业、引领职业教育培训改革、推动经济高质量发展等，都具有重要意义。

第二节　职业生涯规划概述

》》 情境导入

情境描述　在职业生涯的航程中，每个人都是自己的领航者。当我们开始思考我们身边成功人士的事迹时，往往会发展一个共性，就是他们在"职业规划"或"自我总结"方面有着更为深厚的造诣，也因此取得了常人难以取得的成就。每个人的职业生涯可能只有几十年的实践，如果没有一个准确的规划，那就很难取得成功。

职场上有句名言："今天你站在哪里不重要，但是你的下一步迈向哪里却很重要。"成功的人生需

要正确的规划，合理规划自己的职业生涯，是每一名大学生迈向成功的第一步。

讨论 1. 了解职业生涯规划的重要性？
2. 谈谈你对职业生涯规划的理解？

一、职业生涯规划的定义

（一）生涯的概念

"生涯"一词在生活中使用的频率很高，可以说处处能用到，比如"职业生涯""艺术生涯""从政生涯"等。《辞海》中对"生涯"一词给出了这样的解释，"指从事某种活动或职业的生活"，也就是说学术上倾向于将这个词解释为人们长期进行某种工作的概括总结。生涯的英文是career，从词源上来看，来自罗马字"via carraria"及拉丁字"carrus"，两者在古代都是指战场上使用的战车。在古希腊，"career"这个字有竞赛的意思，最早用于动物的竞赛，如驾驭赛马（to career a horse）。在西方人的概念中，使用"生涯"一词就如同在马场上竞技，隐含未知、冒险等精神。所以，在文学的领域中，"生涯"有两种用途，一种是当名词用，有"向上的职业流动"的意思，表示在某种行业中从基层向上渐进；另一种是当形容词用，倾向于"稳定职业"的解释，表示某种特定的就业状态。但不论是哪种解释，都有"持续性"和"持久性"之意，对个人的前程发展而言，均有跨越"时间"和"空间"的意思。

现在，对于"生涯"的解释，较权威的来自舒波的观点：生涯是生活里各种事态的演进方向和历程，它统合了人生中的各种职业和生活角色，由此表现出个人独特的自我发展形态。生涯也可以解释为从一个人进入职业，持续到结束职业生涯的全过程。在这个过程中，可能有一种，也可能有几种，有偿或者是无偿的综合职业。除了职业之外，还包括任何与工作有关的角色，如学生、志愿者等。也包括家庭和社会生活中的其他角色。可以说，生涯不是一个固定的概念，它是一个动态的概念。它不是固定发生在人生的某一段，而是如影随形，发生在人生的每一个时刻。当然，每个人的先天条件、经历、机遇等，都会使每个人的生涯发生变化，这也使生涯变得越来越难以预料。总之，生涯的发展是一种个性化的发展，即使是处在同一个时代或者是同一文化背景之下的人们，也会产生各自不同的生涯经历。但总体上来说，生涯这个概念对于我们更有效地分析自己的职业，具有很重要的作用。

（二）职业生涯

"职业生涯"是指一切和工作有关的经历，包括一个人为了工作而进行的学习体验，实际的工作经历，直至工作生涯的结束。也可以说它是指个人从事职业生活的全过程。这个过程涵盖一个人一生连续担负的各种职业以及为这些职业所进行的准备工作。与职业有所不同，职业生涯是个发展的概念，是一个动态的发展过程，是一个人在其一生中与工作相关的一系列活动、行为、态度、价值观、愿望等的有机整体。

具体地说，首先，职业生涯是一个个体的行为经历，而不是群体或者组织的行为经历。随着社会的发展，个体的选择性越来越大，人们可以根据自己的喜好来选择自己想要从事的职业。其次，职业生涯是以满足个体的生存和发展的需要为主要目的，所以职业生涯是一种不断获得个人收入的社会工作过程。再次，职业生涯还是一个时间概念，他可以从人们的专业学习开始算起，也可以认为个体的出生，就是为了职业生涯做准备。所以，每个人对于职业生涯的实践划分，各有不同。最后，职业生涯还是一种变化发展的动态概念。因为，它可以以心理开发、智力开发、伦理开发等人的潜能开发为基础，以工作内容的确定和变化、工作业绩等人的潜能开发为基础，以工资待遇、职称和职务的变动为标志，以满足人生的需求为目标的工作经历和内心体验的经历。所以，可以说职业生涯是人生中的重要的历程，是追求自我实现的重要人生阶段。在这个阶段，职业不只是谋生的手段，更是实现个人价值、追求理想生活的重要途径。所以，我们认为每个人都具有独特的生涯形态，每种形态的不同，对每个人的发展影响很大。好的生涯形态，使事业获得成功；不好的生涯形态，将一事无成。

（三）职业生涯规划

规划，有进行比较长远、全面的计划之意。它是对未来进行整体性、长期性、基础性的一种思考过程。这个过程既包括全盘的计划方案，也包括具体的细节变化。可以说，规划侧重于长期的、有效的、可操作的发展。

职业生涯规划是指在对一个人职业生涯的主客观条件进行测定、分析、总结的基础上，对自己的兴趣、爱好、能力、价值观、职业素质等特点进行综合分析与权衡，结合外部环境的制约，根据自己的职业倾向，确定其最佳的职业奋斗目标，并为实现这一目标做出行之有效的安排。职业生涯规划的目的不仅是帮助个人按照自己的条件找到一份合适的工作，达到与实现个人目标，更重要的是帮助个人真正了解自己，为自己定下事业大计，筹划未来，拟订一生重要的发展方向，根据主客观条件设计出合理且可行的职业生涯发展方向。

在这个基础上，学生职业生涯规划可以定义为：学生在大学阶段通过对自身和外部环境的了解，为自己确立职业方向、职业目标，选择职业道路，确定教育计划（特别是大学阶段的学习计划）、发展计划，为实现职业生涯目标而确定行动实践和行动方案。

世界上的一些国家，例如美国、法国、德国、英国等基本上从小学开始就明确了要学习职业规划知识，大学和中等学校都拥有专业的职业规划教师队伍，职业生涯的教育也已经普及。在这些国家中，职业生涯规划伴随着学生的一生。我国职业生涯规划理念的传播与方法的运用还处于启蒙阶段。我国相当多的高校，录取考生还未能把学生的志愿与录取的专业以及学生未来的职业生涯联系起来。相当多的大学生对于自己的未来没有一个明确的概念，学校对大学生的职业生涯规划的指导还处于发展阶段。

在漫漫人生之路中，大学时代是短暂的，正处在职业生涯的探索阶段。每个人都应该在这个阶段努力进取，奋力拼搏，寻求一个理想的职业，体现个人生命的价值，升华为美好的人生。随着我国市场经济的推进，个人有了越来越多的选择职业的机会和越来越大的发展空间，但同时也面对着更大、更复杂的社会风险。在今天这个瞬息万变的时代，要想获得事业的成功，更要及早做一份职业生涯规划。一个人在自己的职业生涯中漫无目的必将一事无成，浪费的将是整个生命。

💡 素质提升

　　某汽车公司在运用员工的"职业锚"方面的做法给了我们有益的借鉴。公司对于岗位一线工人采用工作轮调的方式来培养和训练多功能作业员，这样既能提高工人的全面操作能力，又使一些生产骨干的经验得以分享。员工还能在此过程中发现自己的优势在哪里，从而进行准确定位，找到真正适合自己的岗位。一旦员工确立了自己的职业锚，工作起来将会更具积极性和主动性，效率将会有很大提高。

　　公司采取5年调换一次工作的方式对各级管理人员进行重点培养。每年1月1日进行组织变更，一般以本单位相关部门为调换目标，调换幅度在5%左右。短期来看，转岗需要有熟悉操作的适应过程，可能导致生产效率的降低，但对企业长久发展来看则是利大于弊。经常的有序换岗还能给员工带来适度的压力，促使员工不断学习，使企业始终保持一种生机勃勃的氛围。

二、影响职业生涯规划的主要因素

（一）自我因素

自我因素是指在人的职业生涯中起着基础作用，决定着人的发展方向和前景。它包含健康、个性特征、兴趣爱好、自信心和性别等要素。

1. 健康　身体健康是任何人职业生涯开始的首要条件，几乎所有的职业都要求有健康的身体。凡是积极追求健康的人，大多满意他们过去的职业经历。他们看重生命，关心健康，执着追求。但是紧张忙碌的职业会导致压力增加。因此，采取一些技巧，保持适度的压力激励自己，但又不伤害身体是十分重要的。

2. 个性特征　不同气质、性格、能力的人适合不同类别的工作，如多血质的人较适合做管理、记者、外交等工作，不适合做过细的、单调的机械工作。如果做与自己个性特征不相吻合的工作，那么，容易觉得自己的活力被束缚，思想被禁锢。

3. 兴趣爱好　与职业选择有关的兴趣称之为职业兴趣。不同职业兴趣要求对应的职业不同，如喜欢具体工作的，相应的职业有室内设计、园林、美容、机械维修等；而喜欢抽象和创造性工作的，相应的职业有经济分析师、新产品开发、社会调查等各类科研工作等。

4. 自信心　自信心为个体在逆境中开拓、创新提供信心和勇气，从而使自己的梦想成真。没有自信心的人会变得平庸、怯懦、顺从。喜欢挑战、战胜失败、突破逆境是自信心强的表现。

5. 性别　虽然男女平等是基本国策，但"性别因素"仍然在职业发展中扮演着重要的角色。

6. 年龄　对工作的看法和态度、对尝试新事物的勇气、对胜任任务的能力和经验，不同的年龄表现都有所不同。

7. 进取心和责任心　进取心是使个体具有目标指向性和适度活力的内在原因，认真而持久的工作是个人事业成功的前提，因此具有进取特质的个体也就具有了事业成功的重要条件。责任心强的人常能够审时度势选择适当的目标，并持久地、自信地追求这个目标，责任心强的人容易事业成功。

（二）宏观因素

我们每个人都生活在一定的社会环境中，个人的职业行为必然会受到社会宏观环境变化的影响。尤其是进入21世纪后，我们所面临的环境正处在剧烈变化中。因此，要想在如此剧变的社会中找到具有良好发展前景的职业，就必须对影响我们的个人职业生涯发展的外部（宏观环境）因素进行分析，以便及时做出调整，从而顺应环境的变化。

一般来说，宏观环境因素可以概括为四个：政治法律环境、经济环境、社会文化环境以及技术（社会）环境。有管理学家将其称为"PEST"（political、economic、social 和 technology）。这四个因素对个人的职业生涯发展会产生重大影响，对这些因素进行研究，就是为了设法认识进而预测其发展趋势，以尽快适应。

1. 政治法律环境　政治法律环境可以分为两个层次理解，第一种是政治上表现出的环境因素，它主要是指制度性环境，如政治体制，政党制度，党和国家的路线、方针和政策等；另一方面是指现实性环境，如国内外政治局势、国际关系。政治体制、政党制度体现了一个国家的国体、政体，体现了政权的性质、服务对象和国家权力的归属，党和国家的路线、方针和政策体现的是治理国家、为民众服务的具体指导思想和实施措施。政治法律环境对国家的经济建设和社会事业建设有着举足轻重的作用，不仅影响经济的发展，也会影响公民的价值追求和社会的稳定，对个人的职业生涯起到重要作用。

当今及今后相当长的一段时间内，我国国内政治法律环境稳定，中国共产党将继续带领全国各族人民坚持中国特色社会主义道路，坚持改革开放，为实现中华民族的伟大复兴的中国梦而奋斗，这是顺应历史发展规律的时代潮流，党和国家所制定的路线、方针和政策正式从这个出发点展开的。比如，为了保障就业，提升大学生的就业率，党和国家一方面出台了一系列的政策，确立了与社会主义市场经济体制相适应的高校毕业生就业制度，确立了中央和地方二级管理，以地方管理为主的制度，确立了毕业生就业框架体系和毕业生就业指导的服务制度；另一方面，全国人大制定了与保障就业相关的法律，如《劳动法》《劳动合同法》《教育法》《就业促进法》等，各省、市、区还在国家的法律框架内制定了促进本地区就业的相关法规和文件。

2. 经济环境　经济环境是指社会环境的主要组成部分，是影响人们职业选择和职业生涯发展的重要因素，包括经济形势、劳动力供求状况、产业结构和人们的收入水平等因素。

经济形式的变化对职业选择和职业发展的影响是最显著的，也是最复杂的。显而易见，当经济处于繁荣的时期，企业效益明显，扩大再生产，是对人力资源的扩大需求。人们选择职业和在职业领域的发展就会增加；相反，在经济萧条和企业效率下降的时期，对人力资源的需求就会减少，职业选择和职业发展的机会就会明显减少。

现代科学技术在迅猛的发展，促使产业结构在不断地调整，给人们的职业生涯与发展带来了很多挑战。产业结构从劳动密集型到知识密集型的转化，在在职业选择上增加了很多环节，比如要求求职者不断学习新的知识、掌握新的技能，不断更新、调整知识结构，以顺应社会环境的变化和产业结构的需求。

劳动力的供求状况对职业的选择和职业生涯规划的发展也是比较明显的。一般来说，如果劳动力市场对于某种职业技能的人力供不应求，那么职业选择的机会就多，职业发展的空间就很大；反之，就会引起职业选择的机会减少，职业生涯发展的空间减少。

收入水平是人们面对经济环境需要选择的最重要的一个因素，当人们的收入水平提高的时候，人们的各种消费需求也会增加，促使企业扩大再生产。所以在对人力资源的需求增加时，就业岗位就会增加，人们的职业选择机会就会增多，职业生涯发展的空间就大；反之，则职业选择的机会就少，职业生涯发展的空间就少。

3. 社会文化环境　社会文化环境，顾名思义就是指在社会制度中符合就业发展的关于社会和文化的一系列因素。可以认为有社会结构变化、人口因素和社会阶层因素三大类。

社会结构变化主要是指随着社会的发展，传统的计划经济模式已经发展成为市场经济模式，随之而来的是社会结构的变化，我国社会的人口结构、分层结构、规范结构等也发生了根本的变化，人的价值观念、需求层次也都在发生着根本的变化，甚至社会风俗等都发生了变化。这些变化都将对个人的职业生涯发展产生深刻的影响。比如，计划经济时代，大学生不需要考虑未来的职业问题，一切都由组织安排，个人主观上对经济收入没有任何话语权，一切都是按规定执行。但是市场经济时代，如果自己对未来的就业问题不关心，就业就有可能出问题。

人口因素主要是指包括人口规模、人口素质、性别结构和年龄结构。社会总人口的数量和劳动力数量紧密相关，影响着经济的结构、规模和经济的可持续发展能力，人口数量多意味着择业的竞争更激烈，就业的机会就会减少，反之亦然。就人口素质来说，人口平均受教育的程度高，则经济发展的劳动力素质就会好，产品的科技含量高，对求职的人要求就会相应增加，经济发展的持续力就会强。性别结构也是条件之一，男女劳动者在职业期望值、生活方式、社会活动方面等都有一定的差异，部分不同的行业和职业对男女的性别往往有一些特殊的要求。年龄结构方面，人口的年龄结构呈现出均匀分布无疑是最理想的结构分布，但是人口的年龄结构呈现出金字塔型或者是侧金字塔型无疑成为了经济社会发展的巨大挑战。

4. 技术（社会）环境　技术（社会）环境是指由于经济、政治、教育、社会、文化等多种因素形成的，在社会的层次结构中处于技术层面的社会因素。不同的社会学研究者把这种技术环境划分为很多种。同一个社会技术阶层的人往往具有很相似的行为特征，共同的价值观也比别的阶层的人多，不同的技术环境的人拥有的社会资源、人脉关系、社会影响和职业社会评价不一样，社会阶层中处于高等级技术环境的人，获得的就业机会、就业质量和发展的难度，与其他社会技术阶层的人面临的因素不同。这种技术环境是每一个学生在做职业生涯规划时必须考虑的问题。一个常规的社会发展，技术环境是流动的，处于高层次技术层面的人员如果不努力，就会向其他的环境流动，底层技术环境的人员会努力向上一阶层奋斗，但是具有很大的难度。

所以，我们在做职业生涯规划的时候，要将社会环境分析和职业环境分析结合在一起。充分考虑以上的几种因素，合理地解决自己在生涯规划时遇到的问题。要将我们所处的社会政治环境、经济环境、法治环境、科技环境、文化环境等因素综合在一起进行分析。社会环境对我们进行职业生涯规划具有重要的意义。通过我们社会的背景，来了解和认清国际与国内的形式，以此来谋求更好的发展。

（三）微观因素

1. 教育因素　是否受过教育，受教育的程度如何，对个人的知识结构、工作能力与价值观念等有重要影响。受过高等教育的人倾向于选择从事脑力劳动的职业，而没有受过文化教育的人一般只能选择从事体力劳动的职业。

尽管我国的高等教育规模有了很大的发展，但是对于大学生来说，其受教育的程度在整个社会中仍然是较高的。大学生都经过了较长时间的专业教育和训练，具有一定的专业知识和技能，这是优势所在，也是大学生职业生涯规划的基本依据。用人单位在招聘毕业生的时候，一般首先看重的是大学生所学专业方面的特长，而大学生进入社会后的贡献，也主要靠运用所学的专业知识来实现。如果大学生的职业生涯规划离开了所学的专业，无形中就会为自己的择业增加许多困难，因为不能尽快就业，个人的价值也就难以实现。此外，为了提高自身的适应能力，大学生除了对所学的专业知识要精通外，还要拓宽专业知识层面，掌握或了解与本专业相关、相近的若干专业知识和技术，只有这样，才能更好地适应社会的需要。

2. 家庭因素　家庭对职业生涯的影响具有典型的双重性。未成年时期，家庭对孩子职业意向的影响是全方位的；父母的职业决定了孩子的生长环境，"子承父业"的现象并不鲜见；家庭的经济条件关系到子女职业能力和学习能力的训练与提高，富裕的家庭可以在教育方面给子女提供一切资助，而贫困的家庭可能就做不到这一点；父母的社会地位与社会关系往往会影响子女的就业途径；父母对子女成功成才的不同期待，会影响子女对职业的不同选择等。

成年之后，如何协调工作和家庭的关系是职业生涯面临的又一个问题。职业生涯与家庭责任之间的平衡，对于年轻雇员特别是女性雇员尤为重要。每个人在社会中都扮演着多重社会角色，我们能放弃一种职业，却不能放弃这些角色。相反，我们要设法完成这些角色。因此，无论采取哪种方式，人们都必须根据情况认真思考工作和家庭之间的关系，而且应随着工作挑战性的加强以及家庭结构的变化，积极探索工作和家庭之间新的协调方式。

本章通过一系列的阐述，探讨了有关职业生涯规划的相关内容。职业生涯规划最早起源于1908年的美国，帕森斯针对大量年轻人事业进行分析，首次提出了关于职业指导的概念。从此，职业生涯规划开始变成了系统的指导体系。影响职业生涯的因素有很多，我们在本章节的内容中，只为大家分析当前我们认为比较重要的因素，以帮助大家进行职业生涯规划。

目标检测

答案解析

一、单项选择题

1. 我国现行的职业分类方法来自于（　　）年颁布的《中华人民共和国职业分类大典》（简称《大典》）为依据

    A. 1997　　　　　　B. 1999　　　　　　C. 2015　　　　　　D. 2022

2. 任何人职业生涯开始的首要条件是（　　）

    A. 个性特征　　　　B. 健康　　　　　　C. 自信心　　　　　D. 性别

3. 《中华人民共和国职业分类大典》把我国现有的社会职业划为几个大类（　　）

    A. 8　　　　　　　　B. 9　　　　　　　　C. 10　　　　　　　D. 6

4. 宏观环境因素可以概括为四个：政治法律环境、经济环境、社会文化环境以及（　　）

    A. 生活环境　　　　　　　　　　　　B. 家庭环境

    C. 科技环境　　　　　　　　　　　　D. 技术（社会）环境

5. 对职业生涯的影响具有典型的双重性的是（　　）

    A. 父母　　　　　　B. 子女　　　　　　C. 家庭　　　　　　D. 社会关系

6. 人们在面对经济环境需要选择的最重要的一个因素是（　　）

    A. 收入水平　　　　B. 社会背景　　　　C. 工作条件　　　　D. 人文关怀

二、多项选择题

1. 职业的特性包括（　　）

    A. 专业性　　　　　B. 时代性　　　　　C. 稳定性　　　　　D. 多样性

2. 下列属于职业的有（　　）

    A. 军人　　　　　　B. 教师　　　　　　C. 志愿者　　　　　D. 医生

3. 影响职业生涯规划的主要因素包括（　　）

    A. 客观因素　　　　B. 自我因素　　　　C. 宏观因素　　　　D. 微观因素

三、填空题

1. _____是指人们从事的专门业务，每一种职业都有其技术规范要求，要从事某种职业，从业者必须具备一定的_____、_____和_____，需要进行专门的学习或训练。

2. 职业者在从事某种职业时，要遵循一定的_____。

3. _____是指在人的职业生涯中起着基础作用，决定着人的发展方向和前景。

4. 人口因素主要是指包括_____、_____、_____和_____。

四、名词解释

1. 职业

2. 职业分类

3. 生涯

4. 职业生涯

5. 职业生涯规划

五、思考题

1. 谈谈你对职业以及职业生涯的理解。
2. 根据护理专业的要求，结合自身的优、缺点，设计一份适合自己的职业生涯规划方案。

书网融合……

本章小结

第四章　职业生涯规划制定与修订

学习目标

1. 通过本章学习，重点把握职业生涯规划的基本步骤和职业生涯规划的主要内容。
2. 学会运用所学知识，制定科学合理的职业生涯规划，并能结合实际，及时修订和调整生涯规划。

情境导入

情境描述　90后护理专业学生小婧说："我是一个普通的女孩，和其他女生一样喜欢打扮，喜欢穷游。一开始，我并不喜欢护理专业，总觉得护士是伺候人的工作。高中毕业那年，妈妈患了乳腺癌。那时起，我便想当一名护士，给妈妈最专业的照顾。大学学习中，我渐渐感觉到了护理专业的重要性，并爱上了这个专业。努力成为新时代有理想、有本领、有担当的白衣天使，便成了我的人生奋斗目标！"

讨论　1. 小婧怎样才能实现人生目标？
　　　　2. 职业生涯规划发展会经历哪些阶段？

第一节　职业生涯规划发展阶段及类型

一、职业生涯规划发展阶段

职业生涯阶段的划分是职业生涯规划的一个重要内容。职业生涯发展阶段理论认为，人在职业生活的不同时期会有不同的需要，并在不同阶段表现出大致相同的职业特征、需求及职业发展任务。因此，只有了解每个职业阶段的自己所处的知识水平以及自己对于各种职业的偏好程度等，才能更好地促进自身的职业生涯发展。对于职业生涯阶段的划分，不同学者有不同的观点，比较有影响力的职业生涯发展阶段划分理论主要有以下四种。

（一）金斯伯格的职业生涯发展三阶段理论

金斯伯格是美国著名的职业指导专家、职业生涯发展理论的先驱和典型代表人物。其理论研究的重点是从童年到青少年阶段的职业心理发展过程。他将职业生涯的发展分为幻想期、尝试期和现实期三个阶段。不同阶段职业需求特点不同。

1. 幻想期（11岁之前的儿童期）　这一时期儿童对大千世界，特别是对于他们所看到或接触到的各类职业工作者，充满了新奇、好玩的感觉。职业需求特点是：单纯凭自己的兴趣爱好，不考虑自身的条件、能力水平和社会需要与机遇，完全处于幻想之中。

2. 尝试期（11～17岁少年儿童向青年的过渡期）　这一时期人的心理和生理在迅速成长发育和变化，有独立的意识，价值观念开始形成，知识和能力显著增长和增强，初步懂得社会生产和生活的经验。职业需求特点是：有职业兴趣，但不仅限于此，更多的客观地审视自身各方面的条件和能力；开始注意职业角色的社会地位、社会意义以及社会对该职业的需要。

3. 现实期（17 岁以后的青年年龄段）　这一时期即将步入社会，能够客观地把自己的职业愿望或要求，同自己的主观条件、能力，以及社会现实的职业需要紧密联系和协调起来，寻找适合自己的职业角色。职业需求特点是：职业目标不再模糊不清，已有具体的、现实的职业目标，讲求客观性、现实性、实际性。

金斯伯格的职业发展论，事实上是前期职业生涯发展的不同阶段，揭示了初次就业前人们职业意识和职业追求的发展变化过程。

（二）舒伯的职业生涯发展五阶段理论

美国著名职业生涯规划大师舒伯依照年龄将每个人生阶段与职业发展配合，将生涯发展阶段划分为成长、探索、建立、维持和衰退等 5 个阶段。

1. 成长阶段（0～14 岁）　该阶段儿童开始发展自我概念，开始以各种不同的方式来表达自己的需要，且经过对现实世界不断地尝试，修饰自己的角色。此阶段发展的任务是：发展自我形象，发展对工作世界的正确态度，并了解工作的意义。

2. 探索阶段（15～24 岁）　该阶段的青少年通过学校的活动、社团休闲活动、打零工等机会，对自我能力、角色及职业作了一番探索，因此选择职业时有较大弹性。这个阶段发展的任务是：使职业偏好逐渐具体化、特定化并实现职业偏好。

3. 建立阶段（25～44 岁）　由于经过上一阶段的尝试，因此该阶段较能确定在整个事业生涯中属于自己的"位子"，并在 31～40 岁，开始考虑如何保住这个"位子"，并固定下来。这个阶段发展的任务是：统整、稳固并求上进。

4. 维持阶段（45～65 岁）　个体仍希望继续维持属于他（她）的工作"位子"，同时会面对新的人员的挑战。这一阶段发展的任务是：维持既有成就与地位。

5. 衰退阶段（65 岁以上）　由于生理及心理功能日渐衰退，个体不得不面对现实，从积极参与到隐退。这一阶段发展的任务是：逐步退出职业或结束职业，发展新的角色，寻求不同方式以替代和满足需求。

舒伯的生涯发展阶段论中，每一阶段又包括不同的发展时期，每一时期都有特定的发展任务需要完成。舒伯还认为在人一生的生涯发展中，各个阶段同样要面对成长、探索、建立、维持和衰退的问题，因而形成"成长—探索—建立—维持—衰退"的循环，见表 4-1。

表 4-1　大一新生生涯探索阶段周期循环

年级	主要任务	生涯发展周期
大一	学习环境适应，职业兴趣挖掘	成长、探索学习、职业兴趣
大二	初步确立职业目标，发展职业能力	建立、维持学习、职业习惯
大三	进入实习阶段，做好求职准备，适应角色转换	原有习惯打破，进入衰退期，适应新任务，进入新的成长阶段

（三）施恩职业生涯发展九阶段理论

美国麻省理工学院教授、著名职业生涯管理学家施恩立足于人生不同年龄段面临的问题和职业工作主要任务，将职业生涯分为 9 个阶段：即成长、幻想、探索阶段；进入工作世界；基础培训；早期职业的正式成员资格；职业中期；职业中期危险阶段；职业后期；衰退和离职阶段；离开组织或职业——退休。

1. 成长、幻想、探索阶段（0～21 岁）　这一阶段所充当的角色是学生、职业工作的候选人。主要任务是：发展和发现自己的需要、兴趣、能力和才干，为进行实际的职业选择打好基础；学习职业方面的知识，寻找现实的角色模式，获取丰富信息，发展和发现自己的价值观、动机和抱负，做出合理的受教育决策,将幼年的职业幻想变为可操作的现实;接受教育和培训,开发工作世界中所需要的基本习惯和技能。

2. 进入工作世界（16~25岁） 这一阶段所充当的角色是应聘者、新学员。主要任务是:进入劳动力市场,谋取可能成为一种职业基础的第一项工作;个人和组织之间达成正式可行的契约,个人成为一个组织或一种职业的成员。

3. 基础培训（16~25岁） 这一阶段所充当的角色是实习生、新手,即已经迈进职业或组织的大门。主要任务是:了解、熟悉组织,接受组织文化,融入工作群体,尽快取得组织成员资格,成为一名有效的成员;适应日常的操作程序,能独立应对工作。

4. 早期职业的正式成员资格（17~30岁） 这一阶段所充当的角色是取得组织新的正式成员资格。主要任务是:承担责任,成功地履行与第一次工作分配有关的任务;发展和展示自己的技能和专长,为提升或进入其他领域的横向职业成长打基础;根据自身才干和价值观,根据组织中的机会和约束,重估当初追求的职业,决定是否留在这个组织或职业中,或者在自己的需要、组织约束和机会之间寻找一种更好的配合。

5. 职业中期（25岁以上） 这一阶段所充当的角色是处于职业中期的正式成员、任职者、终身成员、主管、经理等。主要任务是:选定一项专业或进入管理部门;保持技术竞争力,在自己选择的专业或管理领域内继续学习,力争成为一名专家或职业能手;承担较大责任,确认自己的地位;开发个人的长期职业计划。

6. 职业中期危险阶段（35~45岁） 这一阶段所充当的角色是正式成员、任职者、终身成员、主管、经理等。主要任务是:现实地估计自己的进步、职业抱负及个人前途;就接受现状或者争取看得见的前途做出具体选择;建立与他人的良师关系。

7. 职业后期（40岁至退休） 这一阶段所充当的角色是骨干成员、管理者、有效贡献者等。主要任务是:成为一名良师,学会发挥影响,指导、指挥别人,对他人承担责任;扩大、发展、深化技能,或者提高才干,以担负更大范围、更重大的责任;如果求安稳,就此停滞,则要接受和正视自己影响力和挑战能力的下降。

8. 衰退和离职阶段（40岁至提休） 这一阶段要逐渐发展退休后新的角色。主要任务是:学会接受权力、责任、地位的下降;基于竞争力和进取心下降,要学会接受和发展新的角色;评估自己的职业生涯,着手退休。

9. 离开组织或职业——退休（因人而异） 这一阶段要逐渐适应退休后新的角色。主要任务是:保持一种认同感,适应角色、生活方式和生活标准的急剧变化;保持一种自我价值观,运用自己积累的经验和智慧,以各种资源角色对他人进行传帮带。

值得注意的是施恩教授虽然基本依照年龄增大顺序划分职业发展阶段,但并未囿于此,其阶段划分更多地根据职业状态、任务、职业行为的重要性。因为不同人经历某一职业阶段的年龄有别,所以,他只给出了大致的年龄跨度,并且职业阶段上所示的年龄有所交叉。

以上学者关于职业生涯发展阶段理论的划分,各有侧重,各有千秋。有学者认为护理人员个人职业生涯从职业学习活动开始大致会经历六个阶段:探索阶段、进入阶段、新手阶段、持续阶段、瓶颈阶段、急流勇退阶段。

1. 探索阶段 此阶段角色为护理学生。主要目标是培养专业兴趣,学习专业知识,开发工作所需的技能,同时也发展价值观、动机和抱负。

2. 进入阶段 此阶段角色为应聘者。主要目标是积极做好求职准备工作,进入职业市场,找到适合自己的工作单位和工作岗位。

3. 新手阶段 此阶段角色为新手护士,如实习护士。主要目标是了解单位、熟悉操作流程,接受组织文化,学会与人相处,并且承担责任、发展和展示技能和专长,迎接工作的挑战性,开发创造力和革新精神。根据自身的才干和价值观和组织中的机会和约束，重新评估职业需求，选择去留。

4. 持续阶段　此阶段角色为初级护士、职称护士，如护士、护师、主管护士等。主要目标是继续学习，提升竞争力，力争成为技术骨干或管理者。此时必须承担更大的责任，确认自己的地位，开发长期的职业计划，寻求家庭与事业间的平衡。

5. 瓶颈阶段　此阶段角色为精通护士、专家护士，如副主任护师、主任护师等。职业发展已接近顶端，此时的主要目标是再度评量自己的才干、动机和价值观，进一步明确职业抱负和个人前途，接受现状或争取更高发展，建立与他人的人际关系，成为一名良师益友。学会发挥影响，指导、指挥别人，对他人承担更大责任，扩大、发展、深化技能，选拔和培养接班人。如果求安稳就此停滞，则要接受和正视自己影响力和挑战力的下降，重新思考自我与工作、家庭、朋友的关系。

6. 急流勇退阶段　此阶段继续发展其他职业角色或结束职业生涯，寻求其他角色。主要目标是学会接受权力、责任、地位的下降，并接受因此而转变的新角色，培养工作外的兴趣，寻找新的满足源，评估自己的职业生涯，着手计划退休，从权力转向咨询角色，在职业以外的活动中找到生活的意义。

《论语·为政篇》中有"吾十有五而志于学，三十而立，四十而不惑，五十而知天命，六十而耳顺，七十而从心所欲，不逾矩。"但人生发展极为复杂，每个人的职业发展期不尽相同，对于职业生涯进行阶段划分，我们只能提供一个粗线条的轮廓，起抛砖引玉的作用，每个人可根据自己的具体情况，来划分自己的生涯阶段。

二、职业生涯规划类型

（一）按照规划的时间维度分类

一个人的职业生涯贯穿一生，是一个漫长的过程。按照规划的时间维度，职业生涯规划可以分为短期规划、中期规划、长期规划和人生规划四种类型。

1. 短期规划　短期规划，指两年以内的规划。主要是确定近期目标，规划近期应完成的任务。如计划两年内熟悉科室业务，了解单位文化，与同事、领导建立良好的人际关系，学习、积累工作经验。

2. 中期规划　一般涉及 2～5 年的职业目标和任务，是最常用的一种职业生涯规划。例如，3 年后要升为护师，完成相应的业务知识学习，积累一定的临床经验和管理能力等。

3. 长期规划　主要是设定较长远目标，一般是 5～10 年的规划。如 35 岁时成为主管护士或副主任护师，个人职业能力稳步提高，精通本科室的业务，管理能力得到锤炼，能比较周全的思考和处理问题，以及为此目标所进行的学习、培训、科研等系列规划和行动。

4. 人生规划　整个职业生涯的规划时间长至 40 年左右。它是设定整个人生的发展目标和阶梯。如成为护理领域知名专家或管理者，为护理专业发展作出重要贡献等，为此而倾注毕生心血，不懈追求。

实际操作中，时间跨越太长或太短的规划都不利于自身发展。所以，一般提倡职业生涯规划掌握在 2～5 年比较好。这样既便于根据实际情况设定可行的目标，又便于随时根据现实的反馈进行修正和调整。

（二）按照规划的主体分类

职业生涯规划的主体是个人和组织，从个人和组织角度可以分为个人职业生涯规划和组织职业生涯规划。

1. 个人职业生涯规划　个人职业生涯规划是个人对自己一生职业发展的战略规划，是指个人根据自身主客观因素、优劣势比较，确定自己的职业生涯发展目标，并为实现目标制定相应的学习、工作行动计划的过程。

2. 组织职业生涯规划　组织职业生涯规划是指组织对员工采取的一种管理方式，通过完善的职业生涯规划体系激励、约束、挖掘员工潜能，给员工一个明确而具体的职业发展引导。

个人职业生涯发展需要组织战略和资源等方面的配合，组织则需要参与到个人的职业生涯发展中才能有效地保证组织目标的实现。个人和组织这两个主体彼此之间互动、协调和整合，共同推进职业生涯规划工作。

第二节　制定职业生涯规划的基本原则

一、职业生涯规划的规划原则

（一）定向原则——坚持梦想

古人云："无志之人常立志，有志之人立长志。"职业生涯规划先要"定向"。选好了方向，并长期坚持下去，再傻再笨的人也能有一番作为。方向定错了，则南辕北辙，距离目标会越来越远，甚至还要重新走回头路，付出较大的代价。

（二）定点原则——放飞梦想

其次，职业生涯规划要坚持"定点"原则。所谓"定点"就是定职业发展的地点和区域。俗话说"人各有志"，比如有些人毕业后选择去北上广深等一线城市发展，闯出一片属于自己的天地，有的则选择去拉萨、喀什等西北边陲城市，选择到祖国最需要的地方去。但选择时，应综合考虑就业环境、竞争优势、心理素质、薪资水平等多方面因素，不可一时冲动，心血来潮，感情用事。

（三）定位原则——找准位置

职业生涯规划要坚持"定位"原则。所谓"定位"就是择业前要对自己水平、能力、心理承受度等进行全面分析，作出较客观的定位。不可过于乐观，高估自己，定位过高；也不可过于悲观，低估自己，定位过低。只有准确定位后，才能扎扎实实从基层做起、从基础做起，逐步积累经验，循序渐进，谋求发展。

（四）定心原则——用心圆梦

职业生涯规划要坚持"定心"原则。心神不定，朝三暮四，何以能准确地"定向、定点、定位"。只有真诚、用心、耐心、煞费苦心地朝着一个方向不懈努力，才能离你的梦想越来越近。

"四定"实际上就是解决职业生涯规划中"干什么""何处干""能否干""怎么干"这几个基本的问题。这些问题解决好了，职业生涯发展目标就比较清晰明确了。

🔆 素质提升

袁隆平的情怀与担当

2021 年 5 月 22 日，一位 91 岁的老人走了。他以祖国和人民需要为己任，以奉献祖国和人民为目标，一辈子躬耕田野，脚踏实地把科技论文写在祖国大地。老百姓把袁隆平刻进自己心里。

"作为新中国培育出来的第一代学农大学生，我下定决心要解决粮食增产问题，不让老百姓挨饿。" 1953 年，从西南农学院遗传育种专业毕业后，袁隆平立下誓言。蓬勃向上的新中国给袁隆平提供了践行农业报国誓言的广阔舞台。日益强盛的祖国就是他躬耕科研的沃土。回望袁老一生，宏愿并非一时头脑发热，而是一代中国知识分子对家国命运的情怀和担当。

"你们正值如花的年龄，也正是充满梦想的时候。但是，仅仅停留于做梦是不够的，我希望你们要树立理想，并努力为实现理想而奋斗。"这句对大学新生的寄语，敲响了无数中国青年的心房。

二、职业生涯规划的制定原则

（一）清晰性原则

目标的设定是否合理，是否有明确的职业目标。为实现目标而制定的措施清晰、明确，实现目标的步骤直截了当，可行性强，才便于采取措施，分步实施。

（二）相关性原则

目标或措施是否符合个人职业发展观或职业发展需求。

（三）变动性原则

目标或措施是否有弹性或缓冲性，是否能依据环境的变化而作相应的调整。

（四）时限性原则

目标的实现和措施的实施是否有清晰的时限，即严格的时间管理。这样才能确保你在某段时间里完成某个具体的目标，确保目标按预期一步步地达成。

（五）一致性原则

主目标与分目标是否一致，目标与措施是否一致，个人目标与组织发展目标是否一致。

（六）实际性原则

首先目标必须是合理的，可实现性的，即在个人能力范围之内；其次实现目标的途径很多，在作规划时必须要考虑到自己的性格、气质、社会环境、组织环境及其他相关因素，选择切实可行的途径。

（七）全程性原则

制定规划时必须考虑职业生涯发展的整个历程，作全程的考虑。要将长期目标、中期目标、短期目标相结合，才能使各阶段目标前后衔接，实现一个接一个目标的转换。

（八）激励性原则

目标是否符合自己的性格、兴趣和特长，是否能对自己产生内在激励作用。

（九）合作性原则

个人目标与他人目标的实现是否具有合作性与协调性。

（十）可测量原则

制定规划时目标应是可衡量的，应有明确的评价、检测手段和标准，有一组明确的数据，作为衡量目标是否达成的依据，比如，掌握哪些方面的知识，专业水平到达什么程度，职称晋升到什么程度，收入达到什么程度等都要有具体的标准，以便随时根据目标执行和实现情况，修订和调整生涯规划。

职业生涯规划说到底是一份人生的规划，成功的人生只有在科学的规划、正确的选择基础上才能实现，但很多人对自己的职业生涯规划茫然不知所措，因此走了很多弯路。科学进行职业生涯规划，必须以"四定"原则为导向，贯彻遵循"十大"原则。

第三节 职业生涯规划的基本步骤

"凡事预则立，不预则废"。如何科学合理地为自己做一个职业生涯规划，已成为高职院校学生必须面临的人生课题。职业生涯规划越早，毕业找工作越主动，越能先抢到人生的第一桶金。大学生应尽早树立"职业生涯规划"的理念，进校就想出校事，让职业规划从大学入校第一天就开始，与学习生活同伴同行。

职业生涯规划是一个周而复始的连续过程，主要包括确立志向、自我评估、职业生涯机会评估、确定目标、职业发展路线选择、行动与实施、评估与反馈等七个基本步骤。

一、确立志向

志向是事业成功的基本前提，是推动事业前进的方向标。俗话说："志不立，天下无可成之事。"没有志向，事业的成功也就无从谈起。立志是人生的起跑点，反映着一个人的理想、胸怀、情趣和价值观，影响着一个人的奋斗目标及成就的大小。所以，在制定职业生涯规划时，首先要确立志向，这是制定职业生涯规划的关键。

二、自我评估

自我评估，即认识自己和了解自己，进行自我探索和自我定位。充分正确的自我评估是有效的职业生涯规划的前提。只有正确地认识了自我，才有可能对自己的未来职业发展作出正确的分析，对自己的职业生涯目标做出最佳的选择，才能确定适合自己发展的职业生涯路线。自我评估包括对自己的兴趣、特长、性格、学识、技能、智商、情商、思维方式、思维方法、道德水准以及社会中的自我等进行全面客观的评价。

三、职业生涯机会评估

职业生涯机会评估主要是评估各种环境因素对自己职业生涯发展的影响。每个人都处在一定的环境之中，离开了这个环境，便无法生存与成长。职业环境包括政治、经济、文化、社会、生态等环境。应注意分析各种环境条件的特点、发展变化情况、自身与环境的关系及环境对自身的利弊等因素。只有对环境因素充分了解，才能做到在复杂环境中趋利避害，使职业生涯规划具有实际意义。

四、确定目标

俗话说："女怕嫁错郎，男怕入错行"。职业目标选择正确与否，直接关系到人生事业的成功与失败。据统计，在选错职业的人当中，有80%的人在事业上是失败者。由此可见，职业目标选择对人生事业发展是何等重要。职业生涯目标的设定，是职业生涯规划的核心。

五、职业发展路线选择

在职业目标确定后，向哪一路线发展，此时要作出选择。虽说条条大路通罗马，但选择适合自身的职业发展路线，可以让我们做到事半功倍。即是向行政管理路线发展，还是向专业技术路线发展；是先走专业技术路线，再转向行政管理路线；还是先走行政管理路线，再转向专业技术路线……由于发展路线不同，对职业发展的要求也不尽相同。有的人适合搞行政，可以在管理岗位大显身手；有的人适合搞科研，可以在专技岗位上大展宏图。因此，在职业生涯规划中，须作出抉择，以便使自己的学习、工作以及各种行动措施沿着职业生涯路线或预定的方向前进。

六、行动与实施

"纸上得来终觉浅，绝知此事要躬行"。目标和路线确定后，行动就至关重要了，否则再好的规划都是一纸空文。所以，职业生涯规划需要制定行动计划并严格按计划实施，才能促进目标的达成。这里的行动指落实目标的具体措施，包括专业学习、岗位锻炼、素质拓展、培训提升等。例如，为达到目标，在知识方面，你计划采取什么措施，完善自己的知识结构；在能力方面，你计划采取什么措施，提高你的工作效率等都要有明确的计划和措施，并坚持执行。这些计划需特别具体，以便于定时检查。

七、评估与反馈

人们常说，"计划赶不上变化"。职业生涯规划的影响因素很多，变化因素有些是可预测的，有些却难以预测，因此，就必须不断地对职业生涯规划进行评估与修订。职业生涯评估是指在实现职业目标的过程中有意识地收集相关信息和评价，不断总结经验和教训，自觉修正自我认知，适时调整职业目标。调整修订的内容包括自我、环境的重新评估，职业目标和职业路线的重新选择和修正，行动计划和实施方案的变更等，只有这样才能保证职业生涯规划更加有效地实施，更好地实现自身的发展目标。

第四节　职业生涯规划的内容

一、职业生涯规划的主要内容

在掌握职业生涯规划的基本步骤后，还要明确、细化每一步的具体内容，才能使职业规划切实、可行、高效。职业生涯规划包括方方面面的内容，主要内容包括：可行性分析、确立职业目标、制定职业生涯发展路线、行动与修正。

（一）可行性分析

俗话说"知己知彼方能百战不殆"。面对日益严峻的就业形势，高职院校学生要想顺利就业，就必须充分了解自己，了解组织所需、社会所需。

1. 个人分析　个人分析包括了解自己目前所处的状况、个人潜能的发展、培育和发展规划。进行个人分析时，要考虑以下各方面因素：自己的职业性向（职业类型）；自己的技能（自身本领，专业、爱好、特长等）；自己的职业锚（职业动机）等。

首先，要了解我是一个什么样的人，即认识自己的性格、气质。自我评估既可以参照家长、老师、同辈群体等进行评价，也可以借助专业心理测评来实现，如橱窗法、DISC 性格测试、MBTI 职业性格测试等。

其次，要明白我想做什么，即了解自己的职业性向，明白自己将来想从事什么职业，这个职业与自身性格、气质是否相符。

最后，要清楚我能做什么，即对自身专业技能、可迁移技能、管理能力等作全方位评估，有利于取长补短，对症下药，提高效率。

2. 环境分析　环境为每个人提供了活动的空间、发展的条件和成功的机遇。因此，要想对自己的职业生涯做出正确的规划，除了要全面地认识和了解自我之外，还要了解外部环境，如家庭环境、学校环境、社会环境和职业环境等。

（1）家庭环境　家庭是个人生活的重要场所，家庭作为后盾力量，对个人职业选择有重要影响。如分析家庭经济状况、家族文化、家人期望等对本人的影响。

（2）学校环境　如学校教学特色与优势、专业就业整体状况、社会实践经验与机会、学校资金、技术支持等。

（3）社会环境　①社会政策分析：可以使个体了解到现实中存在的事业机会，以便在进行职业生涯规划时利用这些机会。例如，2016 年 10 月，中共中央、国务院印发的《"健康中国 2030" 规划纲要》明确指出"到 2030 年，15 分钟基本医疗卫生服务圈基本形成，每千常住人口注册护士数达到 4.7 人"，对护理专业学生来说无疑迎来了职业发展的良好契机。②社会变迁分析：例如，"互联网＋"时代的到来，必然对护理服务、管理等带来深刻的影响，也必然对护理人员职业生涯发展产生较大的影响。③社会价值观分析：价值观会随着社会的不断发展和进步而发生不同程度的变化，从而会影响社会对人的认识和对职业的要求。④科技发展趋势及影响分析：科技的发展会带来理论的更新、观念的转变、思维的变革、技能的补充等，而这些都是职业生涯规划中不可或缺的要素。

（4）职业环境　①行业分析：包括行业发展现状，国家政策对该行业的影响，国际国内重大事件对该行业的影响，行业就业前景预测等。②企业分析：包括本企业在该行业领域中的地位和发展前景，企业文化、企业发展前景等。

（二）确立职业目标

职业生涯目标确立包括目标分解和目标组合。目标分解就是根据观念、知识、能力等，将职业生涯目标分解为有时间规定的短期目标、中期目标、长期目标等。短期目标一般为 1~2 年内，中期目标一般为 3~5 年，长期目标一般为 5 年以上。短期、中期、长期目标又可细分日目标、周目标、月目标、年目标等。目标分解目的是将目标清晰化、具体化，是将目标量化成可操作的实施方案的有效手段。目标组合是将前期所分解的目标综合起来，是处理不同目标之间相互关系的有效方法。如果只看到目标之间的排斥性，就只能在不同目标间作出排他性选择；如果能看到目标间的互补性，就能根据目标间的联系进行不同目标间的组合。目标组合的目的是推动终极目标的实现。

大学生在设定人生目标时，要注意以下几个方面的问题：①目标要符合社会与组织的需要；②目标要适合自身的条件，并凸显自身优势；③目标要切实可行；④目标应具有挑战性和激励性；⑤要注意长期目标与短期目标的结合；⑥目标的幅度不宜过宽；⑦目标要明确具体。目标制定力求做到明确性（specific），即要用具体的语言清楚地说明要达成的行为标准；衡量性（measurable），即目标应该是明确的，而不是模糊的；可实现性（attainable），即目标是要能够被执行人所接受的；相关性（relevant），实现此目标与其他目标的关联情况；时限性（time - bound），指目标是有时间限制的。要充分利用SMART 原则，严谨、科学地制定出适合自己发展的目标。

（三）制定职业生涯发展路线

通常职业生涯路线的选择须考虑以下 3 个问题。

（1）我想往哪一路线发展　即我所想，通过对自己兴趣、价值观、理想、成就动机等因素的分析，确定自己的目标取向。

（2）我能往哪一路线发展　即我所能，通过对自己的性格、特长、智能、技能、情商、学识和经历等因素的分析，确定自己的能力取向。

（3）我可以往哪个路线发展　即环境是否允许，是通过对当前及未来的组织环境和社会环境等微宏观因素的分析，确定自己的机会取向。

对以上问题进行综合分析后，再选择自己的最佳职业生涯路线。一般来说有 3 种职业生涯发展路线可供选择。

（1）行政管理发展路线　如果你性格稳重，交际能力、组织、协调、管理能力强，不喜欢做技术工作，热爱管理工作，行政管理发展路线便是你的最佳选择。

（2）专业技术发展路线　如果你专业技术知识、技能很强，对专业技术发展及相关活动感兴趣，不喜欢或不擅长与人打交道，专业技术发展路线便是你最好的选择。

（3）自主创业型发展路线　就业乃民生之本，创业是就业之源。当前，"大众创业，万众创新"浪潮席卷全国。国家为鼓励和支持大学生自主创业，先后出台了一系列政策。当然，创业对人生是一个挑战，对创业者素质要求也比较高，创业者必须要具备扎实的理论基础和专业知识、敏锐的市场洞察力、较强的抗压能力、勇于创新、吃苦耐劳等素质。如果你喜欢发现新事物，喜欢充满挑战的工作，同时拥有较高的综合素质，创业也许是你的不错选择。

（四）行动与修正

确立了生涯发展的目标、路线后，就要拟定详细的行动计划和措施，主要包括工作、训练、教育、轮岗等方面。

1. 详细的工作和学习计划　每年学什么，要列出具体的科目；每年干什么，要列出具体的任务。

2. 具体措施　列出实现每项计划的具体措施，并且措施要切实可行。

3. 起讫时间　明确每项计划的起讫时间，即什么时候开始，什么时候结束。

4. 考核指标　确定拿什么指标来检查或衡量计划的完成。如果没有考核指标，计划就极有可能搁浅，生涯目标也就无法最终实现。

计划拟定好后，严格实施计划，并在行动中反思、总结，寻找观念、知识、技术等差距，明白差距后，要及时采取举措，如培训进修、实践锻炼、学历提升等，修订计划，弥补差距。

二、职业生涯规划书的主要内容

在了解职业生涯规划步骤和内容后，就可以根据自身情况，撰写职业生涯规划书。大学生职业生涯规划书没有固定的格式与内容，一般来说，包括封面、扉页、目录、正文、结束语五个版块。

1. 封面　包括题目、学校、制定时间、署名等，可在封面插入图片和警示格言。

2. 扉页　包括姓名、性别、年龄、籍贯、政治面貌、所在学校、所学专业、联系地址、联系方式、邮编、电话等重要个人信息。

3. 目录　分门别类地列出职业生涯规划的主要项目。

4. 正文　包括引言、自我分析、环境分析、目标分解与组合、计划与措施、评估与调整等内容。正文内容的撰写可参考职业生涯规划的基本步骤和主要内容。

5. 结束语　一份完整的职业生涯规划书最后应该表明自己的决心和勇气以及与职业规划相关的看法等。

第五节　职业生涯规划的修订

人们常说"计划赶不上变化"。在现代职业领域中，变化是永恒的主题。由于制定职业规划时，是在现有经验基础上对未来事物发展方向的推断，加上对自身和外部环境了解不够深入，导致计划在执行过程中难免会出现问题和偏差。因此要使职业生涯规划行之有效，就必须不断地对其进行评估与修订。

职业方向的调整、实现目标的时限改变、职业生涯策略和路线等都属于修订范畴。评估与修订的目的，是为了纠正最终目标与阶段职业目标的偏差，使通向最终目标的职业生涯道路一路畅通，更好更快地实现自己的人生目标。

一、职业生涯规划的评估要点

影响职业生涯规划的因素很多，除了个人自我认识的偏差之外，还有许多外界环境因素。其中有的因素是可以预测的，有的则无法预测；有的因素是可控的，有的则是不可控的。目标定的过高或过低，目标合适而行动方案与之不配，目标和行动方案都合适但执行不力等都会导致目标和结果产生差距。实施生涯规划时，必须在每一规划阶段进行一次全面系统的评估。

1. 抓住核心，突出重点　定期检测预定目标的达成进度，依据目标达成实际效果修订未来阶段目标和可采用的策略。但不必面面俱到，善于抓住一两个关键的目标和最主要的实施策略进行效果跟踪，重点评估那些可能达到核心目标的主要策略执行的效果。

2. 分离出最新要求 内外环境的变化，要求我们主动去了解新的发展趋势。"跟上形势"对职业生涯规划成功很重要。对于新的变化和需求，要保持高度的敏锐性，要随时采取最有利于职业生涯规划实施的方案策略。

3. 找准突破点 在职业生涯具体化过程中，某一阶段或者某一个点上的突破性进展将对我们职业生涯的发展产生意想不到的影响。因此，可以想一想，突破口在哪里，有没有去评估。

4. 找准薄弱环节 管理学中的"木桶原理"告诉我们，在关注成绩的同时，更要关注自身的短板，找准实际状况与目标的差距，找到引起差距的原因所在，如观念、技能、心理上的差距等，然后制定修订计划，及时追赶。

二、职业生涯规划的修订目的

（1）放弃或是增强自己的弱项，对自己的强项充满自信。

（2）明确自己的发展方向，对自己的发展机会有一个清楚的了解。

（3）知道影响自己达到目标的重点因素，找出有待改进的关键之处。

（4）为这些有待改进之处制定详细的行为改变计划。

（5）以合适的方式答复那些给予反馈的人，并表示感谢。

（6）实施行动计划，确保能取得显著的进步和成就。

三、职业生涯规划的修订内容

1. 职业方向的调整 如通过评估发现自己的职业发展不顺利的原因是职业价值观和职业兴趣不符，这就要求我们必须重新进行全面的自我分析和社会分析，及时调整职业取向，做出正确的职业选择。

2. 职业生涯路线的调整 如果在评估中发现在生涯路线的选择上并未凸显自身的优势，并不符合自己的性格、特长，那就要及时调整，扬长避短，选择最佳路线。

3. 职业目标的调整 如果在评估中发现目标的达成受主观或客观因素的影响，有较大的差距，那就要及时调低、调高甚至更换目标，以使目标是清晰的、可行的、切合实际的。

4. 策略和方案的调整 如果在评估中发现目标是清晰、可行的，而职业发展之路却屡屡不顺，那就证明为达到目标而制定的实施方案和策略不够科学，这就需要找准原因、咨询论证，制定新的方案。

四、职业生涯规划的修订原则

1. 整体性原则 职业生涯规划本身就具有整体性、系统性、程序性等特点，要求我们在修订过程中要坚持整体性原则。修订时要充分考虑前后几个阶段及总体实施情况，尽量避免"牵一发而动全身"，以免影响整个职业生涯规划的实施进程。

2. 适度原则 职业生涯规划本身就是一个系统工程，对评估的结果要本着严谨的态度，修订时要慎之又慎，避免"过犹不及"。

3. 有效原则 每一次修订的过程，都是对职业生涯目标、实施策略的调整，要防止"完"而不"善"，以防做无用功。

学生活动

态度是成功的基础，目标是成功的主体，时间是成功的效率，行动是成功的保证，新知是永续成功的源泉。成功的人生靠规划，在职业生涯发展的道路上，只要不抛弃不放弃，每一次挫折或失败都是为了下一次的成功。

请同学们根据本章所学知识，试着为自己制定一份详细的职业生涯规划书，并和大家一起畅想未来人生。

目标检测

答案解析

一、单项选择题

1. （　　）是指人们在职业选择和职业生活中，在众多的价值取向里，优先考虑哪种价值

    A. 职业价值观　　　　B. 职业兴趣　　　　C. 职业能力　　　　D. 职业性格

2. 要对职业生涯某个阶段是否成功进行全面评价，必须综合考虑（　　）

    A. 个人、家庭因素　　　　　　　　B. 企业和社会评价

    C. 自我评价　　　　　　　　　　　D. 个人、家庭、企业、社会等各方面

3. 眼手准确、迅速和协调地做出精确动作的运动反应能力是（　　）职业需要具备的能力

    A. 客户服务员　　　　B. 外科医生　　　　C. 导游　　　　D. 门卫

4. 从生涯发展的角度来说，职业生涯选择中，我们最看重的应当是（　　）

    A. 内心的职业价值观与所选职业是否一致　　B. 从业地点是否满意

    C. 父母是否同意我的选择　　　　　　　　　D. 经济收入是否客观

5. 下列观点不正确的是（　　）

    A. 兴趣可以培养　　　　B. 性格可以改变　　　　C. 能力可以提高　　　　D. 能力一成不变

6. 从生涯发展阶段论的角度，大学生阶段属于（　　）

    A. 生涯探索期　　　　B. 生涯成长期　　　　C. 生涯建立起　　　　D. 生涯混沌期

二、多项选择题

1. 职业生涯规划应（　　）

    A. 一成不变　　　　　　　　　　　B. 长远计划与近期计划结合

    C. 目标清晰且能根据实际调整　　　D. 只做长远规划

2. 下列不属于职业理想的是（　　）

    A. 小王想通过大学阶段的学习，在未来成为一名优秀护士

    B. 小李想在广州买一套房子

    C. 小张想在30岁前结婚

    D. 小刘想拥有幸福美满的家庭

3. 职业生涯规划修订的评估要点是（　　）

    A. 抓住核心，突出重点　　　　　　B. 分离出最新要求

    C. 找准突破点　　　　　　　　　　D. 找准薄弱环节

三、填空题

1. 职业生涯规划按照规划的时间维度可分为_____、_____、_____、人生规划。
2. 职业生涯规划的规划原则包括_____原则、_____原则、_____原则、_____原则。
3. 职业生涯规划主要内容有_____、_____、_____、_____。
4. 职业生涯规划修订的原则有_____原则、_____原则、_____原则。

四、名词解释

1. 短期规划
2. 自我评估
3. 目标分解
4. 目标组合
5. 职业生涯机会评估

五、思考题

1. 职业生涯规划制定原则包括哪些?
2. 职业生涯规划基本步骤包括哪些?

书网融合⋯⋯

本章小结

中篇　就业篇

第五章　就业观与就业心理准备

PPT

◎ 学习目标

1. 通过本章学习，重点把握就业统计的时间，高校毕业生毕业去向统计分类，高校毕业生毕业去向界定及标准，能够及时准确上报就业情况。

2. 学会培养积极的就业心理素质，树立科学的"先就业后择业"的就业观，树立积极到基层、民营医院的就业观。

第一节　科学就业观

≫ 情境导入

情境描述　有一只老鼠很饿，在找食物时发现一个米缸，就把米缸当家了，因不需要再找大米了。终有一天会把米吃完，它在缸底，中间有机会能出来，它没有出来，缸壁高滑，老鼠吃的又圆又胖，自然就出不来，最终饿死在缸里。

驴掉到枯井，呼主人来救。主人救不上来，想葬它于枯井。第一锹土铲下，驴惨叫。驴面临生死抉择，主人要抛弃它。填土至一半，驴不叫了。把身上的土抖掉踩在脚底升上来获得重生。

讨论　1. 大学生应该树立怎样的就业观？

2. 什么是科学就业观？

大学毕业生就业难的问题，随着我国教育体制改革的不断深入以及高校扩招规模的不断壮大日益凸现，大学毕业生就业难成为影响教育改革、社会安定和国家和谐发展的综合问题。近年来，受到各个方面因素的影响，整个就业形势更加严峻，大学生的就业压力越来越大。虽然国家相关部门采取一系列措施解决大学生就业难这一问题，但是，关键还是要大学生树立科学的就业观念。

在医学类毕业生就业形势日益严峻、医患矛盾难以调和的现实因素下，医学生树立科学的就业观，有利于克服结构性就业困难，促进医学生充分就业。另一方面，良好的就业观能够帮助医学生树立正确的人生观、价值观，也关系到当前医患矛盾严峻这一问题的解决，促进社会平稳和谐发展。

影响医学生就业的外部因素随着时间空间不断变化，一系列外部因素都会作用于大学生就业心态，进而产生不同的就业行为和结果。为什么在类似就业条件下，有的毕业生在求职过程中"一帆风顺"，有的却遇到诸多挫折，甚至走上极端的道路？显然，就业观在实现就业这一过程中，是决定成败的重要因素之一。法国思想家、文学家罗曼·罗兰说过："没有伟大的心态，就没有伟大的人，甚至也没有伟大的艺术家，伟大的行动者。"只有树立科学的就业观，培养良好的就业心态，才有利于医学毕业生的充分就业，才能推动我国的医疗卫生事业不断向前发展。

一、树立"先就业后择业"的就业观

大众化教育必然导致大众化就业，高校毕业生已经不再是"象牙塔"里的"阳春白雪"。这种转变促使高校毕业生在享受大众化教育成果的同时，也肩负着就业阵痛的压力。于是，不就业族、考研族、创业族、打工族、出国族、自由职业族等纷纷出现，使得高校毕业生就业越来越多样化、多元化。在严峻的就业竞争中，理想的职业固然重要，但是在没有更好选择的前提下，先就业也是权益之计。先就业再择业或再创业。在科学技术日新月异的今天，终身从事一种职业的人越来越少。高校毕业生完全可以先就业，然后在职业发展中选择从事的专业，进而不断积累成就自己的事业。

世事千头万绪，有所不为方有所为；人生载沉载浮，认定目标才能少走弯路。职业是社会分工的需要，是自己谋生的手段，是自我价值实现的途径，无贵贱之分。职业是社会分工的产物，每种职业的存在都是社会需要的，缺少任何一种职业，社会都难以正常运转。比如，一般人都不愿当环卫工人，但是如果没有环卫工人，我们的社会不是污水横流、垃圾遍地吗？要确立行业无贵贱的职业观，纠正重此轻彼的劳动观念，克服盲目挤堆热门专业，而忽视、轻看冷门专业的观念。在就业过程中，既要思考"我想干什么"，也要思考"我能干什么"，还要思考"市场需要什么"。只有顺利就业，才能解决生存的问题，才能铺通自我价值实现的通道。

人才流动是实现人才增值的重要途径：人才通过流动实现增值，"树挪死人挪活"。市场经济条件下，企业以市场为伸向，市场需要什么我就生产什么，就配备什么样的人才，因此人才流动是人才市场发展的必然现象。要克服求稳定、怕风险、希望就业一步到位的传统就业观念。

面对现实，客观评价自己，准确把握就业期望值：不要一味追求白领工作，不要渴望一就业就能获得很高的薪酬。要将自己的就业期望定在"蓝领""灰领"。只有审时度势，把握好就业期望值才不会有太多的失落，才有利于成功就业。大部分毕业生的生活经历都是从学校到单位。不能心高气傲，要放下架子，正确对待专业对口问题，从普通的工作岗位做起，从平凡的小事做起，虚心向年老者、有经验者学习，逐步去实现自己的远大理想。树立"先就业、后择业"的理念，这样可以减少家庭、学校、个人的压力，也可以尽快为自己积累社会经验，为以后的择业打下基础。

二、树立积极到基层、民营医院的就业观

基层医疗机构是面向管辖区域的居民提供基本公共卫生服务和基本医疗服务的场所，承担居民最基本的医疗保障。近年来，国家加大了基层医疗机构的政策投入，医疗硬件、医疗保障和基层医务人员待遇也在不断提高。同时，加大基层医疗卫生机构的队伍建设、人才培养，例如"西部计划""三支一扶"等国家、省级政策就业形式都在鼓励医学生投身基层医疗。

基层医疗机构是一个将医学高等人才自身价值合理发挥的理想去处，基层医疗就业在拓宽医学生就业渠道的同时，缓解了医学生的就业压力。医学生只有正视当前就业形势的严峻性，树立正确的职业观、择业观和就业观，调整就业心理，改变对基层医疗就业的认识误区，才能抓住大力发展基层医疗的契机，以积极、乐观、健康的心态投身基层医疗，服务基层人民。

随着一些发展较好的民营医院规模不断扩大，其发展不再满足于一家医院的独立运营，发展模式开始多样化，很多民营医院向医院联合体或医院集团的方向发展。由于公立医院在我国医疗卫生服务体系中长期占据着垄断地位，因此，公立医院转制、公立医院与民营医院合作办医等形式成为值得推崇的发

展方向。就民营医院发展路径而言，既有传统模式下的扩大规模类操作，也不乏新形势下的创新性举措。因此，民营医院也是高校毕业生就业的选择之一，吸纳了大量的毕业生。

三、积极配合就业统计工作

2019 年 9 月，教育部首次召开全国普通高校毕业生就业统计工作网络视频会议，会上教育部副部长翁铁慧同志指出，做好高校毕业生就业统计是国家宏观调控的重要基础，是高校稳定的基础，要求各高校必须提高政治站位，把就业统计工作摆出突出重要的位置，全面落实视频会议精神，做好就业统计工作，确保高校毕业生更加充分更高质量就业。

毕业生就业统计是指国家机关依法运用各种统计方法和手段对国民经济和社会发展情况进行统计调查、分析，提供统计资料和咨询意见，实行统计监督等活动的总称。高校就业统计是运用专门的方法，在高校毕业生就业的过程中进行数据收集、整理和分析，可以全面揭示毕业生就业的质量、效益和市场规律。

（一）就业统计的意义

高校就业统计在高校培养人才质量、政府精准就业帮扶决策、社会用人需求等方面提供参考依据，具有重要应用价值。高校就业统计是高校毕业生未来求职就业的重要参考，是完善高校人才培养模式的重要切入点，是国家宏观政策调整的重要依据。高校毕业生就业统计工作是有效促进高校改进人才培养模式和推进大学生求职就业的重要抓手，通过找准就业统计中的核心指标，通过运算和分析各指标之间的影响关系，有利于促进高校优化招生结构，合理设置学科专业，提高人才培养质量。高校毕业生的就业质量一方面反映了高等教育教学对社会用人需求的满足程度，另一方面可以通过毕业生的生存和发展状况来衡量高校的综合实力。通过对高校毕业生未就业的分析，可以找出高校毕业生就业过程中存在的问题及薄弱环节，为高校和政府部门加强毕业生就业帮扶工作、提高高校人才培养质量等提供科学的参考依据。

（二）就业统计的指标

目前，我国高校就业统计采用的主要方式，依据的是教育部于 2021 年 5 月修订的《教育部办公厅关于进一步做好普通高校毕业生就业统计与核查工作的通知》。毕业去向落实率 ＝ 协议和合同就业率 ＋ 创业率 ＋ 灵活就业率 ＋ 升学率。

就业统计对象是普通高等学校、科研院所具有普通高等教育学籍且取得毕业资格的所有本科、专科（高职）学生和研究生，包含定向、委培等。为更加准确反映高校毕业生升学、就业等毕业去向情况，从 2021 届起，将"就业率"改为"毕业去向落实率"。针对高校毕业生就业出现的新情况，教育部对就业统计指标进行了修订（表 5 - 1，表 5 - 2）。

表 5 - 1　高校毕业生毕业去向统计分类

分类	包含内容	包含的毕业去向	统计 7 个率	
就业	协议和合同就业	签就业协议形式就业（编码 10） 签劳动合同形式就业（编码 11） 应征义务兵（编码 46） 科研助理、管理助理（区分具体情况） 国家基层项目（区分具体情况） 地方基层项目（区分具体情况）	协议和合同就业率 ＝ 协议和合同就业数/毕业生总数	毕业去向落实率 ＝ 协议和合同就业率 ＋ 创业率 ＋ 灵活就业率 ＋ 升学率
	自主创业	自主创业（编码 75）	创业率 ＝ 自主创业数/毕业生总数	
	灵活就业	其他录用形式就业（编码 12） 自由职业（编码 76）	灵活就业率 ＝ 灵活就业数/毕业生总数	
升学	升学	升学（区分具体情况） 出国、出境（编码 85）	升学率 ＝ 升学数/毕业生总数	

分类	包含内容	包含的毕业去向	统计 7 个率	
未就业	暂不就业	不就业拟升学（编码71） 其他暂不就业（区分具体情况）	暂不就业率＝暂不就业数/毕业生总数	
	待就业	待就业（区分具体情况）	待就业率＝待就业数/毕业生总数	

表 5－2　高校毕业生毕业去向界定及标准

分类		分类界定	审核依据
就业	1. 签就业协议形式就业（编码10）	（1）与就业单位签订省级就业部门统一制定的就业协议书，且盖有单位人力资源（人事）部门公章或单位行政公章	依据签订的省级就业部门统一制定的就业协议书或相关制式协议书
		（2）具有人事调配权限的单位出具的接收毕业生及其人事关系（档案、户口、党团组织关系等）的录用接收函	依据用人单位出具的录用接收函
		（3）定向、委托培养毕业生回原定向、委托培养单位就业	依据毕业生与定向委培单位签订的定向、委培协议或回原定向、委托培养单位就业的报到证
		（4）部队招收士官或文职人员	依据招收士官或文职人员协议书
		（5）医学规培生	依据与规培基地签订的协议书
		（6）国际组织任职	依据国际组织出具的接收材料
		（7）出国、出境就业	依据国（境）外用人单位出具的接收证明或出国签证文件
	2. 签劳动合同形式就业（编码11）	毕业生与用人单位签订劳动合同	劳动合同相关解释参见《中华人民共和国劳动法》十六、十八、十九条
	3. 科研助理、管理	指被高校、科研机构或企业聘用作为博士后、科研辅助研究、实验技术、技术经理人、学术助理、财务助理等，包含以下两种情况	
		（1）科研助理、管理助理（编码271）	依据高校、科研机构或企业出具的证明，薪酬需达到当地最低工资标准
		（2）博士后入站（编码272）	依据劳动（聘用）合同、协议书、接收函、商调函、《博士后研究人员备案证明》
	4. 应征义务兵（编码46）	应征义务兵	依据预定兵通知书或入伍通知书
	5. 国家基层项目	（1）特岗教师（编码501）	依据录用单位出具的录用文件或有关部门出具的接收证明
		（2）三支一扶（编码502）	
		（3）西部计划（编码503）	
	6. 地方基层项目	（1）特岗教师（编码511）	依据录用单位出具的录用文件
		（2）选调生（编码512）	
		（3）农技特岗（编码513）	
		（4）乡村医生（编码514）	
		（5）乡村教师（编码515）	
		（6）其他（编码519）	
	7. 其他录用形式就业（编码12）	用人单位不签订就业协议或劳动合同，仅提供聘用证明、工资收入流水等证明材料	依据用人单位出具的聘用证明或毕业生本人提供的工资收入证明、收入流水等其他证明材料，薪酬需达到当地最低工资标准

续表

分类		分类界定	审核依据
就业	8. 自主创业（编码75）	指创立企业（包括参与创立企业），或是企业的所有者、管理者。包括个体经营和合伙经营两种类型，包含以下三种情况	
		（1）创立公司（含个体工商户）	依据创立企业的工商执照、股权证明或其他证明材料
		（2）在孵化机构中创业，暂未注册或注册当中	依据与孵化机构签订的协议或孵化机构提供的证明材料
		（3）电子商务创业，利用互联网平台从事经营活动，如开设网店等	依据网店网址、网店信息截图和收入流水
	9. 自由职业（编码76）	指以个体劳动为主的一类职业，如作家、自由撰稿人、翻译工作者、中介服务工作者、某些艺术工作者、互联网营销工作者、全媒体运营工作者、电子竞技工作者等	依据毕业生本人签字确认的证明材料，由校、院两级就业部门负责同志审定，薪酬需达到当地最低工资标准
升学	10. 升学	（1）研究生（编码801）	依据拟录取名单、录取院校调档函或录取通知书
		（2）第二学士学位（编码802）	
		（3）专科升普通本科（编码803）	
	11. 出国、出境（编码85）	毕业生出国、出境深造	依据国（境）外高校录取通知书
未就业	12. 待就业	（1）求职中（编码701）：正在择业，尚未落实工作单位	—
		（2）签约中（编码702）：已确定就业意向，准备正式签订协议或合同	—
		（3）拟参加公招考试（编码703）：准备参加公务员、事业单位公开招录考试	—
		（4）拟创业（编码704）：准备创业，尚未在工商行政管理部门注册登记，拟创立的实体尚未开始实际运营	—
		（5）拟应征入伍（编码705）：准备应征入伍，尚未被批准	—
	13. 不就业拟升	准备升学考试，暂不打算就业	—
	14. 其他暂不就业	（1）暂不就业（编码721）：暂时不想就业等无就业意愿的毕业生	—
		（2）拟出国出境（编码722）：准备出国出境学习或工作	—

说明：1. "科研助理、管理助理""其他录用形式就业""自由职业"中当地最低工资标准参见人社部公布的《全国各地区最低工资标准情况》。

2. 在"未就业"统计分类数据填报中，单位组织机构代码、单位名称、单位性质、单位行业、单位所在地、工作职位类别、单位联系人电话无需填写。

3. 定向、委培研究生中无需办理就业手续的，毕业去向填写"签就业协议形式就业"，其中定向或委培单位必填，单位组织机构代码、单位名称、单位性质、单位行业、单位所在地、工作职位类别联系人电话非必填。

（三）统计时间

每年12月至次年8月为就业进展情况定期报送时间，分为"年报""月报""周报"和"日报"。"年报"时间是8月31日，为毕业生初次就业情况报送截止时间，各高校通过全国高校毕业生就业管理系统报送就业数据。"月报"时间是12月至次年3月，各高校在每月1日前完成就业数据报送。"周报"

时间是 4 月至 8 月，各地各高校报送就业数据，各地报送各级各类招聘活动场次岗位情况和政策性岗位开发情况（报送方式另行通知），在每周五 17 时前完成。"日报"时间是 4 月至 8 月，100 所布点监测高校在每个工作日 17 时前完成就业数据报送。

（四）就业数据核查

每年 9 月初，教育部委托国家统计局开展毕业生就业状况抽样调查，结果将向各地通报。教育部开展就业数据核查，与国家相关部门的企事业单位数据库进行比对，并委托第三方机构进行抽查。各省级就业工作部门在每年 8 月 31 日前要对本地高校毕业生就业数据进行核查。各高校在数据报送前要做好全面自查，严格审核每个毕业生的就业材料，相关纸质或电子材料要在校级就业部门存档备查，存档时间为 3~5 年。

毕业生就业统计是一项严肃而又严谨的工作，就业数据保真是就业统计工作的底线，也是生命线，更是不可触摸的高压线。在就业统计的过程中要严格执行就业工作"四不准"规定，不准以任何方式强迫毕业生签订就业协议和劳动合同，不准将毕业证书、学位证书发放与毕业生签约挂钩，不准以户档托管为由劝说毕业生签订虚假就业协议，不准将毕业生顶岗实习、见习证明材料作为就业证明材料。毕业生有责任也有义务积极完成就业，并配合学校完成就业统计工作，为国家、学校做决策提供数据支撑。

第二节　积极就业心理素质的培养

≫ 情境导入

情境描述　小兰是个漂亮的女孩，她在大学担任学生会副主席。意外的是，这样一位优秀的女大学生，求职近半年应聘 45 次未果，在巨大的就业压力下她患上抑郁症，几次试图自杀，目前仍在接受治疗。

因"求职失败"而走极端的现象虽属个案，但大学生的就业心理问题不容忽视。大学生必须从实际出发，积极调适自己的就业心理素质，保持积极且稳定的心态，从而顺利就业、健康快乐成长。

讨论　1. 什么样的心理素质是消极的？

2. 怎样培养积极的就业心理素质？

就业心理是指大学毕业生在考虑就业问题、为获得职业进行准备及其在求职过程中产生的各种心理现象。它是毕业生求职过程中的心理状态，是影响毕业生择业和顺利就业的重要因素，也是毕业生价值观的具体表现。

一、消极的就业心理素质表现

一般来说，大学生求职择业时，常见的消极的就业心理素质有自卑、自负、攀比、焦虑、失落、依赖、偏执、矛盾等。

（一）自卑心理

自卑是低估自己的知识、能力等，对自己缺乏信心，觉得自己各方面都不如人的一种心理，从而产生消极的情绪体验，这就是自卑心理。在择业过程中，有自卑心理的毕业生一般表现为：不相信自己、看不起自己、对自己缺乏了解、缺乏勇气、缺乏自信心、不敢竞争等。

自卑是毕业生求职过程中常见的一种心理，第一是面对学习成绩好、专业好且又是名校毕业生，会下意识的产生消极情绪；第二是部分内向的毕业生看到其他面试者侃侃而谈时自己变得更加不敢向面试者开口；第三是毕业时别的同学都有各种奖励证书，而自己什么也没有的时候，也容易自我贬低；第四是跟名牌大学毕业生同台竞技时，会因自己学历低而不敢展示自己。

（二）自负心理

自卑的对立面就是自负，就是自己过高地估计自己。自负也是不能正确估计自己而产生的一种心理现象。有的大学毕业生在择业过程中自我评价过高，认为自己知识丰富、各方面条件都很好，于是择业条件苛刻，想一步到位找到自己满意的工作。他们不能正确认识自我，高估了自己的知识和能力水平，以至于有的大学毕业生好高骛远、眼高手低，不切实际地追求高待遇、高名利的单位，而对一般工作百般挑剔，看不上这个单位，瞧不起那个职业，使自己的择业目标与现实产生巨大反差。其结果定会是高不成低不就，迟迟不能落实单位。看到别人都签约成功，常常又满腹牢骚、怨天尤人，继而对社会、学校和他人产生不满情绪。

（三）攀比心理

在择业的过程中，由于每个人的性格、能力、生活背景以及所遇到的机遇不尽相同，因此择业的过程不具可比性。但有的同学喜欢争强好胜，虚荣心强，容易引发攀比心理。他们的期望较高，而对自我又缺乏客观认识，不从个人的实际情况出发，潜意识的把身边的同学作为了自己的参照，盲目攀比，强求心理平衡。此类攀比心理导致不少毕业生在择业的过程中错失了最佳就业机会。

（四）从众心理

由于缺乏对自身和工作世界的探索，有的大学生在就业过程中会将大多数人的意见当成评价自己及择业的重要依据。即是指个人受到外界人群行为的影响，个人做出与周围人相一致的行为或选择时，他会觉得更容易为这个群体所接受，并由此获得一种安全感。大家都这么认为，我也这么认为；大家都这么做，我也就跟着这么做。通常情况下，多数人的意见往往是对的，从众、服务多数，一般是不会错的。但缺乏分析，不独立思考，不顾是非曲直地一概服从多数，随大流走，则是不可取的，是消极的盲目从众心理，这已经是不健康的心理了。

一些大学生在择业过程中，往往会出现盲目从众心理，具体表现为缺乏择业的主动性，不考虑自己的兴趣、特长、专业优势等特点，盲目听从或跟随他人的意见和盲目寻求热门职业的现象。持有这种心理的毕业生往往脱离实际，跟在别人的后面走，比如在就业市场中，哪个摊位面前求职的人多就往哪里去，别人说什么工作好就找什么工作。完全不顾自己的能力及现状，不会扬长避短。

随大流是这类毕业生的主要心理，他们缺乏对就业市场、就业形势及政策的了解。比如在求职的过程中，有人听说别的同学找到了条件好、待遇高的工作心理上就不平衡，抱着"别人能去，我更能去"的态度，非要找一个更好的单位的心态，而不从自身的实际情况出发，不考虑社会需要以及职业发展和机遇因素。

（五）就业焦虑心理

就业焦虑是指毕业生在择业成功之前表现出来的焦虑不安。个体对多种生活环境的担忧或对现实危险性的错误认识直接导致了焦虑心理。美国心理学家贝克的研究表明：焦虑水平与对伤害的不现实期望和幻想有关，所期望和幻想的伤害越严重，焦虑水平就越高。

"双向选择"的求职制度使当代大学生择业呈现多元化的趋势，在拓宽了大学生职业选择面的同时，也加重了毕业生在择业时的责任和心理压力。有的毕业生在面对用人单位严格的录用程序（如笔试、面试、口试、操作技能测试、心理测试等）而感到胆战心惊；有的因性别、学历层次等因素不敢大胆求职；有的因自己学习成绩不佳而烦恼；有的因为自己能力低而紧张焦虑。

有的毕业生认知上存在缺陷，认为社会是复杂多变的，在社会上无论从事何种职业都必须面对复杂的人际关系，而在校期间他们是很少接触的。他们认为校园生活是社会上的最后一块净土，当踏出校园，就失去了保护，他们缺少勇气去面对复杂多变的社会，这种过度的或持续的焦虑心理，严重影响了大学生正常的生活和就业。

有许多毕业生在就业过程中希望找到理想的职业，但又害怕被拒绝，还担心因自己的择业错误而遗憾终身，对自己的职业规划感到迷茫，没有正确的方向。因此，他们对就业产生了各种不必要的担心，导致精神上严重焦虑和紧张感。

毕业前夕，如果不能在一定时间内化解过度焦虑，将会严重影响学生主观能动性的发挥，影响身心健康，给求职带来不必要的困难，甚至导致择业失败。

（六）消极等待心理

有的大学生就业意识比较淡薄，对怎么择业缺乏必要的思考，缺乏竞争意识，对择业采取"生死有命，富贵在天"的消极态度。平时不投放简历，也不参加招聘会，有单位来了就随便看看，没遇到非常心动的就一直等下去。就算非常满意也不努力争取，持有"你要不选择我将是你的损失"的心态，期待着单位来主动邀请。还有的同学"这山望着那山高"，不肯轻易"低就"，明明已经找到合适的工作，就是拖着不签订协议，总期待更好的单位出现。

（七）依赖心理

有些毕业生认为，找一份好工作就是要靠关系，在毕业的时候不主动求职，而是要自己的亲朋好友四处打听好工作。他们不把主要精力用在如何提高自身的综合素质上，而是到处找关系。这种心态与市场经济下的供需关系已格格不入。

大学毕业生这种就业依赖心理普遍存在，但并没有引起人们的足够重视。这些大学生缺乏必要的心理素质的培养，缺乏基本的自理、自立能力的锻炼，在择业时缺乏自我选择决断能力，不能积极主动地去竞争。当他们不得不面对就业时，常常表现得不知所措，只有一味地依赖学校的联系，家长的安排，亲友的推荐。一旦希望落空，往往会产生较大的心理落差，甚至出现较极端的行为。

（八）求稳、求全心理

有的大学毕业生由于对原来所学专业存在思维定式，凭借已有的定式思考问题，从而影响了对新职业的选择，甚至失去了一些本来很好的就业和发展机会。思维定式还反映在"一业定终身"的传统就业观念上。有的大学生对择业和就业保有特别慎重的态度，因为按照"专业对口"的传统模式，一种职业一经选定，就终身束缚在此，不能再加以改变了。这种思维使他们不敢轻易地在较大范围内择业，害怕一旦错则错终身。有的大学生在择业时求稳求全，不敢担风险。因此，在择业时思前想后，顾虑重重，谨慎过头，不敢冒险，缺乏风险意识和风险承受力，从而妨碍了自我推销的有效开展。有的大学生出于求全而变得十分慎重，这山还望那山高，常常表现出迟疑、犹豫的心态，他们对于未来职业的利弊权衡过于挑剔，求稳求全，缺乏果断性，最终妨碍择业的成功。

（九）失落心理

"理想很丰满，现实很骨感"。很多就业岗位不像大学生想象的那么美好，当现实与理想的差异较大时，总会诱发大学生的挫败感、失落感。例如，不少毕业生过于向往经济发达地区，尤其是沿海地区的一线城市，最低的期待也是省会城市。他们只注重经济文化发达、工作环境优越的一面，忽略了人才相对过剩的一面，大学生的择业期望居高不下，甚至还有逐年上升的趋势，从而导致主观愿望与实际需求之间的巨大落差。

有的大学生在就业受挫后不能正确的调整心态，对就业失去信心，表现为情绪低落、意志消沉、不思进取，他们常常会放弃一切积极的求职努力，听天由命；严重时甚至对外界的环境漠然视之，拒绝与外界交往，对一切的变化持无所谓的心态。这种心理严重阻碍了大学生的正常就业，择业过程中所遭受的挫折也必然比以前更大，由此产生的挫败感又将加深失落心理，如此往复，恶性循环，长期持续就会产生反应性抑郁症。

二、积极就业心理素质培养的基本途径

大学毕业生在就业过程中会遇到意料之外的困难和挫折，从而导致一些心理问题，如果不能尽量调适，将会影响毕业生的求职结果，甚至导致更为严重的后果发生。在每年都是"史上最难就业年"的大环境下，大学毕业生在求职的过程中难免会产生诸多的心理问题。出现问题不可怕，关键是运用正确的调适方法，有效、及时地排除异常心理情况，保持稳定的情绪，培养积极的求职心理，顺利实现就业。

💡 素质提升

> 人们都渴望成功，而成功又非常强调心态。人与人之间只有很小的差异，但这种很小的差异往往造成了很大的差距。这种很小的差异是什么？就是心态。这个很大的差距是什么？就是成功与失败。如果我们认真观察一下就会发现，那些做出过贡献的政治家、企业家、科学家无一不具备积极的心态。那些走向失败或无所事事的人，也大都具有消极的心态。所以，一个人的心态好坏，特别是关键时刻的心态，直接关系到一个人事业的成功与失败。

（一）正确认识社会

21世纪是一个机会与挑战并存的时代，每一位大学毕业生都将面临更加激烈的就业竞争，同时也拥有比以往更多的机会。毕业生能够在公平的竞争环境中接受挑战，展现才华。但要正确地认识社会也并非容易之事。其原因一是社会是复杂多变的，想要正确的认识社会有一定的难度；二是大学生自身阅历尚浅，社会心理成熟度低，往往只会用较简单的思维去判断十分复杂的社会问题。

毕业生正确认识社会应注意以下几点。

1. 正确看待就业问题　毕业生离开象牙塔，初涉人世，思想单纯，特别是在就业过程中遇到困难后，不能辩证地分析问题，而是怨天尤人，感叹生不逢时。其实，在社会主义国家，先进的社会规范是占主导地位的。在市场经济体制下，企业要生存、发展，依靠的是有真才实学的人才，靠关系谋职只是局部现象，是暂时的，随着我国全面深化改革的步伐推进，这种现象将逐步减少，直到消亡。

据调查显示，就业或创业的成功者中，虽然社会因素起到了一定的作用，但绝大多数主要还是靠自身的努力。就业或创业失败的根本原因也是自身素质不足导致。

2. 避免认识情绪化　情绪对认识既有积极的作用，也有消极的影响。如果认识完全被情绪支配，那么就有可能削弱理智和判断力，看不清、看不透社会的本质。其具体表现为：如果事遂人愿，则兴奋异常，感觉前途一片光明；一旦遇到麻烦，就牢骚满腹，感觉前途渺茫。大学生应该客观、理智地对待社会现象，对待择业及就业的成功与失败，不要被个人情绪所左右。要做到这一点，关键在于提高自己的心理素质。

3. 避免消极的人生态度　因为社会复杂多变，大学生就会认为一切都深不可测，因此就不去认识社会、关心社会，把自己和社会分隔开来，用局外人的眼光去看待社会。这种态度是不正确的，应当把自己当作社会不可分割的一部分，社会发展了，个人的境遇变好；社会状况不佳，个人的发展也会受到制约。当今社会是催人奋进的社会，我们应该关心时事、关心社会的发展，树立正确的人生观。在毕业

前夕，对社会需要什么样的人，不需要什么样的人要有所了解，用社会的需求来严格要求自己，让自己在激烈的人才竞争中站稳脚跟。

（二）正确认识自己

认识自己是择业中的关键环节之一。在求职中，如果对自己的主观评价与社会对自己的客观评价基本一致，那么就容易成功；如果主观评价偏高于客观评价，往往会导致碰壁、失败；如果主观评价偏低于客观评价，则会信心不足、犹豫不决，很可能会错失良机。因此，认识自我是成功走向社会的必要条件。求职者应了解自己的气质、性格、能力等，以便确定符合实际的求职目标。要做到正确的认识自我，应做到以下几点。

1. 自我剖析　要时常对自己的心理、行为进行剖析，使自我评价逐步接近客观现实。自负者要经常进行自我批评，经过不懈努力，弥补自身不足；自卑者要看到自己的优点，增强自信心。

2. 通过比较来认识自己　有比较才会有鉴别。"以铜为鉴，可以正衣冠，以人为鉴，可以知得失，以史为鉴，可以知兴替。"一是和同学们比较，比考试分数，比操作技能。通过比较，可以清楚地认识自己的长处和不足，认清自己在相比较人群中所处的位置，以便扬长避短。二是通过别人的态度来认识自己。当然，别人的态度不一定能全面评价一个人，但大多数人的态度还是能说明一定的问题。一个求职者如果不注意与共同竞争者相比较，就很难判断出自己成功的概率。

3. 通过咨询来了解自己　大学生可以向就业指导老师和辅导员咨询，也可以征求同学、家长和对自己熟悉的人的意见。长期学习、工作、生活在一起的人对自己的一言一行看在眼里，印象深刻，对自己的评价会更公正、更客观。

（三）做好心理准备

1. 永远充满自信　自信是一个健全人应该具备的心理素质，它是成功的推动力、成功的保障。古今中外，凡是有所成就的人，尽管各自的出身、经历、思想、性格、兴趣、处境等各有不同，但他们对自己的才能、事业和追求都充满了必胜的信心，自信能积极地适应环境，以艰苦努力的奋斗改变自己的命运，实现自己的人生价值。可以说，自信是成功者共同的秘诀。那么，怎样才能使自己在择业过程中保持自信呢？

（1）要相信自己的能力　每个人都有很大的潜能。当一个人面临择业，忧心忡忡、担心失败的时候，多半不是真的不行。自己条件可能并不过硬，但别人也不一定比你更行。每个人都有自己的优势，都有可能在择业竞争中占据主动地位。

（2）要积蓄自信的资本　自信要以扎实的基础、良好的素质做资本，以雄厚的实力做后盾。如果具备了真才实学，自然就会对自己的选择充满信心。

2. 提高挫折承受能力　古今中外多少仁人志士，均是从坎坷与挫折中走过来的，一时挫折不能说明你会永远失败。挫折是一种鞭策，它对失败者并不是淘汰和鄙视，相反能促进失败者振作起来。面对挫折，正确的态度应该是具有面对失败的不屈性，直面挫折，战胜挫折，最后成为强者。大学毕业生面临复杂的就业问题，可能要经历多次面试挫折和失败的打击，很有必要提前做好心理准备，特别是"受挫准备"。视挫折为一种鞭策，说起来容易做起来难，当一个人经过多次失败打击，很容易导致意志消沉而失去斗志。大学毕业生都很有文化，但并非在自己的工作岗位上得心应手。过硬的职业技能对职业成功固然重要，但充分的心理准备也是不可缺少的。一般来说，事业不会是一帆风顺的，如果心理准备不充分，就会产生过激情绪，导致在愤世嫉俗的言行中淹没了自己的才华。

因此，在校期间要调整好心态，充分做好心理上的"受挫准备"。在事业顺利的时候不要得意忘形，以平常心对待工作上的成功；在遭遇挫折时要屡败屡战，不懈追求。这是事业成功者的必备素质。

学生活动

　　请各位同学根据护理专业择业的基本途径，认真分析自己就业的身心健康状态，查找问题，有针对性地为自己设计就业心理的改进措施。要求从身体和心理两方面各列出三条，按主次排序，并在班上交流。

目标检测

答案解析

一、单项选择题

1. 国家相关部门采取一系列措施解决大学生就业难这一问题，但是，关键还是要大学生树立科学的（　　）观念

 A. 人生观   B. 价值观   C. 就业   D. 世界观

2. 只有审时度势，把握好（　　）才不会有太多的失落，才有利于成功就业

 A. 专业知识   B. 就业期望值   C. 个人理想   D. 人际关系

3. 树立（　　）的理念，可以减少家庭、学校、个人的压力，也可以尽快为自己积累社会经验，为以后的择业打下基础

 A. 先就业、后择业   B. 专业对口

 C. 一步到位   D. 高薪高酬

4. 为更加准确反映高校毕业生升学、就业等毕业去向情况，从 2021 届起，将"就业率"改为（　　）

 A. 就业落实率   B. 工作去向

 C. 用人单位跟踪   D. 毕业去向落实率

5. "年报"时间是（　　），为毕业生初次就业情况报送截止时间，各高校通过全国高校毕业生就业管理系统报送就业数据

 A. 6 月 31 日   B. 8 月 31 日   C. 10 月 1 日   D. 12 月 31 日

6. 各高校在数据报送前要做好全面自查，严格审核每个毕业生的就业材料，相关纸质或电子材料要在校级就业部门存档备查，存档时间为（　　）

 A. 1～2 年   B. 2～4 年   C. 3～5 年   D. 4～6 年

二、多项选择题

1. 就业统计对象是普通高等学校、科研院所具有普通高等教育学籍且取得毕业资格的所有（　　）、（　　）和（　　），包含定向、委培等

 A. 本科   B. 专科（高职）学生

 C. 研究生   D. 中专生

2. 毕业去向落实率 =（　　）+（　　）+（　　）+（　　）

 A. 协议和合同就业率   B. 创业率

 C. 灵活就业率   D. 升学率

3. 高校毕业生毕业去向统计分类（　　）

    A. 就业   B. 升学   C. 未就业   D. 实习见习

三、填空题

1. 高校毕业生毕业去向统计分类中就业包含_____、_____和_____。

2. 为更加准确反映高校毕业生升学、就业等毕业去向情况，从 2021 届起，将"就业率"改为_____。

3. 各省级就业工作部门在每年_____前要对本地高校毕业生就业数据进行核查。

4. 自主创业指创立企业（包括参与创立企业），或是企业的所有者、管理者。包括_____和_____两种类型。

四、名词解释

1. 基层医疗机构

2. 毕业生就业统计

3. "四不准"规定

4. 就业心理

5. 其他录用形式就业

五、思考题

1. 为什么要积极配合就业统计？

2. 如何培养自我的积极就业观？

书网融合……

本章小结

第六章　大学生就业形势与政策

PPT

◎ 学习目标

　　1. 通过本章学习，重点把握我国大学生的就业政策、国家就业促进活动及护理行业就业形势。

　　2. 学会运用所学知识，理性看待当前就业形势，调整好自己的心态，树立正确的就业观念，提高就业竞争力。

≫ 情境导入

　　情境描述　小张是高职院校护理专业 2022 届毕业生，来自四川雅安，直到当年 5 月份还未落实工作单位。正赶上学校组织护理专业供需见面会，芦山县有一家县级医院承诺如果当年护士资格考试成绩过关，就签正式合同。专业对口，又是家乡，然而她本人的择业意向是就业单位地点必须在成都市，至于能不能从事护理专业无关紧要，其他的不做考虑。

　　讨论　1. 如果你是小张，你会如何选择？

　　　　　　2. 怎么看待工作地点和专业的抉择问题？

第一节　当前大学生就业形势

一、正视当前的就业形势

　　据教育部公布的数据显示，2022 年全国普通高校毕业生达 1076 万人，同比增加 167 万，首次突破千万大关，规模和增量均创历史新高。高校毕业生就业，事关长远。当下的大学毕业生，生活在环境国际化、社会多元化、科技现代化、工作灵活化、竞争白热化之中，是更加个性化、多元化的群体，有较独立的判断和价值观。对于大学生来说，每年的毕业季不仅仅是毕业典礼这么简单，更是一场现实与理想的碰撞，机遇与挑战并存。

（一）当前大学生就业面临新机遇

　　1. "互联网＋"时代带来新的职业发展机会　近年来，以"互联网＋"为代表的新经济蓬勃发展，不仅成为助推经济增长的新生动力，而且创造了大量的新职业和新岗位。互联网的发展带动了以云计算、物联网、大数据、人工智能为主的互联网产业，并且正在全方位地渗入各行各业，"互联网＋"时代所产生的大量的就业机会，其就业主体主要是"00 后"大学生。

　　2. 经济发展新常态给大学毕业生提供了大量优质的就业岗位　我国经济发展已经进入了新常态，呈现出新的特点：一是从高速增长转为中高速增长；二是经济结构不断优化升级；三是从要素驱动、投资驱动转向创新驱动。新常态下的供给侧改革，必将推动优质企业的大量涌现和高质量就业岗位的持续增加，当然也对求职者的职业素养提出更高的要求。

　　3. "大众创业、万众创新"战略的实施引领推动了大学生的创新、创业　随着我国创新驱动战略的深入实施，社会上掀起了一轮创新创业热潮。我国政府还出台了一系列政策引领推动大学生创新创业，构建了高校、政府、市场、社会多方联动的创新创业支持体系，助推了大学毕业生创业就业。

4. 国家出台多项有利政策全方位重视大学生就业工作　就业是最大的民生。在以习近平同志为核心的党中央坚强领导下，我国坚持实施就业优先战略和积极的就业政策，就业总量持续增长，就业结构调整优化，就业质量显著提升。国务院印发《"十四五"就业促进规划》，提出了"十四五"时期促进就业的指导思想、基本原则、主要目标、重点任务和保障措施，是推动就业高质量发展的工作指引。针对2022届全国普通高校毕业生就业创业工作，教育部实施"2022届全国普通高校毕业生就业创业促进行动"，健全就业创业促进机制，推动就业创业工作提质增效，促进高校毕业生更加充分更高质量就业。

（二）产业结构优化升级给大学生就业带来的挑战

1. 经济增速放缓，对就业的拉动效应减弱　中国经济整体处于增速放缓和产业结构的调整期，客观上会对劳动者就业结构产生影响，同时也会对就业总体规模产生挤压效应，对劳动者就业产生影响。尤其是传统支柱产业企业改革的重组加快、淘汰落后产能、部分行业持续低迷及产能过剩将造成结构性失业和转型性失业，就业难度加大。国际经济发展形势仍然不确定，风险和变数依旧较多，欧美主要经济体面临着财政紧缩、主权债务风险上升等诸多问题，新兴经济体面临着经济结构调整、出口下滑等问题，世界经济艰难复苏，影响着出口型经济及就业的发展。

2. 城镇化中农村劳动力转移加剧，影响大学生就业　近年来，我国城镇化建设不断加快，城镇化率大幅提高，农村劳动力向城镇转移的步伐加快，城镇人口快速增加，2021年末全国常住人口城镇化率达64.72%。在城镇化进程中，农村的就业压力减轻，但是劳动力转移就业压力增大。城镇就业吸纳能力有限，城镇中新成长劳动力、高校毕业生与农村剩余劳动力存在竞争。

3. 企业用工成本上升与大学生高期望值的矛盾导致供求双方难以对接　在宏观经济增速整体放缓，企业收益增长放慢的大背景下，"不涨工资招不到人，涨工资又吃不消"是企业普遍面临的难题。为了稳定员工队伍、保持正常运营状态，许多企业只能采取涨薪的办法来"留人"，而涨薪势必会增加企业的用工成本。在工资水平提高的情况下，使用机器人可以降低成本。在短期内，机器人可能会抢走一些工作机会。如浙江省计划自2013年起5年间，每年实施5000个机器换人项目。该项目至2015年已累计减少普通劳动工人近200万人。当前机器换人范围已经不只限于工业制造业，一些服务领域的岗位也开始被机器人悄然代替。在未来，机器人可以在消防、救援、守护、医疗护理等服务领域大有可为。

（三）当前我国大学生就业特点

1. 高质量就业的刚需将会导致高层次的就业竞争更加激烈　在就业竞争压力大和形势严峻的情况下，实现充分高质量就业，最重要的是要提升自身的知识、水平、素质和能力等核心竞争力，这是高质量就业的根本。

2. 结构性就业困境越来越明显　体制外的中小企业招聘大学生越来越难，始终面临着"招不来、留不住、待不长"的困境。

3. 职场流动频繁，短工化趋势越来越明显　招聘会上大学生"骑驴找马""一言不合就跳槽"的大学生比比皆是。

二、护理行业就业形势

护理事业服务于人的生老病死全过程，是人民健康的重要守护者。目前，各级医疗卫生机构贯彻落实党中央、国务院决策部署，助推健康中国建设，深化医药卫生体制改革扎实推进，医疗卫生服务质量进一步提升，医护比例倒置问题得到根本扭转。

（一）"十四五"时期护理事业发展面临的新形势

"十四五"时期全面推进健康中国建设对护理事业发展提出了新要求。党中央、国务院作出全面推进健康中国建设的重要部署，要求以人民为中心，为人民提供全方位全周期健康服务。护理事业需要紧紧围绕人民健康需求，构建全面全程、优质高效的护理服务体系，不断满足群众差异化的护理服务需求。积极应对人口老龄化对护理事业发展提出的新任务。老龄化程度不断加深，对护理服务特别是老年护理服务提出迫切需求，需要有效增加老年护理服务供给。推动高质量发展为护理事业发展带来了新机遇。护理领域主要矛盾表现为人民群众的护理服务需求与供给相对不足之间的矛盾，需要进一步从护理体系、服务、技术、管理、人才等多维度统筹推动护理高质量发展，提高护理同质化水平。信息化技术的快速发展为护理事业创造了新条件。云计算、大数据、物联网、区块链、第五代移动通信（5G）等新一代信息技术与卫生健康服务深度融合，卫生健康领域新模式、新产业、新业态的不断涌现，为推动护理服务模式创新，提高护理服务效率，引领我国护理高质量发展提供了有力支撑。

（二）当前我国护士行业的供需现状

医护比例倒置问题得到根本扭转。过去近10年，我国护士数量以每年平均8%的增幅逐年增加，每千人口注册护士人数目前达到3.56人，男性护士比例不断提升。2021年，在基层从事护理工作的护士数量达到115万人，相比十年前基层护士只有52.8万人，增长了62万余人。随着医疗卫生事业的发展，许多岗位对男性护士需求较大，我国男性护士的比例也在不断提升，到2021年底，全国500多万护士当中，男性护士的比例占到了3%，比2012年的1.8%提高不少，全国的医护比从2012年的1：0.95发展到2021年的1：1.17。2021年底，全国49.0万个行政村共设59.9万个村卫生室，在村卫生室工作的人员136.3万人，其中注册护士19.3万人。

我国护理事业发展量质同升。截至2021年底，我国护士队伍中具有大专以上学历的已从2012年占比56%提高至2021年近80%，护士队伍学历素质进一步提高。在深化医改进程中，对护士的薪酬分配、职称晋升、奖励评优等，优先向一线和基层的岗位来倾斜。国家卫健委印发《全国护理事业发展规划（2021—2025年）》，为护理事业发展定下目标：到2025年，全国护士总数达到550万人，每千人口注册护士数达到3.8人；老年、中医、社区和居家护理服务供给显著增加。根据规划，我国还将采取有效措施增加护士队伍数量，特别是从事老年护理、儿科护理、中医护理、社区护理、传染病护理和安宁疗护工作的护士以及在基层医疗机构工作的护士数量，有针对性地开展老年、儿科、传染病等紧缺护理专业护士的培训。

（三）涉外护理专业的境外就业情况

护理德语、护理日语、护理英语专业具有较好的就业前景。国际护理人才短缺已成为目前各国普遍存在的问题，据研究报告显示到2025年美国注册护士的短缺数量将达到50万，需求将以2%～3%的速度增长。随着日本社会老龄化的加深，日本医院的护理人员一直存在短缺现象，需要大量聘请中国、菲律宾、印尼等外籍护士，且待遇较好。德国联邦统计局的数据显示，2017年德国现有人口约8300万，60岁以上老年人就占人口总数的23%。预测到2030年，2000万以上的人口将超过70岁。据德国护理业协会统计，目前德国对护理人员的需求缺口达到8万～10万人，到2050年，需求缺口将会达到30万人。随着人口老龄化加剧，护理人员短缺现象愈发严重，德国各界正努力寻求专业护理人才培养的多样化。

我国加入世界贸易组织（WTO）以来，国内中高等医学院校先后开设涉外护理专业，但大部分院校的培养方式与高级护理专业依然停留在加大英语课时、增设口语课程上，语言关是我国高职涉外护士在国外就业的关键。

三、高校毕业生的就业去向

（一）自主就业

1. 国企、外企、民营企业、独资企业　上述就业渠道和经济增长速度相关，国内生产总值（GDP）每增长 1 个百分点就能拉动上百万人的就业，经济的下行势必会影响到此类就业。我国处于结构调整的重要时期，传统行业面临困境，第三产业成为新的就业岗位增长点。

这一通道是很多毕业生们的选择，除了应届毕业生外，竞争者还有逐年累计的未就业毕业生以及海归。很多企业会设定很多的门槛，如 985 院校、211 高校研究生、英语六级、户口等。由于企业的自由度高，与公务员和事业单位相比，跳槽率高。

2. 公务员、事业单位　自 2009 年起，国考报名人数已经连续 14 年超百万。2022 年国考计划招录3.12 万人，而报名过审人数首次突破 200 万，达到 212.3 万人，通过资格审查人数与录用计划数之比约为 68：1。相对来说，国家公务员考试公平公正，因此被誉为"玻璃房里的考试"。参加国考，凭借自己的实力笔试、面试竞争上岗，成为一名公务员，成为不少大学毕业生的优先选择。公务员职业幸福感较强，比较稳定，又有完善的福利保障。

3. 自主创业　随着越来越多的大学生开始加入创业队伍，自主创业的团队也不断涌入了更多新鲜的血液。很多大学生在创业过程中注定会遇到挫折，而这无疑对大学生的创业道路形成了阻碍，可能导致其创业失败。因此大学生毕业后是否要选择创业，首先需要对自主创业有明确的定位，并且在创业之前还要进行相关创业知识的培训，要谨慎选择创业项目。同时，高校和政府要为大学生提供创业发展的环境，更好地帮助大学生完成创业的任务和要求，同时也使我国的人才资源在社会上发挥最大的价值和作用。

4. 深造（专升本、考研、出国）　一部分毕业生选择专升本、考研和出国是为了学历层次的晋升，力求在所学专业上有所造诣。还有一部分仅仅是面临较严峻的就业形势，一时无法找到合适的就业岗位，暂时延缓就业，积攒就业资本，将来谋求更好的就业渠道。护理专业的学生专升本比例较小，主要受专升本学制年限长，专升本毕业生在就业年龄方面无优势等影响。

（二）政策性就业

积极响应国家号召，投身国家基层就业项目。政策性就业是指国家为了缓解大学生就业难而采取的一些鼓励大学生取得岗位的政策，如"西部计划""三支一扶""大学生村官""特岗教师""参军"等就业方式。

（三）高职高专护理专业毕业生就业去向

除了上述就业渠道外，高职高专护理类毕业生最多的毕业去向是各级各类医疗护理机构。高职护理专业的目标是培养医疗服务第一线需要的"下得去、留得住、用得上"的高素质实用型护理人才。

高职护理存在的就业结构性矛盾越来越明显，护理专业就业市场同时存在"人满为患"和"人才紧缺"的现象。沿海发达地区的大城市、大医院人满为患，而西部欠发达地区的医疗卫生单位少人问津。基层医疗单位因为编制缺乏、收入低、待遇差、职业前景暗淡等原因，成为了护理人才紧缺的重灾区。

💡 **素质提升**

"三支一扶"

　　"三支一扶"计划，是有关部门联合实施的引导鼓励高校毕业生到基层工作的示范项目，即选派高校毕业生到基层从事支教、支农、支医和帮扶乡村振兴等服务。

　　2022年"三支一扶"计划面向应届毕业生和离校2年内未就业毕业生开展招募选拔，招人难、留人难地区可结合实际适当放宽专业、学历等方面限制，在原有服务领域基础上，进一步拓展了乡村建设助理员、野生动植物保护员等服务岗位，为高校毕业生到基层就业提供更加广阔的空间。

　　"三支一扶"计划的招募聚焦三个重点：一是向乡村振兴重点帮扶县、脱贫县、易地扶贫搬迁大型和特大型集中安置区所在县倾斜，首次对国家乡村振兴重点帮扶县实行计划单列。二是向革命老区、民族地区和边疆地区等倾斜，对招人难、留人难的艰苦边远地区，继续实行放宽专业要求、降低开考比例、提高本地户籍毕业生比例的优惠政策。三是优先招募脱贫户、零就业家庭毕业生，优先招募已参加规范化培训的医学专业毕业生。

　　2022年，中央财政按照东部地区每人每年1.2万元、中部地区2.4万元、西部地区3万元（西藏、新疆南疆四地州4万元）和一次性安家费每人3000元的标准给予补助。"三支一扶"人员服务期满后，可享受机关公务员定向考录、事业单位专项招聘、升学加分等专项支持政策，符合条件的还可以同等享受应届毕业生优惠政策。

第二节　大学生就业政策

一、我国大学生就业政策的历史沿革

　　就业政策，即国家在一定的历史条件和阶段，为促进经济发展和社会进步，创造劳动者就业条件，扩大就业机会所制定的行为准则。它包括就业指导思想，管理体制，指导原则，就业范围、渠道及相关的具体规定等。大学毕业生的就业政策是国家就业政策的重要组成部分。

　　中华人民共和国成立以来，我国高校毕业生就业安置政策历经传统计划经济体制到中国特色社会主义市场经济体制的巨大转型，目前已经建立起完全对接市场经济的以"政府引导与保障、劳动者自由流动、供需双方自主选择"为主要特征的高校毕业生就业政策体系。我国大学生就业政策先后经历3个不同的历史时期。

（一）计划经济体制下高校毕业生"统包统分"的就业模式

　　高度集中的政治经济体制下，从招生到就业都带有"计划"的痕迹。"统包统分"的就业模式，其特点是"由国家包分配工作，负责到底"，大学毕业生成为一种可以批量生产、严格分配的"产品"。在当时的历史条件下实现了人才资源的集中调配，适应了建国初期较为紧迫的实际建设需求。计划体制力量主导下"统包统分"的弊端是大学生就业极少存在多元化与流动性。

（二）国家计划指导下，本人志愿、学校推荐与用人单位择优录的就业政策

　　这是一种过渡性的就业政策。1978年召开了党的十一届三中全会，从而拉开了改革开放的序幕。

这一时期的来临标志着对延续了数十年的高度集中的计划经济体制的全面调整，政府不再包办社会的一切。1985年5月27日，中共中央颁布《中共中央关于教育体制改革的决定》，明确指出对于国家招生计划内的毕业生实行在国家计划指导下的，将本人志愿、学校推荐与用人单位择优录用相结合的制度，这是中国大学生就业政策的一次重大变革。

（三）以市场为基本导向的大学生就业政策

1992年随着社会主义市场经济体制的基本目标的确立，带有过渡性质的大学生就业政策发生进一步变革，以适应市场化的实际需求。

1993年2月13日，中共中央、国务院颁布了《中国教育改革和发展纲要》，明确指出大部分毕业生应在国家方针政策指导下，通过人才劳务市场，采取自主择业的办法实现就业。至此，以市场为基本导向的大学生就业政策正式建立，延续至今，并不断完善。我国现行的大学生就业方针、政策贯彻统筹安排、合理使用、加强重点、兼顾一般和面向基层，充实生产、科研、教学第一线的方针，坚持"公开、公正、择优、自愿"的原则，实行"市场导向、政府调控、学校推荐、学生和用人单位双向选择"的就业模式。

二、高校大学毕业生就业政策

党中央、国务院高度重视高校毕业生就业工作。习近平总书记多次对做好高校毕业生就业工作作出重要指示批示。国务院《"十四五"就业促进规划》明确要求，持续做好高校毕业生就业工作。2022届普通高校毕业生规模、增量创历史新高，就业形势复杂严峻。为深入贯彻党的十九大和十九届二中、三中、四中、五中、六中全会精神，落实党中央、国务院决策部署，教育部决定实施"2022届全国普通高校毕业生就业创业促进行动"，健全就业创业促进机制，推动就业创业工作提质增效，促进高校毕业生更加充分更高质量就业。

（一）完善市场化社会化就业促进机制

1. 加强校园招聘市场建设　各地各高校要进一步发挥校园招聘主渠道作用，切实加强校园招聘市场建设，建立完善就业资源开发机制，充分发挥专职就业工作队伍和党政干部、专业教师、校友等各方面积极性，千方百计拓展岗位信息来源。高校可通过组团、联盟等方式开拓就业岗位，推动校内校外就业资源共享。教育部会同相关部门、地方政府，发挥全国普通高校毕业生就业创业指导委员会作用，建设、打造一批全国性、区域性、行业性大学生就业市场。

2. 促进网络招聘市场建设　教育部升级打造"24365校园网络招聘服务"平台，引入优质人力资源服务机构、行业协会等，深入实施"岗位精选计划"，推进就业信息联通共享。各地各高校要组织就业工作人员、毕业班辅导员和求职毕业生注册使用"24365智慧就业平台"，加强线上服务联动。大力推进校园网络招聘市场建设，建设维护好本地本校用人单位需求库、毕业生求职意向库等，及时发布专业设置和生源信息。积极开展网络招聘服务，鼓励用人单位通过线上宣讲、远程面试、网上签约开展校园招聘，促进线上线下招聘相结合，提高招聘成功率。

3. 鼓励中小企业更多吸纳高校毕业生　各高校要为中小企业进校招聘提供便利，不得设置限制条件。教育部会同相关部门、大型平台企业，举办"全国中小企业人才供需对接大会""全国中小企业网上百日招聘高校毕业生""全国民营企业招聘月"等活动。各地要积极配合本地相关部门加大对中小企业支持力度，推动企业和高校毕业生用足用好税费减免、创业担保贷款等支持政策，创造更多适合高校毕业生的就业岗位，对符合条件的高校毕业生按规定给予社会保险补贴和职业培训补贴。

4. 促进创新创业带动就业　各地各高校要加大国家创新创业政策落实力度，加强创新创业服务平台建设，大学科技园、创业园、创客空间等要向高校毕业生提供场地优惠和专业化孵化服务，指导创业团队争取各类创业优惠政策，促进创新创业项目落地发展。办好中国国际"互联网＋"大学生创新创业大赛，切实发挥大学生创新创业带动就业作用。建立完善大学生创新创业信息服务平台，提供创新创业相关政策发布、解读、项目对接等服务。组织双创导师深入校园进行政策解读、经验分享和实践指导，支持大学生返乡创业、到城乡基层创业就业。

5. 支持引导灵活就业　各地各高校要积极挖掘新产业新业态新模式中的就业机会，引导毕业生在数字经济、平台经济等多个领域灵活就业。配合有关部门完善灵活就业社会保障政策，切实维护高校毕业生劳动保障权益。组织开发一些面向市场的培训项目，开展新兴产业、先进制造业、现代服务业等领域新职业技能培训，增强毕业生就业能力和竞争力。

（二）充分发挥政策性岗位吸纳作用

1. 健全毕业生基层就业支持体系　进一步完善并落实毕业生到基层就业学费补偿贷款代偿、考研加分等优惠政策，采取有效方式引导更多毕业生到中西部地区、东北地区、艰苦边远地区和基层、乡村振兴一线就业创业。组织实施"特岗计划""三支一扶""西部计划"等中央基层就业项目。配合有关部门设立"城乡社区专项计划""村医专项计划"等相关项目，鼓励各地结合实际扩大实施地方基层就业项目。持续开发科研助理岗位，增强科研助理岗位吸引力。

2. 做好大学生征兵工作　各地各高校要落实"两征两退"改革要求，配合兵役机关制定本地本校征兵工作方案，做好大学生特别是毕业生参军入伍工作。按照有关政策规定，落实退役普通高职（专科）士兵免试参加普通专升本招生、退役大学生士兵专项硕士研究生招生计划等优惠政策，研究制定细化方案和实施办法。密切军地协同，加强征兵工作站建设，办好征兵宣传教育进校园等活动，畅通入伍绿色通道，进一步推进以高校毕业生为重点的精准征集，提高毕业生入伍数量。

3. 促进升学与就业有序衔接　各地各高校要统筹安排好各类升学考试招生工作时间，硕士研究生招录工作在 2022 年 5 月底前完成，普通专升本和第二学士学位招录工作在 2022 年 6 月底前完成。坚持复合型人才培养定位，加强第二学士学位招生工作，高校教务、招生等部门要加强工作协同，扎实开展招生宣传、考试录取等工作，并纳入高校整体工作进行统筹部署。

4. 优化招考时间安排　各地教育部门要与相关部门加强协调配合，统筹推动各地尽早安排机关、事业单位招聘考试工作和各类职业资格考试时间，给高校毕业生离校前留出充足的求职时间。办好"国聘行动"第三季，发挥国有企业稳就业示范作用，并配合国有企业尽早完成招录工作。

（三）强化就业指导服务

1. 建立健全就业育人支持体系　各地各高校要把就业教育、就业引导全面纳入大学生思想政治教育体系，多种形式开展就业育人主题教育系列活动，打造一批大学生就业创业教育基地，引导毕业生树立正确的职业观、就业观和择业观。要加强重点领域就业引导，鼓励毕业生积极投身重点地区、重大工程、重大项目、国际组织等领域就业创业。组织开展大学生就业实践调查活动，持续打造"互联网＋就业指导"公益直播课，建立就业创业指导优质师资库，打造一批就业指导"名师金课"。加强职业生涯教育和就业创业指导，组织举办大学生职业生涯规划比赛活动。

2. 强化就业实习实践　各地各高校要将实习实践作为促进就业的重要举措，纳入人才培养方案，深化校企校地合作，开发更多实习实践岗位，推动更多毕业生通过实习实践实现就业。鼓励地方政府、高校和用人单位共同打造一批大学生就业实习实践基地。配合落实好将职业技能提升行动专项资金补贴性培训对象扩大至普通本科高校、中高职院校的政策，积极组织毕业年度毕业生参加职业技能培训。

3. 加强高职毕业生就业服务　各地各高校要针对高职百万扩招毕业生群体，制定专门就业工作方案，结合扩招毕业生生源类型特点，有针对性地分类开展就业指导服务，引导他们合理调整就业期望、找准职业定位，积极主动就业。支持高职院校紧密结合市场需求，按规定开展相关职业技能培训、项目制培训等多种形式的就业创业培训，并做好职业培训补贴政策的衔接工作。

4. 加强就业权益保护　各地各高校要配合有关部门积极营造平等就业环境，努力消除就业歧视。在各类校园招聘活动中，不得设置违反国家规定的有关歧视性条款，不得将毕业院校、学习方式（全日制和非全日制）等作为限制性条件。加强诚信和安全教育，引导毕业生诚信求职，树立遵纪守法意识，防范招聘欺诈、"培训贷"陷阱等。积极配合有关部门推进毕业生就业体检结果互认。

（四）开展重点群体就业帮扶

1. 实施宏志助航计划　教育部组织实施"中央专项彩票公益金宏志助航计划——全国高校毕业生就业能力培训项目"，设立"全国高校毕业生就业能力培训基地"，面向有就业意愿的毕业生群体开展线上线下就业能力培训，帮助他们提高综合素质和就业能力。各地各高校和各培训基地要精心组织实施，加强政策宣传，提升项目培训效果，努力帮助参加培训的毕业生实现就业。鼓励各地创造条件，推动"宏志助航计划"覆盖更多毕业生。

2. 完善就业帮扶机制　教育部组织开展直属高校与地方高校、东部高校与西部高校就业对口帮扶，推动区域间、校际间就业渠道互补、就业资源共享。各地各高校要进一步完善就业帮扶机制，建立就业困难毕业生群体帮扶工作台账，对低收入家庭、身体残疾等毕业生重点群体，按照"一人一档""一人一策"开展重点帮扶。

（五）完善就业统计发布机制

1. 加强就业统计核查　完善毕业生就业进展报送机制，及时汇总、通报就业进展情况。全面推广使用全国高校毕业生毕业去向登记与网上签约平台，推进毕业生求职、签约、登记、查询、反馈等"一站式"线上办理。继续开展毕业生就业状况布点监测。委托国家统计局开展毕业生就业状况抽样调查。严格执行就业工作"四不准"规定，确保就业统计数据真实准确。完善部、省两级就业统计举报机制，开展毕业生实名查询反馈，统一公布举报电话和邮箱。

2. 健全就业质量报告制度　高校毕业生就业质量年度报告要准确客观全面反映本校毕业生就业状况、就业工作进展、就业与招生和人才培养的反馈联动等情况。报告相关指标内容要与全国高校毕业生就业管理系统中的数据保持一致。报告经学校校长办公会、党委会审议通过后，按信息公开有关要求在每年12月31日前发布。

（六）持续深化高等教育改革

1. 推动就业与招生培养联动改革　优化学科专业设置，引导高校重点布局社会需求强、就业前景广、人才缺口大的学科专业，对就业率过低、不适应市场需求的学科专业要及时调整。开展高校毕业生就业状况跟踪调查，将调查结果作为"双一流"建设绩效评价、本专科教学评估、学科评估、专业设置与管理等重要依据。研制发布就业状况白皮书，发挥就业大数据对高校招生计划安排、人才培养方案调整的作用，不断提高人才培养和社会需求的契合度。

2. 实施供需对接就业育人项目　教育部组织征集相关用人单位对人才培养合作的需求，定期发布就业育人项目指南，在定向人才培养培训、就业实践实习基地建设、人力资源提升等方面促进校企供需对接。各地各高校要用好项目资源，强化组织动员，积极对接用人单位，确保项目实施效果。要以实施就业育人项目为抓手，深化产教融合、校企合作，培养更多实用型、复合型和紧缺型人才。

（七）加强组织领导

1. 落实就业"一把手"工程　各地各高校要把高校毕业生就业摆在突出重要位置，列入领导班子重要议事日程，建立健全主要负责同志亲自部署，分管领导靠前指挥，院系领导落实责任，各部门协同推进、全员参与的工作机制，并纳入领导班子考核指标。健全高校领导联系走访用人单位制度，主要领导要带头开展走访。

2. 配齐建强就业工作队伍 各地各高校要积极创造条件，认真落实高校就业机构、人员、场地、经费"四到位"要求，明确相关标准和指标，配齐配强校级专职就业工作人员，鼓励在院系专门设立就业辅导员。要加强就业工作队伍职业化、专业化建设，定期开展业务培训交流，鼓励就业指导人员按要求参加相关职称评审，畅通就业指导人员职业发展渠道。

3. 加强就业工作督促检查 教育部把毕业生就业工作纳入省级人民政府履行教育职责评价、直属高校领导班子年度考核等重要内容，并视情开展对有关省份的就业专项调研工作，适时通报高校毕业生就业进展情况。各地各高校要进一步完善就业工作督查、通报、约谈、问责机制，确保就业工作落实到位。

4. 统筹就业工作安排 教育部在秋招季、春招季和毕业季三个就业工作时段，组织在全国范围内开展"校园招聘月""就业促进周"和"基层就业出征仪式"系列活动。各地各高校要统筹就业工作安排，精心组织相关就业活动。

5. 做好就业总结宣传工作 各地各高校要广泛开展就业宣传系列活动，深入宣传国家就业创业政策、各地各高校和用人单位促就业的好经验好做法，营造全社会支持毕业生就业的良好舆论氛围。组织开展就业育人典型案例和毕业生就业创业典型人物总结宣传工作。要认真制定年度工作计划，做好工作总结，有关进展情况及时报教育部。

第三节 国家就业促进活动

就业是最大的民生，也是经济发展最基本的支撑。"十四五"时期，实现更加充分更高质量就业，是推动高质量发展、全面建设社会主义现代化国家的内在要求，是践行以人民为中心发展思想、扎实推进共同富裕的重要基础。2021 年 8 月国务院印发《"十四五"就业促进规划》（国发〔2021〕14 号），聚焦高校毕业生等重点群体，坚持市场化社会化就业与政府帮扶相结合，促进多渠道就业创业。

一、完善高校毕业生就业创业支持体系

高校毕业生等青年就业关系民生福祉、经济发展和国家未来。为贯彻落实党中央、国务院决策部署，做好当前和今后一段时期高校毕业生等青年就业创业工作，国务院办公厅印发《关于进一步做好高校毕业生等青年就业创业工作的通知》（国办发〔2022〕13 号）。

（一）多渠道开发就业岗位

1. 扩大企业就业规模 坚持在推动高质量发展中强化就业优先导向，加快建设现代化经济体系，推进制造业转型升级，壮大战略性新兴产业，大力发展现代服务业，提供更多适合高校毕业生的就业岗位。支持中小微企业更多吸纳高校毕业生就业，按规定给予社会保险补贴、创业担保贷款及贴息、税费减免等扶持政策，对吸纳高校毕业生就业达到一定数量且符合相关条件的中小微企业，在安排纾困资金、提供技术改造贷款贴息时予以倾斜；对招用毕业年度高校毕业生并签订 1 年以上劳动合同的中小微企业，给予一次性吸纳就业补贴，政策实施期限截至 2022 年 12 月 31 日；建立中小微企业专业技术人员职称评定绿色通道和申报兜底机制，健全职业技能等级（岗位）设置，完善职业技能等级认定机制，落实科研项目经费申请、科研成果等申报与国有企事业单位同类人员同等待遇。设置好"红灯""绿灯"，促进平台经济健康发展，带动更多就业。稳定扩大国有企业招聘规模，指导企业规范发布招聘信息，推进公开招聘。

2. 拓宽基层就业空间 结合实施区域协调发展、乡村振兴等战略，适应基层治理能力现代化建设需要，统筹用好各方资源，挖掘基层就业社保、医疗卫生、养老服务、社会工作、司法辅助等就业机会。社区专职工作岗位出现空缺要优先招用或拿出一定数量专门招用高校毕业生。继续实施"三支一扶"计划、农村特岗教师计划、大学生志愿服务西部计划等基层服务项目，合理确定招募规模。对到中西部地区、艰苦边远地区、老工业基地县以下基层单位就业的高校毕业生，按规定给予学费补偿和国家助学贷款代偿、高定工资等政策，对其中招聘为事业单位正式工作人员的，可按规定提前转正定级。

3. 支持自主创业和灵活就业 落实大众创业、万众创新相关政策，深化高校创新创业教育改革，健全教育体系和培养机制，汇集优质创新创业培训资源，对高校毕业生开展针对性培训，按规定给予职业培训补贴。支持高校毕业生自主创业，按规定给予一次性创业补贴、创业担保贷款及贴息、税费减免等政策，政府投资开发的创业载体要安排30%左右的场地免费向高校毕业生创业者提供。支持高校毕业生发挥专业所长从事灵活就业，对毕业年度和离校2年内未就业高校毕业生实现灵活就业的，按规定给予社会保险补贴。

4. 稳定公共部门岗位规模 今明两年要继续稳定机关事业单位招录（聘）高校毕业生的规模。深化落实基层法官检察官助理规范便捷招录机制，畅通政法专业高校毕业生进入基层司法机关就业渠道。支持承担国家科技计划（专项、基金等）的高校、科研院所和企业扩大科研助理岗位规模。

为贯彻落实党中央、国务院关于高校毕业生就业工作的决策部署，加快健全高校毕业生市场化社会化的就业创业工作机制，千方百计开拓更多就业创业岗位和机会，深入落实就业工作"一把手"工程，教育部决定开展全国高校书记校长访企拓岗促就业专项行动。通过开展专项行动，充分发挥高校书记、校（院）长以及校领导班子成员带头做好毕业生就业工作的重要示范作用，带动学校全员深度参与做好高校毕业生就业工作，全面深化校企合作、供需对接，既立足当前为2022届高校毕业生开拓更多就业创业岗位和机会，又着眼长远构建高校毕业生市场化社会化的就业工作机制，全力促进高校毕业生更加充分更高质量就业。具体的行动内容涵盖广泛开拓就业渠道和就业岗位、深入开展社会需求调查、开展毕业生就业状况跟踪调查等方面。

（二）强化不断线就业服务

1. 精准开展困难帮扶 要把有劳动能力和就业意愿的脱贫家庭、低保家庭、零就业家庭高校毕业生，以及残疾高校毕业生和长期失业高校毕业生作为就业援助的重点对象，提供"一人一档""一人一策"精准服务，为每人至少提供3~5个针对性岗位信息，优先组织参加职业培训和就业见习，及时兑现一次性求职创业补贴，千方百计促进其就业创业。对通过市场渠道确实难以就业的困难高校毕业生，可通过公益性岗位兜底安置。实施"中央专项彩票公益金宏志助航计划"，面向困难高校毕业生开展就业能力培训。实施共青团促进大学生就业行动，面向低收入家庭高校毕业生开展就业结对帮扶。及时将符合条件的高校毕业生纳入临时救助等社会救助范围。实施国家助学贷款延期还款、减免利息等支持举措，延期期间不计复利、不收罚息、不作为逾期记录报送。

2. 优化招聘服务 推进公共就业服务进校园，逐步实现公共就业招聘平台和高校校园网招聘信息共享。建立高校毕业生就业岗位归集机制，广泛收集机关事业单位、各类企业、重大项目等高校毕业生就业岗位需求计划，集中向社会发布并动态更新。构建权威公信的高校毕业生就业服务平台，密集组织线上线下专项招聘服务，扩大国家24365大学生就业服务平台、百日千万网络招聘、"千校万岗"、中小企业网上百日招聘等招聘平台和活动影响力。积极组织服务机构、用人单位进校园招聘。

3. 加强就业指导 健全高校学生生涯规划与就业指导体系，开展就业育人主题教育活动，引导高校毕业生树立正确的职业观、就业观和择业观。注重理论与实践相结合，开展多种形式的模拟实训、职业体验等实践教学，组织高校毕业生走进人力资源市场，参加职业能力测评，接受现场指导。高校要按一定比例配齐配强就业指导教师，就业指导教师可参加相关职称评审。打造一批大学生就业指导名师、优秀职业指导师、优秀就业指导课程和教材。举办全国大学生职业规划大赛，增强大学生生涯规划意识，指导其及早做好就业准备。

4. 落实实名服务　深入实施离校未就业高校毕业生就业创业促进计划，强化教育、人力资源社会保障部门离校前后信息衔接，持续跟进落实实名服务。运用线上失业登记、求职登记小程序、基层摸排等各类渠道，与有就业意愿的离校未就业高校毕业生普遍联系，为每人免费提供1次职业指导、3次岗位推荐、1次职业培训或就业见习机会。

5. 维护就业权益　开展平等就业相关法律法规和政策宣传，坚决防止和纠正性别、年龄、学历等就业歧视，依法打击"黑职介"、虚假招聘、售卖简历等违法犯罪活动，坚决治理付费实习、滥用试用期、拖欠试用期工资等违规行为。督促用人单位与高校毕业生签订劳动（聘用）合同或就业协议书，明确双方的权利义务、违约责任及处理方式，维护高校毕业生合法就业权益。对存在就业歧视、欺诈等问题的用人单位，及时向高校毕业生发布警示提醒。

（三）简化优化求职就业手续

1. 稳妥有序推动取消就业报到证　从2023年起，不再发放《全国普通高等学校本专科毕业生就业报到证》和《全国毕业研究生就业报到证》（以下统称就业报到证），取消就业报到证补办、改派手续，不再将就业报到证作为办理高校毕业生招聘录用、落户、档案接收转递等手续的必需材料。

2. 提供求职就业便利　取消高校毕业生离校前公共就业人才服务机构在就业协议书上签章环节，取消高校毕业生离校后到公共就业人才服务机构办理报到手续。应届高校毕业生可凭普通高等教育学历证书、与用人单位签订的劳动（聘用）合同或就业协议书，在就业地办理落户手续（超大城市按现有规定执行）；可凭普通高等教育学历证书，在原户籍地办理落户手续。教育部门要健全高校毕业生网上签约系统，方便用人单位与高校毕业生网上签约，鼓励受疫情影响地区用人单位与高校毕业生实行网上签约。对延迟离校的应届高校毕业生，相应延长报到入职、档案转递、落户办理时限。

3. 积极稳妥转递档案　高校要及时将毕业生登记表、成绩单等重要材料归入学生档案，按照有关规定有序转递。到机关、国有企事业单位就业或定向招生就业的，转递至就业单位或定向单位；到非公单位就业的，转递至就业地或户籍地公共就业人才服务机构；暂未就业的，转递至户籍地公共就业人才服务机构。档案涉密的应通过机要通信或派专人转递。公共就业人才服务机构要主动加强与高校的沟通衔接，动态更新机构服务信息，积极推进档案政策宣传服务进校园，及时接收符合转递规定的学生档案。档案管理部门要及时向社会公布服务机构名录和联系方式。

4. 完善毕业去向登记　从2023年起，教育部门建立高校毕业生毕业去向登记制度，作为高校为毕业生办理离校手续的必要环节。高校要指导毕业生（含结业生）及时完成毕业去向登记，核实信息后及时报省级教育部门备案。实行定向招生就业办法的高校毕业生，省级教育部门和高校要指导其严格按照定向协议就业并登记去向信息。高校毕业生到户籍和档案接收管理部门办理相关手续时，教育部门应根据有关部门需要和毕业生本人授权，提供毕业生离校时相应去向登记信息查询核验服务。

5. 推进体检结果互认　指导用人单位根据工作岗位实际，合理确定入职体检项目，不得违法违规开展乙肝、孕检等检测。对外科、内科、胸透X线片等基本健康体检项目，高校毕业生近6个月内已在合规医疗机构进行体检的，用人单位应当认可其结果，原则上不得要求其重复体检，法律法规另有规定的从其规定。用人单位或高校毕业生对体检结果有疑问的，经协商可提出复检、补检要求。高校可不再组织毕业体检。

二、国家就业促进活动

（一）开展 2022 年度高校毕业生等重点群体促就业"国聘行动"

为深入贯彻党中央、国务院稳就业保就业决策部署，落实《"十四五"就业促进规划》工作要求，充分发挥国有企业稳岗扩就业示范带动作用，千方百计扩大就业容量，努力提升就业质量，着力缓解结构性就业矛盾，教育部、人力资源社会保障部、国务院国资委、共青团中央、中央广播电视总台决定联合开展 2022 年度高校毕业生等重点群体促就业"国聘行动"。

1. 加大政策力度 各地各单位要切实履行主体责任，把握 2021 年就业工作的新情况新问题，明确目标任务，创新政策措施，增加岗位数量，提升服务质量，发动更多高校毕业生和用人单位参与，多措并举促进高校毕业生等重点群体就业，推动稳就业、保就业措施落实落细。

2. 发布招聘信息 中央企业和地方国有企业要梳理用人需求，明确招聘人数和岗位要求，健全招聘制度。鼓励用人单位在国聘招聘平台（https：//www. iguopin. com）、教育部"24365 校园招聘服务"平台（https：//www. ncss. cn）、中国人力资源市场网（http：//chrm. mohrss. gov. cn）、团团微就业、中智招聘平台（https：//zhaopin. ciic. com. cn）等平台集中发布招聘信息，举办线上专场招聘活动。有关招聘平台要切实履行社会责任，推进就业信息互通和岗位资源共享，提供优质就业服务。

3. 开展招聘宣讲 鼓励有条件的地方、高校和企业等用人单位，通过中央广播电视总台央视频等宣传渠道，持续开展招聘宣讲活动。发挥协同优势，鼓励名企名校结对宣讲，搭建高校毕业生与行业专家、企业高管等面对面沟通交流的平台；创新展示形式，通过现场介绍发展蓝图、企业品牌、引才需求、人才前景、生产流程、先进技术、工作生活场景等方式，主动吸引求职群体。

4. 统筹线下活动 统筹线下招聘活动安排，择时择地组织线下专场招聘会、校园招聘会，引导供需双方充分对接。

（二）开展 2022 届高校毕业生校园招聘月系列活动

为贯彻落实党中央、国务院"稳就业""保就业"决策部署，统筹做好高校毕业生就业工作，千方百计促进 2022 届高校毕业生更加充分更高质量就业，教育部决定开展"2022 届高校毕业生校园招聘月"系列活动（以下简称"校园招聘月"系列活动）。通过开展"校园招聘月"系列活动，进一步聚合社会资源，为 2022 届高校毕业生集中提供大量岗位，加强高校就业指导服务，引导高校毕业生主动求职，加速推进 2022 届高校毕业生就业工作，全力以赴促进高校毕业生顺利毕业、尽早就业。

"校园招聘月"主要包括"1+3"系列活动："1"是召开 2022 届全国普通高校毕业生就业创业工作网络视频会议；"3"是举办系列专场招聘会、供需对接大会、就业育人主题教育等三大系列活动。

1. 召开 2022 届高校毕业生就业创业工作网络视频会议 2021 年 11 月 19 日，教育部、人力资源社会保障部在北京主会场组织召开网络视频会议，认真总结 2021 届高校毕业生就业工作，深入分析高校毕业生就业形势，安排部署 2022 届全国普通高校毕业生就业创业工作。各地各高校要按照工作要求，认真做好省级分会场和高校分会场各项会议组织工作，及时通知相关人员在省级分会场或高校分会场参加会议。

2. 开展系列招聘活动 "校园招聘月"期间，教育部会同 12 大社会招聘机构，共同启动"24365 校园招聘服务"线上招聘月活动，集中面向重点区域、重点行业、重点人群组织系列专场招聘会；联合相关机构启动"共建共享岗位精选计划"，探索实施岗位精准推送。19 个分行业就指委广泛汇集行业资源，举办分行业专场招聘会，为相关专业毕业生精准提供岗位信息；各省（区、市）要举办 4 场以上区域性、行业性、联盟性线上线下专场招聘会；各高校每天要举办线上或线下校园招聘会。

3. 组织校企供需对接系列活动 "校园招聘月"期间，教育部举办"供需对接就业育人项目"网络对接大会，汇总发布项目榜单，邀请参加供需对接项目的优质企业和有意向申报供需对接项目的高校进行线上对接。举办"全国中小企业人才供需对接会"活动，引导更多高校毕业生到中小企业就业。19个分行业就指委组织召开行业相关领域校企人才供需对接活动，集中发布一批行业人才供需报告。各地要结合实际，举办校企供需对接会，推动高校和用人单位签订定向人才培养培训、就业实习基地、人力资源提升等项目。

4. 启动"就业育人"主题教育系列活动　"校园招聘月"期间，教育部启动实施"中央彩票公益金——宏志助航全国高校毕业生就业能力培训"计划，发布"全国普通高校就业创业工作100个典型案例"，举办第一届中国高校就业育人论坛，播出"24365互联网＋就业指导"系列公益直播课。各地各高校要组织开展以"成才观、职业观、就业观"为核心的就业育人主题教育活动，引导高校毕业生树立积极求职心态，尽快投身求职行动，尽早落实毕业去向。

（三）推广使用国家24365大学生就业服务平台

为深入贯彻落实党中央、国务院关于高校毕业生就业工作决策部署，不断提升教育系统就业工作服务水平和数字化能力，促进高校毕业生更加充分更高质量就业，教育部在"新职业网"和"24365智慧就业"基础上，全面升级推出"国家24365大学生就业服务平台"（以下简称"24365就业平台"）"24365就业平台"是教育系统及有关部门开展高校毕业生就业服务、就业指导与就业管理的综合性平台。平台包括PC端和移动端。"24365就业平台"与各地各高校就业平台及有关社会招聘网站互联，提供多样化服务。

（1）面向高校毕业生，平台提供就业意愿登记、简历填写、职位检索、职位推荐、专场招聘、网上签约、去向登记等求职应聘服务；提供职业指南、职业测评、师兄师姐去哪儿、风险防范提示等就业指导服务；提供重点领域、国际组织、应征入伍和基层就业等引导服务。

（2）面向用人单位，平台提供职位发布、简历筛选、面试通知、网上签约等招聘服务；提供毕业生生源查询、学历查询等查询服务。

（3）面向就业战线，平台提供就业数据报送、去向信息审核、就业统计核查、动态监测等就业统计服务；提供招聘岗位共享、招聘信息发布、招聘活动举办、工作任务派发、就业课程和岗位信息推送等服务。

（四）开展2022年高校毕业生就业创业政策宣传月活动

为促进高校毕业生更加充分更高质量就业，进一步加大就业创业政策宣传力度，帮助更多高校毕业生知晓各项促就业政策，根据教育部"全国普通高校毕业生就业创业促进行动"统一安排，决定在全国范围内组织开展高校毕业生就业创业政策宣传月活动（以下简称"政策宣传月"活动）。"政策宣传月"活动主要包括以下内容。

1. 编发政策公告　教育部印发《普通高校毕业生基层就业政策公告》《普通高校学生自主创业政策公告》《普通高校学生应征入伍政策公告》《普通高校毕业生就业服务公告》。各地教育行政部门和各高校要结合实际编制本地本校就业政策公告，采用翻印张贴海报、编发手册等方式做好国家和地方毕业生就业政策公告的宣传。

2. 开展政策解读　教育部通过"24365互联网＋就业指导"公益直播课，开设系列专题对高校毕业生就业创业相关政策进行深度解读，各地教育行政部门和各高校要组织有需要的毕业生收看公益直播课。高校要通过就业指导课、形势政策课、专题培训沙龙等多种方式，开展本地本校就业创业优惠政策专场政策解读，让有需要的学生应知尽知。

3. 推出线上服务　教育部在政府门户网站上线"2022届全国普通高校毕业生就业创业促进行动"专题，并推出"政策宣传月"专栏，展示各地促就业政策。各地教育行政部门和各高校要用好网站、

"两微一端"等平台,通过开设专题页面、播放宣传片、推出政策问答等方式,为高校毕业生线上了解相关政策提供更大便利。有条件的地方和高校,可在"政策宣传月"期间组织相关专家开展线上政策咨询。

4. 组织线下宣讲 开展"公共就业政策进校园"活动,各地教育行政部门和各高校要主动邀请本地人力资源社会保障部门负责同志走进校园,举办专场宣讲会,介绍本地公共就业服务支持高校毕业生就业的政策措施。鼓励各地各高校围绕高校毕业生关心的现实问题,自行设计主题内容和活动形式,为就业困难毕业生群体提供有针对性的政策辅导和岗位上门服务。

(五) 举办 2022 届高校毕业生就业促进周开展"百日冲刺"系列活动

为贯彻落实党中央、国务院"稳就业""保就业"决策部署,按照 2022 年《政府工作报告》落实落细稳就业举措部署要求,抢抓高校毕业生求职关键期,全力促进高校毕业生顺利就业,教育部决定举办 2022 届高校毕业生就业促进周,开展"百日冲刺"系列活动。通过举办就业促进周,开展"百日冲刺"系列活动,进一步挖潜创新拓展岗位资源,凝心聚力做实做细就业指导服务,引导高校毕业生主动求职,加速就业工作进程,全力促进 2022 届高校毕业生更加充分更高质量就业。

就业促进周举办时间为 2022 年 5 月 9 日至 15 日,主要是集中举办校园招聘会、供需对接等促就业活动;"百日冲刺"实施时间为 2022 年 5 月初至 8 月中旬,主要是持续举行系列招聘、访企拓岗、万企进校、就业指导、精准帮扶等五大专项行动。

1. 举行 2022 届高校毕业生就业促进周 2022 年 5 月 9 日,在河南郑州主会场及全国 5 个分会场同步举行"24365 校园招聘服务"系列专场招聘活动。就业促进周期间,教育部召开全国高校毕业生就业工作推进会,再次部署推进 2022 届高校毕业生就业工作。召开全国高校毕业生就业创业指导委员会主任委员会议,系统总结 2021 年工作,研讨部署 2022 年重点任务。各地各高校要通过集中举办校园招聘会、供需对接会等拓岗活动,为 2022 届高校毕业生提供大量岗位资源。就业工作推进会和就业创业指导委员会主任委员会议参会事宜另行通知。

2. 实施"百日冲刺"五大专项行动

(1) 开展全国校园招聘活动 "百日冲刺"期间,教育部持续优化升级"国家 24365 大学生就业服务平台",会同各地各高校和 12 家社会招聘机构,集中开展"24365 校园招聘服务"系列专场招聘活动,扩大岗位信息共享规模;19 个分行业就业创业指导委员会会同相关行业协会广泛汇集行业资源,举办系列分行业专场招聘会;各地广泛汇集地方资源,举办系列区域性、行业性、联盟性线上线下专场招聘会;各高校持续举办线上或线下校园招聘活动。5 月 10 日前,各地大学生就业网站及各高校就业网站要与"国家 24365 大学生就业服务平台"建立链接,各地和部属各高等学校、部省合建各高等学校就业平台要与"国家 24365 大学生就业服务平台"实现岗位信息互联共享;鼓励其他有意愿、有条件的学校主动加入共享机制。

(2) 开展全国高校书记校长访企拓岗促就业行动 "百日冲刺"期间,高校书记、校长及领导班子成员要带头走进园区、走进企业,与相关单位建立就业合作渠道,为毕业生挖掘更多岗位资源。同时,深入开展社会需求、毕业生就业状况跟踪调查,推动学校深化教育教学改革、不断增强人才培养的针对性和适应性,提高人才培养质量。2010 年以后新建普通本科高校、高等职业院校书记、校(院)长走访用人单位原则上不少于 100 家;就业去向落实率低于当地平均水平的高校,校领导班子新开拓用人单位不少于 100 家。

(3) 启动实施万企进校园计划 "百日冲刺"期间,各地要结合当地实际,统筹推进疫情防控和高校毕业生就业工作,会同当地卫生健康、疫情防控等部门共同制定精准防控政策,为企业进校招聘创造有利条件。对于符合进校条件的,各高校要主动邀请企业进校举行专场招聘会;对于暂不符合进校条件的,各高校要积极邀请有关企业通过线上方式"进校"举行网络招聘会。各高校要加大对中小企业进校招聘的开放力度，引导更多高校毕业生到中小企业就业。

（4）开展精准就业指导服务行动　"百日冲刺"期间，播出系列"互联网＋就业指导"公益直播课，加强就业指导，引导2022届高校毕业生尽快投身求职行动，尽早实现就业。举办2022届高校毕业生基层就业出征仪式，引导毕业生到基层建功立业。开展2022届高校毕业生就业创业政策宣传月活动，重点宣传中央有关部门、各地和各高校在促进高校毕业生基层就业、自主创业、参军入伍、权益保障等方面出台的政策措施。各地各高校要组织开展以"成才观、职业观、就业观"为核心的就业育人主题教育活动，通过形势政策讲座、党团组织活动、主题班会等形式，引导毕业生树立健康、积极、理性的就业心态，主动投身重点领域就业创业。就业出征仪式具体事宜另行通知。

（5）开展就业困难群体帮扶行动　"百日冲刺"期间，各地各高校要进一步完善就业帮扶机制，对低收入家庭、身体残疾等毕业生重点群体，按照"一人一档""一人一策"开展重点帮扶。各高校要尽快启动实施2022年"中央专项彩票公益金宏志助航计划"，面向就业重点群体开展就业能力培训。开展"高职扩招毕业生就业服务行动"，针对高职百万扩招毕业生生源类型特点，实施有针对性的帮扶举措。各高校至少为每一名就业困难群体毕业生精准推送3个以上岗位，力争帮助更多就业困难群体毕业生顺利实现就业。

三、国家促进高校毕业生就业创业的补贴支持

2022年高校毕业生规模突破千万人。为缓解青年就业压力，帮助高校毕业生解决就业中的痛点难点问题，人力资源和社会保障部开展"公共就业服务进校园"活动，将扶持政策、招聘服务等带进全国各高校。

（一）高校毕业生就业补贴

1. 灵活就业社保有补贴　对离校2年内未就业的高校毕业生灵活就业后缴纳的社会保险费，给予一定数额的补贴，补贴标准原则上不超过其实际缴费的2/3，补贴期限最长不超过2年。

灵活就业的高校毕业生，向当地人社部门提供基本身份类证明原件或复印件、灵活就业证明材料等。人社部门审核后，将补贴资金支付到申请者本人社保卡银行账户。

2. 到偏远一线就业学费和助学贷款可减免　对高校毕业生到中西部地区、艰苦边远地区和老工业基地县以下基层单位就业、履行一定服务期限的，以及应征入伍服义务兵役的，给予学费补偿和国家助学贷款代偿。

符合条件的高校毕业生可向高校学生资助管理部门申请。本专科学生每人每年最高不超过8000元，研究生每人每年最高不超过12000元。

3. 困难毕业生有补贴　对来自低保家庭、贫困残疾人家庭、原建档立卡贫困家庭或属于特困人员、残疾及获得国家助学贷款的高校毕业生和中等职业学校（含技工院校）毕业生，有就业创业意愿并积极求职创业的，给予一次性求职创业补贴。

符合条件的毕业生所在学校申请求职创业补贴，向当地人社部门提供相关情况证明材料、学籍证明复印件等。申请材料经毕业生所在学校初审和公示，报当地人社部门审核后，将补贴资金支付到毕业生本人社保卡银行账户。

（二）高校毕业生可获得的创业支持

1. 场地有支持　政府投资开发的孵化器等创业载体应安排30％左右的场地，免费提供给高校毕业生。有条件的地方可对高校毕业生到孵化器创业给予租金补贴。

2. 首次创业有补贴　对首次创办小微企业或从事个体经营，且所创办企业或个体工商户自工商登记注册之日起正常运营1年以上的离校2年内高校毕业生，给予一次性创业补贴。符合条件的高校毕业生可以去当地人社部门申请。

3. 创业贷款有贴息　符合条件的高校毕业生，可申请最高 20 万元的个人创业担保贷款，由财政给予贴息。合伙创业的，可根据符合条件的合伙人数适当提高贷款额度。对高校毕业生设立的小微企业，最高贷款额度提高至 300 万元。

4. 税收有优惠　毕业年度内及登记失业半年以上的高校毕业生，自办理个体工商户登记当月起，在 3 年内按每户每年 12000 元为限额依次扣减其当年实际应缴纳的增值税、城市维护建设税、教育费附加、地方教育附加和个人所得税。限额标准最高可上浮 20%。对月销售额 15 万元以下的小规模纳税人免征增值税。

5. 实施弹性学制　放宽学生修业年限，允许调整学业进程、保留学籍休学创新创业。

（三）招录高校毕业生，企业可享受的优待

1. 社保可缓缴　小微企业招用离校 2 年内未就业高校毕业生，与之签订 1 年以上劳动合同并为其缴纳社会保险费的，按其为高校毕业生实际缴纳的社会保险费给予补贴，不包括个人缴纳部分，期限最长不超过 1 年。社保补贴实行"先缴后补"。

企业向当地人社部门提供基本身份类证明或毕业证书复印件、劳动合同复印件等材料，经审核后，补贴资金将支付到单位银行账户。

2. 就业见习有补贴　对吸纳离校 2 年内未就业高校毕业生、16 至 24 岁失业青年参加就业见习的单位，给予一定就业见习补贴。对见习人员见习期满留用率达到 50% 以上的单位，可适当提高见习补贴标准。对见习期未满与高校毕业生签订劳动合同的，给予见习单位剩余期限见习补贴。

见习单位向当地人社部门提供基本身份类证明复印件、就业见习协议书、单位发放基本生活补助明细账、为见习人员办理人身意外伤害保险发票复印件等材料。人社部门审核后，将补贴资金支付到单位银行账户。

3. 多招青年可申请贴息贷款　小微企业当年新招用符合创业担保贷款申请条件的高校毕业生等人员人数达到企业现有在职职工人数 15%（超过 100 人的企业为 8%），并与其签订 1 年以上劳动合同的，可申请最高不超过 300 万元的小微企业创业担保贷款，由财政给予贴息。

4. 招录失业青年税费有优惠　企业招用登记失业半年以上且持就业创业证或就业失业登记证的高校毕业生，与其签订 1 年以上期限劳动合同并依法缴纳社会保险费的，3 年内按实际招用人数予以定额依次扣减增值税、城市维护建设税、教育费附加、地方教育附加和企业所得税优惠。定额标准为每人每年 6000 元，最高可上浮 30%。

✿ 学生活动

从以下角度进行行业信息搜查，并做整理分析。

1. 工作时间。

2. 工作内容与职责。

3. 工作环境和地点。

4. 平均薪水。

5. 发展空间。

6. 如何成为从业者：专业方向、人格特质、知识储备。

7. 从事该行业的利弊。

8. 职业前景：岗位需求、人才供给。

9. 被访谈者个人的情况（从事护理行业的年限、是否喜欢、为什么选择护士行业、对这个行业的看法）。

目标检测

答案解析

一、单项选择题

1. （　）是最大的民生
   A. 就业　　　　　　　B. 教育　　　　　　　C. 养老　　　　　　　D. 医疗

2. （　）年全国普通高校毕业生人数首次突破千万大关
   A. 2019　　　　　　　B. 2020　　　　　　　C. 2021　　　　　　　D. 2022

3. 以下行业中，属于第二产业的是（　）
   A. 商业　　　　　　　B. 交通运输业　　　　C. 建筑业　　　　　　D. 旅游业

4. 以下有关择业的思想，不正确的是（　）
   A. 应把人生目标和择业结合起来　　　　　B. 择业因人而异
   C. 避免急功近利　　　　　　　　　　　　D. 随波逐流

5. 2022年"三支一扶"计划面向应届毕业生和离校（　）年内未就业毕业生开展招募选拔
   A. 1　　　　　　　　B. 2　　　　　　　　C. 3　　　　　　　　D. 4

6. 下列说法中，错误的是（　）
   A. 当前我国医护比例倒置问题得到根本扭转
   B. 在深化医改进程中，对护士的薪酬分配、职称晋升、奖励评优等，优先向一线和基层的岗位来倾斜
   C. "十四五"时期全面推进健康中国建设对护理事业发展提出了新要求
   D. 护理领域主要矛盾表现为护士待遇的期待与现实之间的矛盾

二、多项选择题

1. 以下哪几项属于高校毕业生就业创业可领取的补贴（　）
   A. 职业培训补贴和职业技能鉴定补贴　　　B. 社会保险补贴
   C. 一次性创业补贴　　　　　　　　　　　D. 一次性求职创业补贴

2. 下列哪些机构可以为高校毕业生提供就业服务（　）
   A. 公共就业和人才服务机构　　　　　　　B. 高校毕业生就业指导机构
   C. 职业中介机构　　　　　　　　　　　　D. 福利院

3. 在校期间大学生可以通过哪些途径提升就业能力（　）
   A. 通过选修或必修就业指导课程、参与学校组织的就业技巧辅导、模拟招聘等活动
   B. 参加人力资源和社会保障部门认定的定点机构开展的职业技能培训
   C. 学校实施的毕业证书与职业资格证书"双证书"制度
   D. 到企业顶岗实习

三、填空题

1. 全国的医护比从2012年的1：0.95发展到2021年的_____。

2. 2022年全国普通高校毕业生达_____万人。

3. 从_____年起，不再发放《全国普通高等学校本专科毕业生就业报到证》。

4. 政府投资开发的孵化器等创业载体应安排_____左右的场地，免费提供给高校毕业生。

四、名词解释

1. 三支一扶
2. 就业政策
3. 实施就业优先政策
4. 自主就业
5. 新成长劳动力

五、思考题

1. 结合我国当前的就业形势，分析这对你的就业将产生怎样的影响？
2. 面对当前的就业形势，你认为应该为将来就业做好哪些准备？

书网融合······

本章小结

第七章　求职准备与求职活动

PPT

◎ 学习目标

　　1. 通过本章学习，重点把握求职准备的信息收集等相关内容、面试准备及礼仪和招聘会的一般流程。

　　2. 学会撰写求职简历、求职信等，具有应聘求职的基本技能。

≫ 情境导入

　　情境描述　王芳和张丽是某护理院校应届毕业生，两人在校期间学习成绩优异，积极参加学校组织的各项活动，均取得了很好的成绩。临近毕业，张丽在认真收集整理就业信息、制作个人简历，并认真准备面试，在面试中对答如流，自然大方，最终应聘上了一所三级甲等医院的工作；而王芳感觉自己各方面都不错，认为简历对自己求职只不过是个形式，所以没有认真制作。然而，在应聘中，她发现自己的面试机会不如同学多，其他同学都陆续找到了满意的工作，自己却还未找到工作，这时她才发现了问题。

　　讨论　1. 求职前是否需要精心准备、认真对待？

　　　　　　2. 求职前应做好哪些准备工作？

　　　　　　3. 求职前的准备会如何影响个人的职业生涯？

第一节　求职准备

一、就业信息收集

　　现代社会是信息时代，谁拥有了有效快捷的信息，谁就拥有了制胜权。大学生就业也是如此，要想求职成功，就要在求职前做好充分的准备，尤其是要做好求职信息的搜集和整理工作。择业决策的过程实质上就是一个与择业有关的信息搜集、处理和转换的过程。掌握及时、全面、准确的信息是做出正确决策的基础。

（一）就业信息收集的内容

　　就业信息是指求职者通过一定渠道获得的与就业有关的信息。包括与就业有关的政策法规、行业及用人单位信息、与职业介绍有关的媒体中介信息、应聘的注意事项等信息。

1. 政策法规方面的信息

　　（1）国家层面的信息　国家为促进就业创业，制定了相关的政策法规。如《中华人民共和国就业促进法》《中华人民共和国劳动合同法》《关于引导和鼓励高校毕业生面向基层就业的意见》《关于实施大学生志愿服务西部计划的通知》等。了解这些信息，求职者既能从宏观上把握相关就业政策法规，也能掌握劳动合同的签署等具体事项及相关要求。

　　（2）地区层面的信息　随着国家、各地区对人才工作的日益重视，各地区出台了许多吸引高校毕业生到本地区就业、创业的政策规定，对薪资待遇、落户政策、档案管理、创业融资、创业培训等制定了许多优惠政策和相关规定。例如，上海对非上海生源高校应届毕业生进沪就业制定评分办法，为鼓励创业而设的大学生科技创业基金主要用于资助高校毕业生以其科研成果或专利发明创办的企业等。

2. 行业信息　隔行如隔山，行业不同，必然导致其特点、就业前景、劳动强度、薪资待遇、工作环境等都会不同。就护理专业而言，由于我国总体上护理人员少、层次低，医护比低于发达国家且多是中职层次，使得高职层面护理专业毕业生可较高质量就业，且劳动强度、薪资待遇、工作环境等均处于较好水平。

3. 用人单位信息　个人的工作通常要与所在单位的具体岗位相对应。这就要求每位求职者必须清楚地掌握应聘单位、应聘岗位的相关信息。应聘单位的地理位置、性质、层次、规模等简况需要清楚，应聘岗位的个数、要求、薪资等信息也要掌握。不同地区、不同层次、不同单位性质的护理岗位其薪资待遇、发展前景都会有所不同。

4. 中介信息　信息时代许多就业的具体信息往往由专业的中介来提供，求职者可以通过浏览相关网站、到中介办公场所咨询等方式获取信息。

5. 亲朋信息　亲朋信息主要是指亲朋熟悉的领域、具备的人脉关系等情况，可以通过亲朋介绍、了解、核实与就业有关的信息并解决相关事宜。

6. 事务信息　事务信息是指就业过程中各环节应如何办理的具体信息。譬如政府、学校、社会机构中与就业相关的部门有哪些，遇到问题需要咨询处理时应找哪个部门，参加面试应注意哪些问题，如何签署就业合同，如何落户，档案如何管理等。

（二）就业信息收集的渠道

信息时代各种信息可以通过多种渠道传播。就业信息的收集大致包括以下几种渠道。

1. 政府发布　政府发布的信息是指政府通过文件、公告等形式发布的信息，例如国务院办公厅印发《关于进一步做好高校毕业生等青年就业创业工作的通知》。这些信息针对性强、准确可靠，是有效的信息获取渠道。

2. 大众媒体　大众媒体包括报纸、电视、广播等媒体。这些媒体尤其是高层次的大众媒体，对信息的严肃性、准确性、时效性要求很高。通过大众媒体发布的信息，宣传面广，真实性强。

3. 专业网站　随着互联网的快速发展，各种与就业有关的专业网站也快速建立起来。其中包括政府部门主办的高校毕业生就业信息网，也包括中介机构开设的网站，成为求职者收集信息的重要渠道。

4. 人才市场　为深入全面地促进就业，相关政府部门在本地区建有人才市场，成为求职者与用人单位之间了解洽谈的平台。通过人才市场求职者可以很容易地获取求职岗位、入职要求、薪资待遇、求职程序等信息。

5. 院校推介　为提高就业率和就业质量，各院校通常会以推介会、双选会等形式让应届实习生、毕业生与用人单位见面洽谈。此时可以获取用人单位及岗位、求职程序等信息。

6. 用人单位　用人单位尤其是规模大、效益好、前景好的用人单位在有用人需求时，通常会在相关媒体上发布招聘启事，有应聘意向、符合条件的求职者可以到用人单位的人力资源部门应聘。

7. 亲朋介绍　在我国现阶段，亲朋介绍仍是获取求职信息的一条重要渠道。因为亲情友情关系，相互的信任程度、帮助力度较一般性交往强，能提供更有利于求职者找到满意工作的信息。

（三）就业信息的处理

1. 正规信息的处理　正规信息是指政府及有关机构、用人单位按政府要求发布的信息。这些信息无论是政府直接发布还是通过大众媒体发布，都具有很高的真实性。

其中需要注意的是，受历史阶段的限制，有的信息如在医院等事业单位中在编职工与非在编职工的"同工同酬"可能暂时难以实现，相关待遇也可能不尽相同，需要我们正确理解、对待。

2. 一般信息的处理　一般信息是指中介、网站、亲朋等提供的就业信息。这类信息因各种原因准确性、严谨程度难以完全保证，需要有甄别地对待，必要时要深入了解、核实，确保相关信息真实可靠。

3. 防止就业信息中的"坑"　我国现阶段的诚信意识尚需提高，就业领域还存在不同程度"坑人"情况，需要我们谨慎对待，防止被骗。特别需要注意以下几种情况。

（1）用人单位的"坑"　社会上总有这样的单位，对职工薪资待遇能免则免、能省则省，甚至霸道蛮横找各种理由侵犯职工权益。譬如不按照规定给职工购买五险一金、让职工加班却不给合理的补偿、对新入职人员收取保证金、将应签署的劳动合同改为就业协议、试用期不按规定等。需要求职者加以警惕，维护自己的合法权益。例如，知晓五险一金包括五险和一金两部分。五险是指养老保险、医疗保险、失业保险、工伤保险和生育保险，按国家规定必须缴纳。一金是指住房公积金，不是必须缴纳，由用人单位决定是否购买。

（2）传销"坑"　这方面的事例已不胜枚举，尤其是大学生社会经验不足，或主动或被迫地在愿景、利益的诱惑下加入传销组织，被洗脑、胁迫，误入歧途。要防止此类事件的发生，一是要从正规渠道获取信息，不轻信网络、海报甚至熟人的不实宣传。二是对没有固定招聘场所、没有固定联系方式的招聘信息要格外警惕，要核实其信息，防止上当受骗。三是要将自己的应聘行程告诉亲朋，方便亲朋帮助。四是一旦误入传销组织，要想办法逃离并尽快报警。

（3）敛财"坑"　社会上一些不法分子利用大学生社会经验不足容易蒙骗的特点，通过虚假宣传以介绍好的工作岗位为名引诱大学生缴纳保证金及介绍、培训等费用，一段时间后便卷款而去，再无音信。还有的不法中介名为介绍工作实为敛财，让大学生缴纳中介费、培训费、资料费甚至体检费等各种名目的费用，在无法完成承诺后再将责任推给大学生，百般为自己解脱，蒙骗大学生。

（4）隐私"坑"　为找到一份好的工作，有的求职者大量寄递个人资料，使自己的个人信息大量外泄，给不法人员以可乘之机。尤其是个人姓名、住址、移动电话等信息，很容易为行骗人员所利用。

二、求职简历制作

求职简历又称个人简历、个人履历等，是应聘者将自己与所申请职位紧密相关的个人信息经过分析整理并清晰简要地表述出来的书面求职资料，是一种应用写作文体。求职简历是求职者递交给用人单位的重要资料，需要求职者认真准备。求职简历需既能简要展示自己的基本情况和出彩之处，引起招聘人员的注意，又能避免信息不全、华而不实、出现错别字等不严谨的情况。

（一）求职简历的内容

求职简历的内容包括个人基本信息、教育背景、社会实践、主修课程、荣誉证书、自我评价几个方面。

1. 基本信息　基本信息一般包括姓名、性别、出生年月、民族、籍贯、毕业院校及专业、联系方式、住址等信息。

2. 教育背景　教育背景是指高中毕业以后受教育的情况。一般包括高职高专、本科及以上阶段的教育。

3. 社会实践　社会实践包括学生在校期间参加的时间跨度较大的社会实践活动、实习情况及本次求职前参加工作情况。

4. 主修课程　主修课程一般指在高校学习期间所学习的主要专业课程。如果先后所学专业不同或是双学历，则是指对应求职岗位的主要专业课程。

5. 荣誉证书　荣誉、证书是个人成绩、能力、资格的证明。譬如优秀学生会干部、计算机应用能力合格科目证书等。

6. 自我评价　自我评价是对个人品德、性格、能力、态度、特点、成绩等方面的简要描述。一般在 200 字左右，需要实事求是，字斟句酌，力求出彩。

（二）制作求职简历

一份好的求职简历，应该既简明扼要又不失全面地说明自己的情况，既能吸引用人单位负责人的目光又不给人以哗众取宠之感，既实事求是描述个人情况又能让人感受到求职者的真诚、严谨。因此，求职者个人必须用心思考、精心准备，制作一份好的求职简历。

1. 求职简历的外观　求职简历的外观通常分为两种，一种是经典样式，一种是现代样式。

（1）经典样式　即通过经典表格的方式提供求职者的基本信息、教育背景、主修课程、自我介绍等情况，见表 7 - 1。

表 7 - 1　经典样式求职简历

姓名	×××	性别	女	照片
出生年月	1995.6	民族	汉	
籍贯	山东泰安	政治面貌	共青团员	
婚姻状况	否	学历	专科	
专业	护理	毕业院校	×××护理职业学院	
联系电话	188XXX30123	电子信箱	188XXX30123@163.com	
住址	山东省泰安市×××			
教育背景	2014.9—2017.7 在×××护理职业学院学习			
工作经历社会实践	2016.7—2016.8 在×××医学院附属医院跟岗实习 2017.2—2017.6 在×××中心医院顶岗实习			
主修课程	人体解剖学、生理学、医学伦理学、心理护理学、病理学、药理学、护理学基础、急重症护理、临床营养学、妇产科护理学、儿科护理学、护理管理学			
荣誉证书	优秀学生干部 英语应用能力 A 级证书 计算机应用能力 Win10、Word 2013 合格 护士资格证书			
自我介绍	个性开朗乐观，勤奋好学，待人友善，积极工作。有较强的分析和解决问题能力，有高度的责任感，能够严于律己，始终以"爱心，细心，耐心"想患者之所想，急患者之所急，全心全意为患者提供优质服务，实习成绩优等			

（2）现代样式　即将求职信息以灵活新颖的排版方式，辅以底图修饰等方法设计出具有现代感的页面，见表 7 - 2。

表7-2　现代样式求职简历

姓　名	主修课程
求职意向：护士	人体解剖学、生理学、医学伦理学、心理护理学、病理学、药学、护理学基础、急重症护理、临床营养学、妇产科护理学、儿科护理学、护理管理学
照片	**社会实践**
	2016.7 — 2016.8在×××医学院附属医院跟岗实习
基本信息	2017.2 — 2017.6在×××中心医院顶岗实习，成绩评定为优等
年龄：22岁	**教育背景**
住址：山东省泰安市×××	2014.9 — 2017.7在×××护理职业学院学习
政治面貌：共青团员	
电话：188XXX30123	**自我评价**
获奖荣誉	个性开朗乐观，勤奋好学，待人友善，积极工作。有较强的分析和解决问题能力，有高度的责任感，能够严于律己，始终以"爱心、细心、耐心"想患者之所想，急患者之所急，全心全意为患者提供优质服务
优秀学生干部 英语应用能力A级 Win10、Word2013合格 护士资格证书	

2. 求职简历的文字　求职简历中的文字，一级标题通常采用二号或小二号字，二级标题通常采用三号或四号字，均可以选择自己喜欢的字体；内容部分一般采用宋体小四号字或五号字。

求职简历的文字表述必须真实、诚恳、简练、有力。诚信是求职者必须具备的素质之一，任何单位都不会喜欢提供虚假信息的求职者。既然是求职，就需要诚恳，不能自以为是或应付了事；求职简历限于版面不可能让求职者多加叙述，必须以简练的语言表达清楚尤其是自己的强项、长处；行文应有力，要用行动、结论类的词语让用人单位感受到你的经历、能力和态度。

3. 求职简历的打印装订

（1）纸张　求职简历通常都使用 A4 纸，要用品质较高的纸。低档次的纸会给人以求职者不重视、不诚恳之感。

（2）打印　打印必须精细、清晰，最好是打印成彩色，既能给人以有新意、愿阅读之感，又表现了自己的重视和对对方的尊重。

（3）装订　虽然求职简历一般只是一页纸，也应该同求职信等求职材料用精美的外皮装订好，必要的话可以制作一张精美的封面以表示自己对本次求职的诚恳与重视。

（三）制作求职简历的注意事项

作为求职材料的重要组成部分，求职简历能够既简明扼要又比较全面地提供个人的相关信息，是用人单位最重视的材料之一。要特别注意以下事项。

1. 美化外观　通常而言，用人单位负责人年龄偏大会喜欢经典外观，年轻会喜欢现代外观。求职者要按照自己的长项、特点，找出能展示自己特色同时能给用人单位负责人深刻印象的简历样式。

无论哪种外观，页面应该布局合理、字体清晰、干净整洁。不能过于出奇，不能模糊不清，不能有折痕、污迹等。

2. 一页纸为好　用人单位负责人经常要面对很多求职简历，除非有很大兴趣，一般不会仔细、全面阅读求职者提供的求职材料。求职者要通过一页纸将自己的基本信息、出彩之处表达出来。

3. 不要华而不实　不要将简历制作的给人以花哨之感。譬如出现页面重图案轻文字、文字不严谨、标题用多种艺术字等问题。

4. 防止失误　写求职简历的目的是为了求职成功，要防止失误。常见失误包括以下几方面。

（1）不符合用人单位要求　如求职者的学历不够、专业不符合要求等。

（2）工作经历更换频繁　所有工作单位都不喜欢这样的求职者。

（3）出现错别字等错误　这会给人以不严谨、不可靠的印象，影响用人单位的录用意向。

三、求职信格式和撰写

求职信，又称自荐信、自我推荐书，大学生可以通过求职信向用人单位自我推荐、表达求职意向、阐述求职理由、提出求职要求。求职信通常与简历一起发送。通过求职信说清楚求职者拥有什么、能干什么、将怎么干等问题，能有效提高求职成功率。

（一）求职信格式

求职信的格式与通常书信的格式大致相同，由标题、称呼及问好、正文、结尾和落款组成。

1. 标题　求职信的标题，通常是在首行居中写上"求职信"三个字即可。

2. 称呼及问好　求职信的称呼及问好需根据具体情况而定。如果知道用人单位相关负责人的姓名和职务，应该写"尊敬的×××部长:"或"尊敬的×××经理:"；如果不知道对方的姓名职务，则一般笼统地写"尊敬的人力资源部领导:"或"尊敬的单位领导:"；如果是到医院应聘，则是"尊敬的院领导:"。称呼顶格写。

问好一般是另起一行，空两格，写"您好!"。注意不能写成"你好"。

3. 正文　正文是求职信的核心部分。主要包括"所学主要课程""参加社会实践情况""获得的荣誉、证书""个人综合素质""曾经取得的成绩""对用人单位的认识""对本次求职的态度"等内容。这一部分是用人单位最关注的内容，因此，在实事求是、简明扼要地写清楚的同时，要将求职者的出彩之处展现出来，尤其是自己掌握的技能、工作的经验、优异的学习成绩、突出的实习成绩等，强调自己具备做好应聘工作的能力和素质，吸引用人单位关注并争取求职成功。

求职信正文部分的内容与求职简历中的相关内容有所不同。求职信侧重自我推介，要让阅读者清楚地知道你学过什么、拥有什么、能干什么、将如何对待工作、对待同事，在阅读者心中塑造出良好的个人形象。

正文部分还要注意一个问题。如果求职信是与求职简历等材料一起给用人单位，可不写个人的姓名、毕业学校等基本信息。如果只是给用人单位求职信，则需要在称呼问好后首先写上个人的基本信息。正文每段开始空两格书写。

4. 结尾　求职信的结尾主要是礼貌祝福。可以简单地写"此致敬礼"，也可以写"祝您工作愉快，万事如意"等祝福语。

结尾空两格书写。如果写"此致敬礼"，"此致"空两格，下行"敬礼"顶格写。此项在网络时代虽不必较真，但以遵循为好。

求职信也可在结尾或在前面称呼问好后写一句感谢拨冗阅读的感谢语。

5. 落款　落款写在结尾部分的右下方。一般写"求职人×××"或"自荐人×××"。在求职人的下面另起一行对应写上日期即可。

（二）撰写求职信的注意事项

1. 针对性地展现出彩之处　求职者必须亲自、用心地写求职信，并针对不同的应聘单位做针对性改动，结合用人单位的需要将自己的出彩之处、独特之处展现给阅读者。这一过程既有利于梳理自己的思路，又可在面试时从容应答。不能抄搬他人文字，也不能千篇一律，让阅读者觉得与其他求职信没有什么不同，浏览一下后就搁置一旁，没有什么特别印象。

2. 实事求是　负责人员招聘的相关领导都是阅人无数的"老中医"，不要跟他们弄"偏方"，不要在他们面前显摆。实事求是地写自己的情况，实实在在地表述自己的想法，不夸大其词，不过分注重技巧，反而会得到肯定。

3. 谦卑不亢　既然是求职，就要有"求"的姿态。何况求职信是写给用人单位的领导看，他们职位高、年龄大，求职者自应表现出谦虚、诚恳的态度。尤其是刚毕业的大学生，在没有多少社会历练的情况下，求职时不可傲视对方、自以为是。

4. 文字精练　求职信同求职简历一样，一页纸最好。用人单位领导面前往往摆着很多求职材料，他们没有精力，也没有兴趣做长篇阅读。求职者必须在一页纸上文字精练地将个人的基本情况、出彩之处写清楚，给阅读者以精炼、有条理的感觉，有利于求职成功。

5. 防止错误　写好求职信应多校对几遍，最好逐字逐句地核对，确保没有疏漏、错误之处。譬如取得证书的时间是否与求职简历一致；有无夸大其词，将英语四级写成六级；有没有错别字等。要让阅读者在读求职信的过程中感受到你的重视、严谨和能力。愿意将一份工作交付给你。求职信范文如下。

求职信

尊敬的院领导：

　　您好！

　　非常感谢您在百忙中阅读我的求职信。

　　作为一名护理专业的应届毕业生，我热爱护理专业并为此投入了满腔热情和大量精力。3 年来我系统学习了护理学基础、急重症护理、人体解剖学、生理学、医学伦理学、病理学、药理学、护理管理学等专业知识，是学习班长，学习成绩优等。在实习过程中，我严格遵守实习单位的规章制度，认真履行实习护士职责，严于律己，尊敬师长，关心患者，将理论与实践相结合，规范护理，优质服务，践行"爱心、细心、耐心"和"眼勤、手勤、脚勤、嘴勤"的工作理念，想患者之所想，急患者之所急，努力为患者提供优质服务，实习成绩为优等。

　　在注重理论学习、技能训练的同时，我深深知道要做事先做人的道理。3 年的大学生活中，我经常思考、实践如何与人和谐相处，尤其是如何融洽医患关系、同事关系。通过参加学院的各种社会实践活动及跟岗、顶岗实习，锻炼了自己的组织能力、沟通能力和协调能力，也养成了吃苦耐劳、关心集体、乐于奉献的品格。实习期间我组织的"医患心连心"活动在实习单位获得大家的赞扬。这些经历为我踏上工作岗位，做好工作打下了坚实的基础。

通过贵医院网站等途径，我知道贵院无论是规模、层次还是管理水平在本地区都是翘楚，而且有良好的发展前景。我真诚地希望加入我心仪的团队，用我的知识能力、我的敬业奉献精神为贵院的发展尽自己的绵薄之力，为大众健康贡献自己的辛勤劳作与一片爱心。

感谢您给予我的关注。

此致

敬礼！

求职人：×××

2022 年 8 月 12 日

第二节　求职活动

一、参加招聘会

大学生就业一般通过参加招聘会与用人单位进行双向选择。大学生选择自己中意的单位去求职、就业，用人单位选择符合要求的大学生进行招聘、录用。

（一）招聘会的分类

按照招聘地点的不同，招聘会一般分为学校招聘会、社会招聘会、用人单位招聘会等。职业院校学生参加最多的是学校招聘会。

1. 学校招聘会　学校招聘会是由大学生所在院校在学生就业前邀请用人单位到学校进行的招聘活动。由于现阶段职业院校毕业生就业率远高于一般本科院校毕业生就业率，学校通常是根据就业人数，按照一定的就业人数与岗位数比例，确定参加招聘会的用人单位数量，确保毕业生能够充分就业。

2. 社会招聘会　社会招聘会是由政府相关部门或政府委托的中介组织的综合性招聘活动。例如，各地市的人才交流中心为促进就业都会定期组织招聘会。求职者可以通过相应渠道获取相关信息，届时前去参加招聘活动，谋求自己满意的工作职位。

3. 用人单位招聘会　用人单位招聘会即用人单位通过大众媒体、单位网站等渠道公布用人岗位、数量、应聘条件、招聘程序等信息，符合条件的求职者到用人单位报名参加应聘。

（二）学校招聘会的组织

学校招聘会是按照学校的整体工作计划，由牵头负责部门制订实施方案，经研究通过后由工作领导小组负责组织实施。因为求职者和用人单位都有明确意向，按照"供需见面、双向选择、择优推荐、自主择业"的原则进行双向选择，所以成功率很高。具体组织工作包括以下几个方面。

1. 校方工作

（1）摸底就业人数　这是招聘会的基础工作。摸清楚本学院的毕业人数，才能确定邀请用人单位的家数和提供岗位的个数，确定招聘会的规模。

（2）邀请用人单位　由于现阶段职业院校毕业生与用人需求供需两旺，一般校方会按照 1∶1.2 的比例确定用人单位提供的岗位数，即如果本届毕业生为 500 名，则用人单位提供的岗位数为 600 左右。这一比例并非越高越好，通常情况下只要就业率能超过 95% 甚至是 90%，学校的关注点就不应是就业数量而是就业质量。通过遴选管理规范、效益好、发展前景好的用人单位来学院招聘，提高毕业生的就业质量和学校办学质量。

（3）公示岗位信息　学校相关职能部门通常会提前 1～2 周公示前来招聘的用人单位及招聘的岗位、

岗位数、入职条件、薪资待遇等事宜。毕业生应认真了解、比较，选出自己有意向的求职单位，与老师、家长沟通后，备好自己的求职材料，准备应聘。

（4）招聘会前准备 正式招聘前的准备工作大致包括确定时间和工作人员、会场和笔试面试场所、毕业生成绩表和录用登记表、用人单位接待和相关安排、学校广播和宣传、校园秩序和卫生等。这些均需在正式招聘前准备到位。如果招聘会安排在露天场所，一定要提前看天气预报确保不受天气影响，必要时准备室外、室内两套方案。如果有仪式等内容，需要针对性做好安排。

2. 用人单位工作

（1）向校方提供岗位需求的详细情况。

（2）做好宣讲、宣传工作。

（3）组织笔试。如果用人单位有笔试环节，需要提前与院校沟通做好安排。包括组织报名、确定笔试的时间地点、试卷准备等。笔试完后尽快阅卷得出成绩，以确定进入面试人选名单。

（4）面试。双方当面交流，有效地提高了招聘效率。

3. 毕业生参加招聘会流程 应聘过程中不同的用人单位流程会有所区别，如有的是笔试后面谈，有的则是直接进行面谈。但大体一致。

（1）向用人单位递交求职材料 用人单位在约定时间、地点会安排专人负责收取求职材料，并进行初步审查、筛选，确定参加笔试人选。如果不设笔试环节，则确定参加面试人选。

（2）参加笔试 按照通知要求参加笔试。

（3）参加面试 按照通知要求参加面试。

（4）等待结果 无论是否被录用，求职者都应该以积极心态对待招聘。被录用了，要珍惜机会，努力工作，争取事业进步；未被录用，自己应该反思做得不够之处并在以后加以改进，争取早日找到合适的工作。

二、参加笔试与接受面试

虽然职业院校毕业生的就业率远高于一般本科院校毕业生的就业率，但在大学生就业难的宏观背景下，许多用人单位尤其是好的用人单位在招聘过程中一般都设有笔试环节，通过笔试了解求职者的综合素质，确定下一步面试人选。

（一）参加笔试

笔试既是求职者综合素质的体现，更是成功求职必须通过的一道关卡。必须高度重视。

1. 认真准备 用人单位的笔试内容一般包括专业知识、行业知识、科学常识、个人修养等内容，与院校考试内容相比更注重实际。

譬如某上市公司在笔试时曾出过这样的题目："多年前公司一行 3 人到外地出差住宿，酒店价格为每人 10 元。在每人交 10 元共计 30 元住进酒店后，恰逢酒店搞优惠活动，给公司一行 3 人优惠 5 元钱，由服务员退还。服务员在退钱时考虑 3 个人退 5 元钱不好退，便起贪心，给一行 3 人每人退了 1 元钱，剩下的 2 元钱自己留下。问：'一行 3 人每人实际交了 9 元钱共 27 元，服务员贪了 2 元，合计 29 元，较开始交的 30 元少的 1 元钱哪里去了？'"

这考的是逻辑思维能力，与通常考试不同。

求职者可以通过以往的校友等渠道提前找应聘单位往年的笔试试卷看一下，大致了解题目范围、题型等情况。

（1）专业知识 专业知识考的是几年的积累，非一朝一夕可以提高。求职者在笔试前可以向用人单位了解有无复习提纲。如果有复习提纲就按照复习提纲进行复习，如果没有复习提纲就复习专业课程中的重点内容及与求职岗位相关联的内容。

（2）行业知识　行有行规。各行各业都有各自独特的道德操守、职业规范。如白衣天使的"救死扶伤"等。对相应知识应该牢记在心。

（3）科学常识　工作岗位上用到的知识并非全部是专业知识。做护理工作，可能面对一个青春逆反期的少年，需要了解其心理常识；也可能面对突然停电等特殊情况，需要用掌握的科学常识正确应对。

（4）个人修养　做事先做人。用人单位在关注求职者专业知识、能力水平的同时，也会关注品德修养、工作态度、团结合作等问题，会通过一定的题目来考察求职者在做人方面的相关情况。

2. 按要求参加笔试　参加笔试的过程也是用人单位考察求职者的过程。求职者是否按要求参加笔试，用人单位视同求职者是否遵守规定。求职者要按照通知的时间、地点、考试纪律参加笔试。特别要注意遵守时间、不得作弊、关闭手机、书写规范等基本要求。

（1）遵守时间　守时是世界通则。在考试过程中，一般都会规定迟到多长时间取消考试资格、开考多长时间才能交卷、考试结束停止答卷等。求职者必须严格遵守。

（2）遵守纪律　包括不得作弊、关闭手机等。任何用人单位都不会选择作弊的人到单位工作。如果求职者在笔试时作弊，会被用人单位贴上不诚信标签，从而被一票否决。关闭手机或将手机与其他随身物品放到规定位置是通常的考试要求。如果不随身携带，手机要设置为静音状态或关机；如果允许随身携带，手机应该关闭，避免利用手机作弊的嫌疑。

（3）书写规范　书写规范既有利于阅卷人不出现误判，也是获取卷面分的手段。字如其人，一个写字规范的人，用人单位通常会认为是一个做事规范、为人严谨的人。

（4）先易后难　招聘笔试的时间一般较短，且问题是发散的，应抓紧做会的、容易的题目，不要让不会的题目难住，贻误时间。

（二）接受面试

通过笔试以后，接下来就是面试环节。面试是通过书面、面谈或线上交流（视频、电话）的形式来考察一个人的工作能力与综合素质，通过面试可以初步判断应聘者是否可以融入自己的团队。面试是一种经过组织者精心策划的招聘活动。通过交谈，用人单位了解求职者的外表、气质、学识、技能水平、沟通能力、工作态度等问题，对求职者做出综合评价，作为是否录用的判断依据，是成功求职的最后一关。

相比笔试，面试有更多的不确定性，需要求职者做好各方面的准备并力求在现场随机应变、从容面对。其实面试的过程也是求职者展示自我、向用人单位推介自己的过程，这一过程中求职者虽然会感到紧张，觉得心中忐忑、难以把控，但只要将面试的每个环节、各种问题都准备好，做到了然于胸、准备充分，自信地展示自己的相关情况尤其是出彩之处，将很快获得用人单位的赏识，距离求职成功就走近了一大步。

💡 **素质提升**

授人以渔——钓竿与钓技

有个老人在河边钓鱼，一个小孩走过去看他钓鱼，老人技巧纯熟，所以没多久就钓了满篓的鱼，老人见小孩很可爱，要把整篓的鱼送给他，小孩摇摇头，老人惊异地问道："你为何不要？"小孩回答："我想要你手中的钓竿。"老人问："你要钓竿做什么？"小孩说："这篓鱼没多久就吃完了，要是我有钓竿，我就可以自己钓，一辈子也吃不完。"

看到这里，我想你一定会说："好聪明的小孩。"但是，你错了，他如果只要钓竿，那他一条鱼也吃不到。因为，他不懂钓鱼的技巧，光有鱼竿是没用的，因为钓鱼重要的不在钓竿，而在钓技。

三、面试的准备与礼仪

面试前的准备是多方面的，尤其是需要交谈的问题和面试礼仪，会直接影响求职者的评价结论，需要认真准备，力求万无一失。

（一）面试的准备

面试前需要做好的准备包括：个人情况尤其是自己的出彩之处；应聘单位情况尤其是与求职岗位相关的内容；面试时经常会谈到的几类问题尤其是必谈问题的回答要点；面试礼仪尤其是口才练习等。最好是亲自将与面试有关的问题一条条地在电脑上敲出来，或说或做，模拟练习。因为面试过程主要的是交谈，所以有关的问题务必要谙熟于心，做到能脱口而出。

1. 个人情况　个人情况中基本信息无须多言，重要的是自己必须记住背熟的内容和出彩之处，举例如下。①领导能力：自己何时何地带领何团队取得了哪些突出成绩；②考试成绩优秀：平均是多少分，是班级第几名；③实习成绩优秀：是在哪个单位、哪些岗位实习的，与哪些高水平的人在一起；④其他能力：自己对职业生涯有什么规划，到用人单位工作能够奉献哪些聪明才智。诸如此类，必须清晰条理地了然于心。

2. 应聘单位情况　知己知彼，百战不殆。求职者必须对应聘单位尤其是应聘岗位有所了解。应聘单位位居何处，取得了哪些突出荣誉，近几年工作重点是什么，未来发展目标是什么，应聘岗位的职责、待遇、要求都有哪些，自己的哪些长处可以在这个舞台上展示。在面试过程中自然地说到这些问题，会让面试官感到你很真心，从而希望你加入这一团队。

3. 常见话题　面试过程主要是面谈。求职者要用心地准备可能谈到的话题，并做好回答预案。常见话题包括以下几类。

（1）了解你的基本信息　你叫什么名字？你家住在哪里？你从哪所学校毕业？你学的什么专业？先介绍一下你自己吧。

（2）了解你具备的能力　你什么课程学的最好？你参加过哪些社会实践？你在哪里实习的？你实习期间最难做的一件事是什么？你为什么选择这项工作？

（3）考察你的工作态度　你能接受的最低薪水是多少？你应聘的岗位劳动强度较大，你怎么看？如果有其他单位用更高薪水聘你去，你怎样选择？

（4）了解你的综合素质　你是否喜欢与同事交往？课余时间你都学些什么？你有哪些优点和缺点？对你应聘的岗位你有什么看法？你喜欢独立完成工作还是与他人合作完成？

（5）其他话题　如果面试官对你感兴趣，或许还会问一些其他问题。你有什么业余爱好？你喜欢什么体育项目？上学时做没做过班干部？你还有没有其他兄弟姐妹？

在交谈过程中，要有问必答、实事求是、扬长避短、积极向上、自信自强、从容大方、口齿清楚、语言有条理。在上述问题中，了解基本信息的问题往往是过渡性话题，据实回答即可；对了解你能力的问题，既要实事求是，又要展示自己的不同凡响之处；对考察你工作态度的问题，要以积极向上的基调表达自己将专注工作和发展、不计较小事小节的态度；对了解你综合素质的问题，应该扬长避短，展示出彩的自我。如果面试官还有兴趣跟你聊其他话题，基本说明你已经得到这份工作了，这时的问题一般不多，也不会有什么难度，同前面一样一以贯之地回答即可。根据不同的问题回答时要表达以下方面。

我是一个积极向上、服从管理、有责任心、有奉献精神的人。

我是一个不畏艰难、善于钻研、能够解决难题的人。

虽然我还有许多需要学习、锻炼的地方，但我会勤学苦练，尽快赶上。

或许我的工作经验、社会历练不多，但我会认真工作，不负所托。

我很愿意为单位的发展贡献自己的聪明才智。

即便薪水不高，但我会着眼长远，努力做好自己负责的工作。

我会尽快融入我们的团队，服从领导，团结同事，在团队中发挥自己的作用。

4. 礼仪准备　参加面试，彬彬有礼、谈吐优雅的人会受到欢迎；不懂礼貌、言语粗俗的人会使人侧目。无论是遵约守时、衣着得体，还是举止有度、谈吐自如，在面试官眼中都会起到加分效果。礼仪素养的提高不是一朝一夕的事，除日常注意学习、提高之外，如果条件具备，可以参加专门的礼仪培训，比较系统、针对性地提高自己的礼仪水平。需提前准备的事项包括以下几方面。

（1）遵约守时　遵守时间是世界通则。若无特殊情况，必须按时参加面试；如果发生意外不能准时参加，务必提前联系，请对方谅解。

（2）仪表得体　不同的人到不同单位求职，仪表要求不尽相同。虽然刚毕业的大学生已是成人，但在面试官的心理定位中，是学生与员工的结合体，跟工作过几年的求职者不同。就化妆而言，应该是"清水出芙蓉，自然去雕饰"；在着装上，应该得体，符合单位的文化。所以，作为刚毕业的大学生，化妆以清新干净为好；发型以清爽利落为好；佩饰以不戴或少戴为好；服装以整洁自然为好。

（3）举止有度　举止有度的基本要求是站有站相、坐有坐相。举手投足之间大大方方，诚恳自然，会让面试官有可靠、可信之感，起到加分作用。

（4）谈吐自如　通过外表或许需要经过长期观察才能定性一个人。但谈吐在以招聘人才为专业的人眼中会可靠许多。"言为心声"，一个人的学识、见识、为人、能力等都会自然地通过谈吐表现出来。所以必须认真准备相关内容。

（二）面试礼仪

面试包括见面、面谈、离开三个步骤，重点是面谈。除上述礼仪准备需注意的事项外，具体礼仪包括以下几个方面。

1. 见面礼仪　面试一般都是双方第一次见面，求职者给面试官的第一印象会很大程度地影响面试结果，必须努力做好。具体礼仪如下。

（1）遵守秩序　按照约定时间到达面试场所后，通常要按照顺序依次参加面试，这时求职者要自觉排队，维护好秩序。等候期间可以默想要回答的问题，调整好心态，整理好衣冠，在排到自己后自信从容地参加面试。

（2）仪容　仪容包括化妆、发型两部分。作为刚毕业的大学生，可以不化妆或化淡妆，不能涂过艳的口红，更不能浓妆艳抹。发型以清爽有型、干净利落为好，不要给人以奇异之感。

（3）仪表　仪表包括着装和配饰两部分。一般书籍会告诉求职者参加面试时应着正装，对工作过几年有一定社会阅历的求职者这是对的，但对刚毕业的大学生而言却并非最佳选择，会给人以刻意、不自然之感。面试通常职位时，着装与身份、岗位相适应是最佳选择。譬如男生选白衬衣、西裤、皮鞋；女生选择素雅的单色裙装、半高跟皮鞋等。要注意女生不能穿无袖、过透、花哨、奇异的服装，不能穿短裤、凉鞋、半高跟以上的皮鞋；男生不能穿着随意、穿带洞的牛仔裤等，更不能不修边幅。

在配饰部分，作为刚毕业的大学生，以不戴或少戴为好。女生若要少量佩戴，以丝巾、手环等不过于引人注目的配饰为好。男生则以不戴为好。要清楚面试的目的是成功求职。

个别毕业生若有文身，无论以前文身的目的是什么，最好不要显露出来。在部分面试官看来，文身意味着没有把心思放在学习、工作上，或为人比较另类，起不到加分作用。

（4）仪态　仪态包括走姿、坐姿、表情等。总体而言，要向上、自然，既展示自己青春向上的姿态，又不给人以刻意、做作之感。譬如坐姿、走姿，不能拖沓消极，站不像站坐不像坐，也不能给人以摆造型、刻意为之之感。表情要诚恳自然，不能意志消沉，倦怠麻木，也不能过于严肃甚或为了掩饰自己的紧张表情夸张等。

如果面试场所在室内而你在室外等候，务必要敲门且在听到"请进""进来"时再开门进入，不能不请自入。

（5）问好与自我介绍 进入面试场所后，求职者的第一件事就是面带微笑、真诚地向面试官问好并递上自己的求职材料。互致问好后如果面试官没说话，你可以简单地进行自我介绍，在面试官请你坐下时再坐，不能不请自坐。坐下后要注意不能大大咧咧坐满整个座位、倚在椅背上，更不能跷二郎腿、腿乱晃等，给人以没有教养、粗俗无礼甚或桀骜不驯之感；也不能过于紧张，坐不满座位的三分之一，战战兢兢，给人以不稳重、不能担当之感。

问好后是否相互握手也得有所准备。规范的握手礼仪是长者、上级等先伸手。面试官作为长者、上级，一般不会主动与求职者握手，但也有求贤若渴的领导会热情伸手以示欢迎。此时求职者视情况应对即可，对方不伸手是正常无须多虑，对方若伸手则赶快伸手以示荣幸。

2. 面谈礼仪 面谈过程中要做到有问必答、实事求是、扬长避短、积极向上、自信自立、从容大方、口齿清楚、材料齐全。主要可归纳为以下五个方面。

（1）真诚向上 面对专职选拔人才的面试官，你的一举一动、一言一语都会被他当作信息加入到对你的评价中。对刚毕业的大学生来讲，要做到面面俱到、尽善尽美是不可能的。此时真诚、向上可以化解大部分问题。作为长者、上级，面试官不会过分地苛求一个刚踏入社会的大学生。

面谈时一个需要特别注意的问题是，整个过程约70%的时间要看向面试官，虚看，看向对方鼻梁周围。这与通常的交谈礼仪一样，会让对方会觉得你很专注、很真诚、很在乎他及这份工作，进而联想到你会做好这份工作，距离你成功求职就又近了一步。

（2）口齿清楚 "百里不同音，十里不同俗"。求职者、招聘单位可能来自四面八方，大学生应说普通话，对听不清的词语句子可请面试官再说一下，核实清楚字词句的确切含义后，再口齿清楚地给出回答。

（3）有问必答 在面谈过程中，一般性问题容易回答，需要注意的是一些难以回答的问题。譬如答案两难、涉及隐私、问你的缺点等问题。下面是可参考的部分问题答案。

你最大的缺点是什么？这一问题很难回答。避重就轻、顾左右而言他会让面试官觉得你不够诚实，实在地说一个自己难以改正的缺点又有后顾之忧。比较好的回答方式是说一个常人都难以企及且自己也存在的缺点，并暗示自己的优点。譬如说在精益求精追求卓越上做得还不够。以自己参加某次技能大赛为例，在决赛的最后关头自己没有坚持到底做到尽善尽美，结果获得了亚军。今后将勤学苦练，争取更优异的成绩。或者说一个你正在改正的缺点。譬如上学时努力学习喜欢熬夜，在工作以后怕影响白天的工作效率，正在调整等。

你希望的薪资是多少？这一问题属于两难。回答低了贬低自己，回答过高又会让用人单位认为你不知高低。对此，最好是了解求职岗位目前的一般薪资水平，然后给出相应数字，并表示自己关注的是在工作岗位上为单位发展做贡献，不会过于计较薪资多少。要注意不要说一个过于宽泛的答案，防止用人单位按你说的底线发薪资时使自己被动。

碰到难以相处的领导你会怎样处理？这一问题也是假设性问题，是要考察你能否与同事和谐相处。对这一问题恰当的回答是：领导走到目前的岗位，自有他的过人之处。我刚刚工作，要经常反思自己，从自身找原因，注意沟通，完善自我，服从命令，尽职尽责，尽快与领导和谐相处。

工作后其他单位想给你加薪、希望你跳槽，你怎么办？这个问题需要审慎回答。合适的答案是：我既然选择了贵单位，就会在单位的发展中寻求个人发展，立足长远而不会计较一时的薪资收入去跳槽。

这个回答既符合招聘单位的正确答案，也暗含有如果单位未来发展不好，我跳槽也理所应当。

你为什么选择我们单位？这一问题的标准答案是通过了解，我知道贵单位重视人才，管理规范，有良好的发展前景。我很适合这一工作岗位，相信自己能胜任这份工作，为单位发展贡献自己的力量。

女性结婚生子会影响工作，你有什么想法？这是一个很现实的问题。回答时一要表示自己将把单位的发展需要与个人的家庭生活结合起来安排，尽最大努力减少给单位带来的不便；二要请单位领导理解照顾，毕竟这是每个家庭都会面对的，是人类发展的一个基本问题。

在有问必答的过程中，求职者要注意简明扼要、条理清晰，不能话语过多。面试过程的主角是面试官，不能本末倒置。更不能抢话、插话，让面试官心生反感。

（4）注意小节　小节通常难以引人注意，被人忽视。作为刚毕业的大学生，一些习以为常的小节可能正是求职不成功的原因。如在面谈过程中不时、不自觉地压手指弄出声音，不自觉地手脚乱动、搔耳挠腮、左顾右盼等，都会导致面试官打低分。

（5）材料齐全　面试过程虽然主要是面谈，但并非说其他材料就可以不带。求职材料除了求职简历、求职信，还有所获荣誉、证书的复印件、学习成绩单等证明材料。在讲到相关情况时，一纸证书可能胜过一堆话语。如果口才不好，通过更多求职材料来表现自己的不凡之处也是一种补救方法。毕竟，用人单位聘用你主要是看你的动手能力而不是动嘴能力。

3. 离开礼仪　面试临近尾声，当面试官说"好，我们就谈到这里"之类的话时，你就该起身离开了。无论面谈进行的如何，这时都应该表示感谢，然后起身离开。此时，一般而言面试就算结束了，但要注意只要你还在面试官的视野之内，就有可能影响你录用的因素。曾经有一位董事长面对几位青年才俊难以决定录用谁时，最终录用的是在离开时顺便俯身捡起门边上一块碎纸屑的人，而这块碎纸屑又恰是董事长面试前特意扔到那里的。所以，面试时主要精力固然应放在相互交流的"做事"上，但做事先做人，有时一些需要在平时养成的"做人"的良好习惯，在一定场合会发挥决定性作用。所以在面试结束离开座位甚至离开面试官的视线后，都要保持"做人"的本分。

（三）面试后续礼仪

面试结束后，一般用人单位很少直接宣布面试结果，通常要与笔试成绩合计、经单位领导研究后宣布。相关礼仪如下。

1. 感谢信　许多刚毕业的大学生往往觉得面试完了也就结束了。被录用就去工作，不被录用就再出发另谋高就。对此应区别对待，对你特别珍视的用人单位，应写信表示感谢。

2. 查询结果　按照事先确定的查询渠道，譬如在应聘单位网站、相关中介的公告等，在约定时间查询自己是否面试过关。

3. 体检　对有体检需求的岗位，用人单位会统一组织体检，体检合格的签署劳动合同，被正式录用。有的用人单位还设有考察、公示环节，考察通过、公示无异议的签署劳动合同正式录用。

4. 签署劳动合同　被录用后用人单位与被录用人员将签署劳动合同。这是一个必需、正规的环节，双方都应遵守相关法规，认真签署。

5. 正式上岗　被正式录用后，用人单位会通知报到事宜。届时用人单位人力资源部门负责人、所在部门负责人会具体安排与工作、生活相关的各项事宜。

学生活动

1. 活动目标

就业信息是毕业生求职择业的基础，是通向用人单位的桥梁，是择业决策的重要依据，是顺利就业的可靠保证。

2. 活动内容

建立个人就业信息库，搜集整理适合自己的就业信息。

3. 实现目标

学会搜集整理就业信息，完成一个"个人就业信息库"

4. 具体要求

新建"招聘公司情况""求职策略"等文件夹，以便有效搜集整理信息。

目标检测

答案解析

一、单项选择题

1. 政府及有关机构、用人单位按政府要求发布的信息，属于哪类信息（　　）

　　A. 一般信息　　　　B. 正规信息　　　　C. 用人单位信息　　　　D. 信息陷阱

2. 求职简历要防止的失误不包括（　　）

　　A. 不符合用人单位学历要求　　　　B. 不符合专业要求

　　C. 文字简练有力且诚恳　　　　D. 出现错别字

3. 不属于求职信的部分是（　　）

　　A. 标题　　　　B. 正文　　　　C. 结尾　　　　D. 夸奖

4. 撰写求职信时，哪项是正确的（　　）

　　A. 文字精炼　　　　B. 吹嘘标榜　　　　C. 华而不实　　　　D. 有错别字

5. 由政府相关部门或政府委托的中介组织的综合性招聘活动，是指（　　）

　　A. 学院招聘会　　　　B. 社会招聘会　　　　C. 用人单位招聘会　　　　D. 学校招聘会

6. 着装和配饰一般是指（　　）

　　A. 仪容　　　　B. 仪表　　　　C. 仪态　　　　D. 守时

二、多项选择题

1. 就业信息收集渠道有哪些（　　）

　　A. 政府发布　　　　B. 大众媒体　　　　C. 专业网站　　　　D. 人才市场

　　E. 院校推介　　　　F. 用人单位　　　　G. 亲朋介绍

2. 撰写求职信的注意事项有哪些（　　）

　　A. 要有针对性地展现出彩之处　　　　B. 实事求是

　　C. 谦卑不亢　　　　D. 文字精炼

　　E. 防止错误

3. 找工作时笔试内容一般有哪些（　　）

    A. 专业知识   B. 行业知识   C. 科学常识   D. 个人修养

三、填空题

1. 就业信息一般包括：政策法规方面的信息、行业信息、＿＿＿＿＿、中介信息、亲朋信息、事务信息。

2. 处理就业信息，除了要掌握正规信息的处理和一般信息处理，还需要防止＿＿＿＿＿。

3. 求职简历的内容主要包括基本信息、教育背景、＿＿＿＿＿、主修课程、荣誉、自我评价。

4. 求职信的格式主要由标题、称呼及问好、＿＿＿＿＿、结尾、落款组成。

四、名词解释

1. 就业信息

2. 求职信

3. 求职简历

4. 五险一金

5. 面试

五、思考题

1. 如何识别就业信息中的陷阱？

2. 撰写求职信时的注意事项有哪些？

书网融合……

本章小结

第八章　就业权益与法律保护

PPT

◎ 学习目标

1. 通过本章学习，重点把握大学生就业权益的基本内容，就业权益维护途径。

2. 学会运用相关法律法规保障和维护自己的合法权益，具有防范就业各阶段常见的侵权现象的能力。

》 情境导入

情境描述　小倩今年 7 月毕业，不久前，道出了她的求职辛酸史。一天，小倩在网上看到一则招聘信息："我院诚招一名护士，要求政治思想良好，身心健康，有奉献精神；25 岁以内；全日制大专及以上学历，护理专业……"看到每项条件都满足，于是兴致勃勃地拨打了联系电话。小倩很有礼貌地说："您好，我是××学校护理专业毕业生小倩……"自我介绍未完，对方便打断了小倩，说道："不好意思，同学，我们要招的是一名男生。"小倩只好无奈地挂断了电话。

讨论　1. 请问该医院的行为侵犯了小倩哪些就业权益？

2. 大学生享有哪些就业权益呢？

第一节　就业权益

权益在会计学上是指资产。在法律上权益则是指公民受法律保护的权利和利益。大学生就业权益是指大学生在就业过程中应当享有的合法权利和利益。我国相关法律法规和规章制度，如《宪法》《中华人民共和国劳动法》《中华人民共和国高等教育法》《中华人民共和国就业促进法》《普通高等学校毕业生就业工作暂行规定》等都有明确规定。

一、大学生就业权益产生的背景

在当前大学生就业难的背景下，大学生就业权益的保护已经引起了社会的广泛关注。大学生就业呈现出新的特点，即大学生就业由"精英"走向"大众"，就业市场由"卖方"走向"买方"。就业形势的巨变，就业体制、机制、观念等发生巨大变化，加之大学生就业保护意识的淡薄，使大学生就业权益受损事件，如性别歧视、地域歧视等频频发生。当出现上述不公平现象时，相当一部分大学毕业生因不了解自身究竟享有哪些就业权益，不知道应该通过什么途径来维护，从而导致自身利益的损失。如何提高大学生就业权益保护意识，保障大学生就业权益是我国当前亟待解决的问题。

二、大学生就业权益的基本内容

大学生在就业过程中可享有多种权益，包括在择业过程中享有的权利以及录用单位给予的权利。大学生在择业过程中享有的权利主要包括以下 9 个方面。

（一）获取就业信息权

就业信息是大学生成功就业的前提和必要条件，只有具有充分、准确、及时的就业信息，大学生才能结合自身情况选择适合自身发展的职业和用人单位。大学生获取信息的渠道有很多，如网络、学校招聘会、报纸杂志、电视媒体、亲戚朋友介绍、单位公告等。大学生信息获取权利主要包括以下 3 个方面。

1. 信息公开和透明化 所有用人信息向全体毕业生公开，任何单位和个人不得隐瞒和截留。高校需建立和完善毕业生需求登记制度，凡需录用毕业生的用人单位，须到高校招生就业处（或毕业生就业指导中心）办理信息登记，再由高校招生就业处（或毕业生就业指导中心）通过学校网页或校讯通等向全体毕业生发布单位用人需求信息。

2. 信息及时 也就是毕业生获取的信息必须及时有效，而不能将过时无利用价值的信息传递给学生，否则就业信息就会失去利用价值。

3. 信息准确和全面 毕业生有权获得准确、全面的就业信息，以便对用人单位有全面的了解，从而做出符合自身要求的选择，部分的、残缺不全的信息将影响毕业生对用人单位的全面了解和准确判断，从而影响其对职业的选择。

（二）接受就业指导权

就业指导工作对毕业生来说意义重大。它会直接影响毕业生的职业生涯规划、就业意识、就业方向、求职技巧等。《中华人民共和国高等教育法》第六章第五十三条明确规定："高等学校的学生应当遵守法律、法规，遵守学生行为规范和学校的各项管理制度，尊敬师长，刻苦学习，增强体质，树立爱国主义、集体主义和社会主义思想，努力学习马克思列宁主义、毛泽东思想、邓小平理论，具有良好的思想品德，掌握较高的科学文化知识和专业技能。高等学校学生的合法权益，受法律保护。"第五十九条明确规定："高等学校应当为毕业生、结业生提供就业指导和服务。国家鼓励高等学校毕业生到边远、艰苦地区工作。"

接受就业指导是毕业生必须享有的权利，学校应成立专门机构，安排专门人员对毕业生的择业、就业方面的技巧，有关就业法律、法规、政策等进行解读。包括向毕业生宣传国家关于毕业生就业的方针、政策；对毕业生进行择业技巧的指导，引导毕业生根据国家需要、社会需要，结合个人实际情况进行择业；宣传毕业生就业的有关原则、规定和程序等，使毕业生通过接受就业指导，根据国家政策、地方法规、社会需求及个人情况，准确定位，合理选择，成功就业。

（三）被推荐权和自荐权

高等教育机构的一项重要职责就是向用人单位推荐本校毕业生。经验表明，学校推荐经常会在较大程度上影响用人单位对毕业生的录用或淘汰，毕业生在就业中有权得到学校按真实情况进行推荐。毕业生享有被学校及时、公正、择优推荐到用人单位的权利。学校在推荐毕业生时应做到如下几方面。

1. 如实推荐 即高校在推荐毕业生时，应实事求是，根据毕业生本人的实际情况向用人单位进行介绍、推荐。不能故意夸大或贬低学生在校表现，避免随意推荐、不负责任的推荐行为。

2. 公开、公平、公正推荐 学校进行毕业生推荐工作时应坚持公开、公平、公正的原则，根据个人的表现和能力，公开、公平、公正地推荐每一位学生，给每一位毕业生就业推荐的机会。

3. 择优推荐 学校根据毕业生在校表现，在公开、公平、公正的基础上，还应坚持择优推荐，真正体现人尽其才，用人单位在录用毕业生时也应坚持择优选择，这样才能达到优生优用的效果，才能调动广大学生学习、工作的积极性。

此外，毕业生还享有自荐权，可以向适合自己的用人单位进行自荐，抓住机会，主动出击，以提高获得就业岗位的机会。

（四）自主选择职业权

《中华人民共和国劳动法》第三条明确规定："劳动者享有平等就业和选择职业的权利。"毕业生只要符合国家的就业方针和政策，就可以自主地选择符合自己兴趣、爱好、能力等的就业单位。学校、其他单位与个人均不得干涉。家长、学校和用人单位可以为初出校门、缺乏工作经验的毕业生，提供择业意向方面的建议、参考、推荐和引导，但不能强迫或限制他们选择职业。任何将个人意志强加给毕业生，强令毕业生到某单位的行为都是侵犯毕业生就业选择权的行为。

（五）平等、公平就业权

毕业生在就业过程中享有平等、公平就业的权利，有平等、公平的机会去竞争工作岗位。用人单位在录用毕业生时做到公平、公正，一视同仁。《中华人民共和国劳动法》第十二条、第十三条明确规定："劳动者就业，不因民族、种族、性别、宗教信仰不同而受歧视。妇女享有与男子平等的就业权利。在录用职工时，除国家规定的不适合妇女的工种或者岗位外，不得以性别为由拒绝录用妇女或者提高对妇女的录用标准。"目前社会上的确存在种种就业歧视，如性别歧视、地域歧视、经验歧视、学历歧视、长相歧视等。毕业生在遭遇这些歧视时，要善于和勇于拿起法律武器维护自己的合法权益。

（六）知情权

毕业生有全面、真实获取用人单位信息的权利。在与用人单位签订就业协议书及劳动合同前，有权了解用人单位的工作环境、福利待遇、工资水平、发展前景等情况。用人单位应当向毕业生如实介绍和说明本单位的真实情况。任何发布虚假招聘信息、对毕业生隐瞒本单位实际情况的做法，都是对毕业生就业权利的侵犯。

（七）违约求偿权

求偿权是指在当权利、资源等因个人或集体而遭受侵害、损失的时候，所具有的要求赔偿的权利。毕业生的就业协议一经签订，毕业生、用人单位、学校任何一方不得擅自毁约，如有违约都必须严格履行相应责任。任何一方提出变更或解除协议，均须得到另外两方的同意，并应承担违约责任。如用人单位无故要求解约，毕业生有权要求对方严格履行就业协议，否则用人单位应对毕业生承担违约责任，支付违约金，毕业生也有权要求用人单位进行补偿。

（八）户口档案保存权

毕业生有在择业期（两年）内将其档案、户口在校保留两年的权利。毕业生如在毕业当年未能找到工作，或只是找到非正规就业单位，该生有权在毕业后两年内将档案、户口保留在学校。两年择业期满后，学校不再承担此义务。

（九）国家和政府规定的与就业有关的其他权利

近年来，国家、各省市相继出台了许多有利于毕业生就业的政策法规。例如，《重庆市人力资源和社会保障局 重庆市财政局关于重庆市高校毕业生就业见习实施办法》进一步强化了毕业生就业见习工作的组织和管理，明确了见习人员在见习期间享有的权利等。大学生要及时了解并掌握有关政策法规，才能最大限度地享受合法权利。

大学生被用人单位录用后，就享有其劳动权益。值得注意的是，劳动权益是不分阶段的，试用期也符合法律要求，享有同等的权益。主要权益有如下几方面。

1. 要求用人单位履行就业协议接收毕业生的权利 就业协议一经签订，就具有法律效力。因此，就业单位必须依照就业协议接收毕业生，并妥善安排毕业生的工作，提供相应的工作和生活条件，以保证毕业生的正常工作。

2. 按照《中华人民共和国劳动法》的规定，提供毕业生各种劳动保障的权利 《劳动法》是调整劳动关系以及与劳动关系密切联系的社会关系的法律规范总称。毕业生到用人单位报到后应与单位签订劳动合同。《中华人民共和国劳动法》第十六条明确规定："劳动合同是劳动者与用人单位确立劳动关系、明确双方权利和义务的协议。建立劳动关系应当订立劳动合同。"用人单位聘用劳动者后不签订劳动合同是违法的。对用人单位故意拖延不签订劳动合同，对劳动者造成损害的，应当赔偿劳动者损失。

《中华人民共和国劳动法》第三条明确规定："劳动者享有平等就业和选择职业的权利、取得劳动报酬的权利、休息休假的权利、获得劳动安全卫生保护的权利、接受职业技能培训的权利、享受社会保险和福利的权利、提请劳动争议处理的权利以及法律规定的其他劳动权利。"用人单位要依法给毕业生提供法律规定的各种劳动保障权利。

3. 追究用人单位违约责任的权利 毕业生与用人单位签订就业协议，是双方遵循平等自愿、协商一致原则而达成的协议，双方均有遵守的义务。如果用人单位一方不能履行协议的内容，毕业生有权追究用人单位的违约责任。

三、大学生就业权益的维护途径

（一）大学生自我保护

大学生应及时了解国家及本人所处的省、市有关毕业生就业的相关政策、法律、法规，熟悉大学生在就业过程中享有的权利和义务，提高自身的防范意识和维权意识。

在熟悉就业相关政策以及养成良好的防范意识和维权意识后，当自身合法权益遭受侵犯时，就应用法律手段维护自身的合法权益。对于用人单位一般的违规行为或争议不大的问题，毕业生可与用人单位自行协调解决。对于严重侵犯自身合法权益的行为，毕业生可向学校就业主管部门或用人单位上级主管部门提出申诉并听取他们的意见，同时也可提请当地劳动仲裁机构仲裁或调解，若仲裁或调解未果，可向人民法院提出诉讼。

（二）就业主管部门的保护

毕业生就业主管部门应通过制定和完善相应的法规来保护毕业生的就业权益。毕业生当权利受到侵犯时，可向各级行政主管部门举报、投诉，各级行政主管部门依规对侵权行为进行抵制和处理。

（三）学校的保护

学校对毕业生权益的保护最为直接。毕业生在求职过程中遇到侵权问题时，应首先向学校的毕业生就业主管部门寻求帮助。学校可通过制定各项措施来规范毕业生就业指导和就业推荐，规范用人单位的招聘行为，对于用人单位在招聘活动中的不公平、不公正行为，学校有权予以抵制，以维护毕业生的合法权益。毕业生就业协议需三方同意方能生效，对于用人单位与毕业生签订不符合规定的就业协议，学校有权不予同意。

第二节 就业法律保障

大学生是一个特殊的社会群体。随着信息化时代的到来，每天都有铺天盖地的就业信息接踵而来，真伪并存，泥沙俱下。由于就业压力大、求职心切、法律意识淡薄，大学生遭遇权益侵犯的现象屡屡发生。当就业权益受到侵犯时，大学生可以通过自身维权解决，也可以寻求学校的毕业生就业主管部门的帮助。但这些解决途径最终都离不开法律手段。《中华人民共和国民法典》（简称《民法典》）、《中华人民共和国劳动法》（简称《劳动法》）、《中华人民共和国劳动合同法》（简称《劳动合同法》）、《中华人民共和国就业促进法》、《中华人民共和国高等教育法》、《普通高等学校毕业生就业工作暂行规定》等法律法规和规章制度都为毕业生就业权益提供了保障。因此，熟练掌握与大学生就业权益保护相关的各种法律法规便显得尤为重要了。下面重点介绍《民法典》《劳动法》《劳动合同法》对毕业生就业权益的保护。

一、大学生就业权益的《民法典》保护

2020年5月28日，第十三届全国人民代表大会第三次会议表决通过了《中华人民共和国民法典》，自2021年1月1日起施行。《民法典》共7编、1260条，其中首编为总则编，它规定了民事活动的基本原则和一般规定，在民法典中起统领性作用。

《民法典》的规定包含了公民生活的方方面面，涉及社会活动和社会关系的每一个细节，被称为社会生活的百科全书。虽然劳动法属于社会法的范畴，未编撰在《民法典》内，劳动关系也基本由劳动法调整，但是《民法典》的许多规定都与劳动关系产生了交集，劳动保障法律等方面的诸多问题（尤其是劳动法规定缺失的方面），都可以在这部社会百科全书找到答案。

（一）《民法典》中的自愿、公平、诚信原则，对毕业生保护就业权益有着重要意义

许多毕业生在寻找工作时往往把自己放在从属地位，认识不到自己与用人单位之间在法律上是平等关系。《民法典》第四条明确规定："民事主体在民事活动中的法律地位一律平等。"第五条明确规定："民事主体从事民事活动，应当遵循自愿原则，按照自己的意思设立、变更、终止民事法律关系。"第六条明确规定："民事主体从事民事活动，应当遵循公平原则，合理确定各方的权利和义务。"第七条明确规定："民事主体从事民事活动，应当遵循诚信原则，秉持诚实，恪守承诺。"所以，毕业生在这种法律关系的前提下，应充分发挥自己的优势，与用人单位签订合适的合同或协议。

（二）《民法典》告诉我们面对一张对自己严重不平等的协议，员工可以拒绝

面对一张对自己严重不平等的协议，员工有时会迫于无奈签字。究其原因，可能是处于弱势地位时的忍气吞声，也可能是不了解法律法规而放弃权利。如果你是劳动者，可对显失公平协议拒绝。《民法典》第一百四十七条规定："基于重大误解实施的民事法律行为，行为人有权请求人民法院或仲裁机构予以撤销。"第一百五十一条规定："一方利用对方处于危困状态、缺乏判断能力等情形，致使民事法律行为成立时显失公平的，受害方有权请求撤销。"第四百九十七条规定："提供格式条款的一方不合理地免除或者减轻其责任、加重对方责任、限制对方主要权利、排除对方主要权利的，该格式条款无效"。此外，根据司法解释，劳动者请求撤销存在重大误解或显失公平的协议的，法院应予支持。

（三）《民法典》告诉我们需留心固定数据电文证据

随着微博、微信等新媒体的兴起，出现劳动争议案件当事人提交微信、微博、电邮、短信等电子证据对相关事实进行佐证的情况，这些证据往往成为争议焦点及案件事实认定的重要依据。《民法典》第一百三十五条规定："民事法律行为可以采用书面形式、口头形式或者其他形式；法律、行政法规规定或者当事人约定采用特定形式的，应当采用特定形式。"

在劳动争议中，电子证据所要证明的内容囊括了劳动关系的建立、变更、终结，以及入职时间、岗位工资、辞职原因、加班与否的认定、安排工作、发送通知、请假销假、递交辞呈等方方面面。劳动者需要注意收集、保存、固定这些可能在主张权利时成为证据的数据电文。

（四）《民法典》告诉我们可以依法获取信息保护

个人信息保护入法是《民法典》的亮点之一。《民法典》第一百一十一条规定："自然人的个人信

息受法律保护。任何组织和个人需要获取他人个人信息的,应当依法取得并确保信息安全,不得非法收集、使用、加工、传输他人个人信息,不得非法买卖、提供或者公开他人个人信息。"

用人单位以及相关机关、机构对依法获取的劳动者个人信息,不能随意在其他管理工作中共享,除非该项管理工作依法获得有查验劳动者个人信息的权利;获有劳动者个人信息的单位同时负有对所获信息保密的义务,否则要承担法律后果。

(五)《民法典》告诉我们当法人变更时应如何履行劳动合同,以维护我们的就业权益

实践中,很多企业在合并或分立后便开始减员,对原有企业的劳动者以企业主体发生变化为由解除劳动合同。《民法典》第六十六条规定:"登记机关应当依法及时公示法人登记的有关信息"。第六十七条规定:"法人合并的,其权利和义务由合并后的法人享有和承担。法人分立的,其权利和义务由分立后的法人享有连带债权,承担连带债务,但是债权人和债务人另有约定的除外。"这些规定在法人或者其他组织合并或者分立时,最大可能地保护了对方当事人的合法权益。

二、大学生就业权益的《劳动法》保护

《劳动法》是为了保护劳动者的合法权益,调整劳动关系,建立和维护适应社会主义市场经济的劳动制度,促进经济发展和社会进步而制定的。

(一)劳动合同是《劳动法》规定的保护劳动者权益的基本形式

《劳动法》第十六条至第三十五条对劳动合同的订立、履行和效力等进行了明确规定。劳动合同是劳动者与用人单位确立劳动关系,明确双方权利义务的协议。劳动合同是劳动者保护自己权益的基本形式和书面文件,一旦劳动者所在单位违反劳动合同,劳动者可以此为依据通过协商、调解、仲裁和司法等手段维护自己的权益。

《劳动法》第十九条规定:"劳动合同应当以书面形式订立,并具备以下条款:劳动合同期限;工作内容;劳动保护和劳动条件;劳动报酬;劳动纪律;劳动合同终止的条件;违反劳动合同的责任。劳动合同除前款规定的必备条款外,当事人可以协商约定其他内容。"因此毕业生到单位报到后,要与用人单位及时签订书面劳动合同,签订合同时要注意合同是否具备以上必备条款,若有双方约定内容,要看约定内容是否明确。若用人单位拒不签订或者故意拖延签订劳动合同的,要及时向劳动保障监察机构反映。

(二)《劳动法》有关工作时间和休息休假的保障

《劳动法》第三十六条规定:"国家实行劳动者每日工作时间不超过八小时、平均每周工作时间不超过四十四小时的工时制度。"第三十七条规定:"对实行计件工作的劳动者,用人单位应当根据本法规定的工时制度合理确定其劳动定额和计件报酬标准。"第三十八条规定:"用人单位应当保证劳动者每周至少休息一日。"第三十九条规定:"企业因生产特点不能实行本法第三十六条、第三十八条规定的,经劳动行政部门批准,可以实行其他工作和休息办法。"现实中很多单位没有按标准做,原因是一方面劳动者不了解《劳动法》的规定,另一方面有些单位故意采取损害劳动者的合法权益的做法。作为大学毕业生应当学习《劳动法》,并运用法律维护自身权益。

(三)《劳动法》关于工资、劳动安全卫生、女职工特殊保护、社会保险和福利的规定

《劳动法》第四十四条至第五十一条对劳动者工资分配原则、最低工资标准、劳动者在法定休假日和婚丧假期间的工资支付等有明确规定。第五十二条至第五十七条对劳动安全设施、保障等有明确规定。第五十八条至第六十五条对女职工等特殊人群的特殊劳动保护有明确规定。第七十条至第七十六条对劳动者在年老、患病、工伤、失业、生育等情况下享受的福利等有明确规定。大学毕业生只有充分了

解和熟悉这些规定，才能当遇到以上情况时最大限度地为自己争取和享受这些福利待遇。

三、大学生就业权益的《劳动合同法》保护

《中华人民共和国劳动合同法》是为了完善劳动合同制度，明确劳动合同双方当事人的权利和义务，保护劳动者的合法权益，构建和发展和谐稳定的劳动关系而制定的法律。

《劳动合同法》第十九条明确规定："劳动合同期限三个月以上不满一年的，试用期不得超过一个月；劳动合同期限一年以上不满三年的，试用期不得超过二个月；三年以上固定期限和无固定期限的劳动合同，试用期不得超过六个月。同一用人单位与同一劳动者只能约定一次试用期。以完成一定工作任务为期限的劳动合同或者劳动合同期限不满三个月的，不得约定试用期。试用期包含在劳动合同期限内，劳动合同仅约定试用期的，试用期不成立，该期限为劳动合同期限 。"第二十条明确规定："劳动者在试用期的工资不得低于本单位相同岗位最低档工资或者劳动合同约定工资的百分之八十，并不得低于用人单位所在地的最低工资标准。"然而在实际生活中，有些部门和单位常常找各种理由擅自延长试用期或约定多次试用期，以降低劳动报酬，加大劳动工作量，不提供劳动保护，擅自解除劳动合同，从而损害劳动者的合法权益。因此，大学毕业生更应利用所学的法律知识，利用各种合法方式来保护自己的合法权益。

第三节　常见侵权现象

侵权行为是民事主体违反民事义务，侵害他人合法权益，依法应当承担民事责任的行为。当前就业竞争激烈，毕业生缺乏社会经验，求职心切，自我保护意识差，导致一些不法分子有机可乘。这些不法分子利用五花八门的手段，侵害大学生合法权益。下面将给同学们介绍招聘面试阶段、签约阶段、就业报到阶段一些常见的侵权现象，以提高防范意识，做好应对策略。

一、招聘面试阶段常见侵权现象及应对策略

（一）招聘面试阶段常见侵权现象

1. 招聘歧视

（1）性别歧视　这是女生们经常遇到的无奈。有的用人单位不顾社会责任，片面追求利益最大化，在招聘员工时或私下或公开规定"只招男生"或"男生优先"。

（2）户籍歧视　有的用人单位只招收本地户口或城市户口的毕业生，抬高了外地户口、农村户口毕业生就业的门槛。

（3）健康歧视　表现为对某些并不影响工作的健康问题过分苛求，比如早些时候对乙肝病毒携带者的歧视后来被叫停，对某些身体有残疾者（该项残疾并不直接影响工作）的歧视，对色盲、色弱患者的歧视等。

以上歧视行为均侵犯了广大毕业生的平等就业权，需拿起《中华人民共和国就业促进法》等法律武器理直气壮地维护自己的权益。

2. 欺骗宣传　一些用人单位在招聘时夸大单位规模、发展前景、工资待遇等情况，或者隐瞒单位实情；有的用人单位千方百计了解毕业生的情况，却设法回避毕业生提出的了解单位的问题。这些都将导致毕业生与用人单位之间信息不对称，侵犯了毕业生的知情权。

更有甚者，恶意欺骗宣传，以"高薪""高福利""高岗位"为诱饵，巧立名目，在招聘过程中非法向求职者收取招聘费、培训费、押金或服装费，扣押求职者的居民身份证、毕业证、学位证、档案

等。广大毕业生应小心谨慎，脚踏实地，切忌投机取巧，一味寻求捷径，以免落入不法分子的圈套。

3. 侵犯隐私　大学生在求职时，会在相关领域，如网络报名、求职简历等资料栏留下自己的信息，如姓名、年龄、性别、身高、学历、专业、联系电话、证件号码等，这些信息属于个人隐私，未经本人同意不得擅自公开、泄漏、出售。因此，毕业生求职时不要随便将个人资料留给不可靠的单位和个人，投放网络时要选择安全防范能力强和可靠性高的网站，同时注意保密设置。

此外在面试时，毕业生经常会遇到一些这样的问题："你父亲开什么车？父母是做什么工作的？""你怎么来招聘会的，公交车、打车还是家里人送来的？"如果用人单位所提问题与工作无关甚至出于恶意，毕业生有权拒绝回答；如果是出于安排合适岗位的考虑或考察临场应变能力，毕业生可视情况回答。

（二）警惕招聘陷阱，牢记三大原则

大学生要增强自我防范意识，不要被街头小广告或网络招聘的高薪资、高福利等所迷惑，要牢记"一看""二辨""三警惕"原则。

"一看"是毕业生要详细看人力资源服务机构的各类证件、证照是否齐全，是否符合法人资格，是否从事合法经营活动，经营场所是否规范。

"二辨"是毕业生通过网络、现场勘查、咨询等了解用人单位发展状况。对一些无法通过网络资源追踪的公司，可通过和前台、保安、一般职员聊天等了解公司现状。

"三警惕"是毕业生要警惕非法中介和披着合法个体工商户执照外衣的"骗子公司"。面试时记住这样的公司你一定别去：一直都在招聘各种职位的公司；"挂羊头卖狗肉"的公司；高底薪，低含量的公司；以招聘为名让你贷款培训的公司。

💡 **素质提升**

龙虾与寄居蟹的故事

有一天，龙虾与寄居蟹在深海中相遇，寄居蟹看见龙虾正把自己的硬壳脱掉，只露出娇嫩的身躯。寄居蟹非常紧张地说："龙虾，你怎可以把唯一保护自己身躯的硬壳也放弃呢？难道你不怕有大鱼一口把你吃掉吗？以你现在的情况来看，连急流也会把你冲到岩石去，到时你不死才怪呢？"

龙虾气定神闲地回答："谢谢你的关心，但是你不了解，我们龙虾每次成长，都必须先脱掉旧壳，才能生长出更坚固的外壳，现在面对的危险，只是为了将来发展得更好而作出准备。"

寄居蟹细心思量一下，自己整天只找可以避居的地方，而没有想过如何令自己成长得更强壮，整天只活在别人的护荫之下，难怪永远都限制自己的发展。

二、签约阶段常见侵权现象及应对策略

（一）签订就业协议书与劳动合同阶段常见侵权现象

1. 不按规定签订就业协议和劳动合同　签订就业协议时，对毕业生档案接收单位、户口迁移地址不明确，对工作内容、合同期限、工资福利等协商条款不明确注明。不按规定签订劳动合同，采用口头合同、格式合同、单方合同、"两张皮"合同等手段侵犯毕业生的合法权益。

2. 不履行或部分履行就业协议和劳动合同的条款　就业协议签订后，违约或不按时接收毕业生。不按就业协议安排相应的工作岗位、不能履行协商好的工资福利等。以试用期不合格为由，解除劳动合同。不按劳动合同条款履行合同等行为。

（二）签订就业协议书与劳动合同时注意事项

就业协议书是《全国普通高等学校毕业生就业协议书》的简称，是普通高等学校毕业生和用人单位在正式确立劳动人事关系前，经双向选择，在规定期限内确立就业关系、明确双方权利和义务而达成的书面协议，是用人单位确认毕业生相关信息真实可靠以及接收毕业生的重要凭据，也是高校进行毕业生就业管理、编制就业方案以及毕业生办理就业落户手续等有关事项的重要依据。协议在毕业生到单位报到、用人单位正式接收后自行终止。就业协议一般由教育部或各省、市、自治区就业主管部门统一制表。

签订就业协议前，毕业生一定要全方位地了解用人单位的相关情况；签约时要按照正常程序进行；签署协议书时，一定要认真、真实地填写协议书内容；毕业生在签约时也要考虑对自身权益的保护，如果有双方需要相互承诺的部分，一定要在协议书或补充协议上加以说明；一定要注意条款的合理性；毕业生、用人单位双方都不得单方面拖延签约周期；签订就业协议书后，一定要签署正式的劳动合同。一般就业协议书也会在劳动合同生效时，终止其效力。

签订劳动合同时，毕业生一定要注意劳动合同的形式必须是书面的；了解劳动合同无效的情形；劳动合同的必备条款不可少；有关试用期的规定；向用人单位支付违约金的情形仅适用于服务期和竞业限制；应当了解用人单位的劳动纪律；警惕"两张皮"合同、格式合同等陷阱合同。

三、就业报到阶段常见侵权现象及应对策略

（一）就业报到阶段常见侵权现象

1. 试用期过长　一些用人单位利用毕业生求职心切的心理，采用延长试用期或多次约定试用期等方式无限期延长试用期。试用期内工资收入及福利待遇与正式员工相差甚远，使长期处于试用期内的大学生遭受巨大的经济、精神损失。

2. 拒缴保险　毕业生上班后用人单位常常以试用期为由，拒绝为毕业生缴纳社会保险。

3. 高额违约金　毕业生毕业工作后，因无法适应工作环境或想寻求更好的发展空间而提出辞职，但常常因为无法支付用人单位提出的高额违约金而无法跳槽。

（二）就业报到阶段权益维护

（1）《劳动合同法》对试用期有着明确规定，试用期最长不超过 6 个月，只能约定一次。《劳动合同法》第八十三条规定："用人单位违反本法规定与劳动者约定试用期的，由劳动行政部门责令改正；违法约定的试用期已经履行的，由用人单位以劳动者试用期满月工资为标准，按已经履行的超过法定试用期的期间向劳动者支付赔偿金。"对于无限期延长试用期的用人单位，毕业生可以向用人单位提出赔偿，若与用人单位协商未果，可提请仲裁或诉讼。

（2）试用期内不为员工缴纳社会保险费，这是实践中很多用人单位的习惯做法，此举可以减轻用人单位的经济负担。实际上，劳动关系一旦建立，用人单位就应当依法为劳动者缴纳社会保险。用人单位在试用期拒绝为劳动者办理社会保险的，劳动者可以向劳动和社会保障部门投诉；劳动者以此原因提出解除劳动关系的，用人单位还应支付补偿金。

（3）根据《劳动合同法》第七条与第十条的规定，用工是劳动关系建立的唯一标准。现实中，毕业生签约后，并不会立即前往用人单位报到，此时用工尚未开始，毕业生与单位之间未成立劳动关系，只存在合同关系。因此，双方的关系不适用《劳动合同法》，而是受《民法典·合同编》的调整。《民法典》第五百八十五条规定："当事人可以约定一方违约时应当根据违约情况向对方支付一定数额的违约金，也可以约定因违约产生的损失赔偿额的计算方法。约定的违约金低于造成的损失的，人民法院或

者仲裁机构可以根据当事人的请求予以增加；约定的违约金过分高于造成的损失的，人民法院或者仲裁机构可以根据当事人的请求予以适当减少。当事人就迟延履行约定违约金的，违约方支付违约金后，还应当履行债务。"综上所述，毕业生在签约时需注意违约金的约定，一般来讲，违约金特别高的，要慎重签约。

❀ 学生活动

一、目的与要求

通过对就业权益维护典型案例的分析掌握相应的法律法规，能够识别就业过程中的侵权行为，需要时可以维护自身合法权益。

二、活动内容

某同学毕业前与一家单位签订了就业协议书，并交纳了 5000 元的保证金，他毕业后到单位上班。公司和他签订了劳动合同，规定试用期 3 个月。工作不久他就发现自己的身体状况很难适应单位高强度的工作，而且该工作也不适合他今后的职业发展定位。于是工作两个月后他向单位递交了解除协议的申请，单位答应了他的离职要求，但是以违约为由，扣留了他之前交的 5000元保证金。张强想知道单位这种做法是否合法？

三、讨论

1. 对案例中所涉及的问题进行讨论。
2. 明确案例中的毕业生或用人单位是否违规。
3. 结合所学知识指出违规的地方。

四、成果展示

讨论结束后，完成一份 800 字左右的案例分析。

目标检测

答案解析

一、单项选择题

1. 毕业生的就业协议一经签订，毕业生、用人单位和学校任何一方不得擅自毁约，是指哪项权利（   ）

   A. 接受就业指导权　　　　　　　　B. 被推荐权和自荐权

   C. 自主选择职业权　　　　　　　　D. 违约求偿权

2. 大学生就业权益维护途径不包括（   ）

   A. 熟悉就业相关政策，做好自我保护　　B 就业主管部门的保护

   C. 学校保护　　　　　　　　　　　　D. 自己冲动行事

3. 调整劳动关系以及与劳动关系密切联系的社会关系的法律规范总称指（   ）

   A. 劳动法　　　　B. 劳动合同法　　　　C. 劳动促进法　　　　D. 民法典

4. 一些用人单位在招聘时夸大单位规模、工资待遇等情况，或者隐瞒单位实情，实际上侵犯了毕业生什么权益（   ）

   A. 违约求偿权　　　B. 知情权　　　C. 自主选择职业权　　　D. 平等、公平就业权

5. 一些用人单位在招聘过程中存在户籍歧视、性别歧视、健康歧视等情况，实际上侵犯了毕业生

什么权益（　）

 A. 违约求偿权 B. 知情权   C. 自主选择职业权 D. 平等、公平就业权

6. 试用期最长不超过多少个月（　）

 A. 1 个月   B. 3 个月   C. 6 个月   D. 12 个月

二、多项选择题

1. 大学生在择业过程中享有的权利有（　）

 A. 获取就业信息权   B. 接受就业指导权

 C. 被推荐权和自荐权   D. 自主选择职业权

 E. 平等、公平就业权   F. 知情权

 G. 违约求偿权

2. 招聘面试节段常见的侵权现象有（　）

 A. 招聘歧视 B. 欺骗宣传 C. 侵犯隐私 D. 高额违约金

3. 就业报到阶段常见侵权现象有（　）

 A. 试用期过长 B. 拒缴保险 C. 欺骗宣传 D. 高额违约金

三、填空题

1. 大学生要增强自我防范意识，不要被街头小广告或网络招聘的高薪资、高福利等所迷惑，要牢记"一看"、_____、"三警惕"原则。

2. 当就业权益受到侵犯时，大学生可以通过自身维权解决，也可以寻求学习的毕业生就业主管部门的帮助，但这些解决途径最终都离不开_____。

3. 毕业生与用人单位签订就业协议，是双方遵循_____、协商一致原则而达成的协议。

4. 《劳动合同法》第十九条明确规定："劳动合同期限三个月以上不满一年的，试用期不得超过_____"

四、名词解释

1. 就业权益

2. 侵权行为

3. 就业协议书

4. 求偿权

5. 劳动法

五、思考题

1. 签订就业协议书与劳动合同时需注意哪些事项？

2. 辨别招聘陷阱，需要牢记的三大原则是什么？

书网融合……

本章小结

下篇　创新创业篇

第九章　创新素质与创新意识思维

PPT

◎· 学习目标

1. 通过本章学习，重点把握创新素质、创新意识及创新思维培养的内涵。

2. 学会创新素质、创新意识及创新思维的基本方法，具有在实践过中运用这些基本方法的能力。

≫ 情境导入

情境描述　扎克是纽约一个普通的公务员，他唯一的爱好就是滑冰。而夏天他却不能到室内冰场玩个痛快，因为收费，收入有限的他不能常去，日子难熬。有一天，他突然一个灵感涌上心："如果在鞋子底部安装轮子，则可替代冰鞋，普通的路面也可以当作冰场了。"数个月后，他跟朋友合作开办了一家制造Roller – Skate 的小工厂。产品一经问世，就立即成为了世界性的商品。3 年后，他就赚了 100 多万美元。

讨论　1. 机遇是否只青睐于那些勤思考的人？为什么有了机遇还不够，还要有实力？

2. 善于观察和有对生活的冲动是实力的表现吗？

3. 创新意识的培养有哪些途径？

第一节　创新素质培养

一、创新素质的内涵

创新素质主要包括创新意识、创新思维、创新能力和创新人格。创新意识是创新活动的重要的心理素质之一，它是指推崇创新、追求创新、以树立科学的创新观念和创新意识。创新意识是创新活动的动力系统，只有在强烈的、迫切的创新意识引领下，人们才有可能产生强烈的创新动机，树立创新目标，充分发挥出其创造潜能。创新思维是指发明或发现一种新方式并用来处理某事物的思维过程。它有五个明显的特征：敏锐的观察力、积极的求异性、独特的知识结构、创造性的思维以及活跃的灵感。创新思维是创新活动中智力结构的关键，是创新能力的核心。创新人格是指有利于创新活动的气质、性格等方面的个性心理特征，是指有敢于批判、敢于怀疑、敢于冒险的科学精神，挫折面前不气馁、不动摇，决不因为困难和挫折而放弃自己的想法和计划，勇于突破思维定势的束缚，有相对较强的独立性品格。创新意识和创新人格统称为创新精神。创新能力是指人们在学习和继承前人知识、经验的基础之上，提出新的概念、新的思维、新的技术、新的方法以及新的设计，提出独特的见解和完成创造发明的能力。创新能力是一种综合能力，包括心理创新能力、思维创新能力和行为创新能力。要提高创新能力，一定要为学生奠定坚实的理论基础，构建创新的知识结构。

二、创新素质的基本要求

创新素质，即创新型人才的素质，指具有创新能力和创新精神的人才，是一个国家更好更快发展的中坚力量。当今时代对创新素质的要求主要包括以下几个方面。

（一）基础扎实，学识渊博

创新是对已有知识的革新和发展，如果没有必要的基础知识作为支撑，那就失去了创新的基础。同时，创新需要突破常规，所学知识太过专一会影响思维的发散性，因此，创新型人才要保证自己的知识结构的深度和广度，兼而有之，又专又博，才能不断地开阔视野，更好地从事创新活动。

（二）品德高尚，德才兼备

沉浸于功名利禄，其目光势必短浅，更是缺乏为中华民族伟大复兴之伟大事业而献身的虔诚信念，真正的有理想、有抱负，具有大无畏精神和开拓精神的人，才真正能开拓新的领域，承担起社会的重任，创造更多的社会价值。

（三）坚忍不拔，勇于创新

改革会有阵痛。创新是在现有的物质和精神的基础上改进或创造出新的事物，需要突破固有的旧思维，甚至摧毁一切壁垒，在此过程中必然会遭遇各种各样的艰难险阻，如果缺乏坚定的意志，很容易就会坚持不了，轻言放弃。所以，勇于创新、坚忍不拔的品质对于创新型人才来说是必备的素质，不怕艰难，不畏失败，才能获得最后的胜利，实现创新的终极目标。

（四）团结协作，攻关克难

一个人的力量是有限的，而团队的力量将会创造更多的可能。个人英雄主义的时代已经远去，团队精神在当今时代已独领风骚，创新活动也越来越多地表现出团队特征，对组织、协调、沟通等能力的要求更高。创新型人才必须具有强烈的团队意识和合作精神，充分发挥团队在困难面前的作用，解决创新过程所遇到的难以攻克的关键性问题。

（五）一叶知秋，观察敏锐

技术突破和科学发现，都是创新的结果，从这个角度讲，创新就是发现，而且是具有突破性的发现。因此，创新型人才必须具备敏锐的观察力、深刻的洞察力、一叶知秋的直觉力和一触即发的灵感和顿悟，不断地将观察到的事物与自己已掌握的知识联系起来，发现事物之间的必然联系，及时地发现别人没有发现的东西，从而发现价值、创造价值。

（六）追求真理，勇于实践

实践是检验真理的唯一标准，创新是思维和实践的过程，不能违背客观发展规律，否则任何创新都是不存在的，更不能通过创业来实现其价值。创新型人才要勇于实践，掌握事物的客观规律，按客观规律办事，创造出更多的社会价值。

急病友之所急：护理创新小发明，让患者享受更优质服务

婴幼儿先天性心脏病患者尿量很小，但其尿量却是其心脏功能的直接反映。郑州市心血管病医院重症医学科的护理人员设计自制了婴幼儿精密尿袋。

这种精密尿袋使用方便，计量精确，有利于准确记录尿量，为观察病情变化带来更精确的临床数据。血液透析室的小创新"造口袋在深静脉置管中的应用"，有效缓解了患者在洗澡或洗脸时导致穿刺处导管处敷料潮湿，容易污染等问题。心内二病区护理人员精心制作的心内科专科健康教育视频，让患者及家属可以更直观地了解就医环境、陪护制度、介入后护理，患者能及时有效地接受护士宣教内容，提高了工作效率。

三、大学生创新素质培养的基本途径

当今中国，"大众创业、万众创新"的思想已深入人心。创新素质的提高对大多数大学生来说需要一个过程，难以一蹴而就。

（一）学校教育

学校教育可从以下五个方面入手，来培养大学生的创新素质。

1. 更新教育理念，培养学生的创新意识　护理学专业是直接维系人的健康和生命的专业，护理这一职业的工作性质决定了护理学专业的学生除了掌握扎实的专业知识和操作技能之外，还要培养其创新精神和创新能力，培养其科学素质与人文素质。在护理的教育过程当中，一切有碍于学生创新精神和创新能力的教育观念和教育模式，必须转变。在传授护理学基础知识的同时，加强学生对知识创新、技术创新和管理创新的能力培养，在教育学过程中要注意强调发现知识的过程，多讲解决问题的办法，培养学生的探索精神。在学生掌握基础知识的数量和精度之后，要在加重学生创新能力和提高学生素质上下功夫，要更加注意学生思维能力的训练，让学生认识学科的本质、掌握学习方法。在培养学生全面发展的同时，要注重学生的个性发展，在重视专业知识学习的同时，要重视基础知识和人文知识的学习。

2. 提高教师综合素质　师者，传道、授业、解惑也。只有提高教师的综合素质，才能更好地实现具有创新精神的高素质人才的培养。培养学生的创新素质，教师首先要广泛的涉取如人文、社会、自然科学、哲学、艺术等多领域的知识，真正使自己成为具有丰富知识的教学专家。其次，要提高教师对专业课程的讲授水平，让学生在学习专业课时能得到创新意识的启迪，最为重要的是授课的老师本身应具有创新能力。教师在讲课的过程中，能够从新的视角，提出自己独到的见解，并能解决学生问题。这样不但可以开拓学生的思维，还可以调动学生听课的积极性，引导他们进行创造性的思维，从而实现创新活动。

3. 改进教学方法，培养学生的创新思维　当今社会，对教师的传道、授业、解惑有了更深的理解，其中更为重要的是帮助学生创造完美的人生。传统的护理教学方法有"填鸭式"和"灌注式"，教师在课堂上灌输，学生在教室里记笔记，缺乏独立思考和举一反三的机会，大大地限制了学生的创造性思维，压抑了学生创新的潜能。新的教学方法应该是一种教学相长的方法。如启发式、讨论式、情景式、以问题为中心、内容不完全教学法等。这样将多种教学方法整合优化，创造出良好的学习氛围，激发学生独立思考和创新的意识，最大限度地调动学生的积极性，让学生感受、理解知识产生和发展的过程，培养学生的科学精神、创新思维习惯和口头表达能力。

在教学过程中，教师不仅是知识的传播者，还应是把教学行为看成是与学生一起共同发现科学真理的过程，要鼓励学生大胆质疑，勇于发表不同意见，进行辩论，让权威的教与学变成自由的讨论探索。把培养学生创新能力作为教学的核心目标和行动指南。实现在教师的指导下，学生创造性地获取知识，同时，掌握获取知识的能力。

4. 营造良好的教学氛围，培养学生的创新人格 创新不仅需要智力因素，而且还需要非智力因素。非智力因素可帮助人激发创新意识，促使创新思维更好地发挥和运用。鉴于此，要努力培养学生的求知欲、好奇心，帮助学生自主学习、勤于思考，呵护学生的探索精神、创新精神，营造崇尚真知、追求真理的良好氛围，为学生的潜能开发创造一种舒适的环境。鼓励学生主动思考、敢于质疑。营造勇于发现问题、敢于创新、探索未知的氛围。使学生在学习中所引发的思考与教师一起探讨，刺激学生的创新思维。

5. 通过实验教学，提高学生的创新能力 护理学是一门实践性很强的应用学科，实践课时较多，护理操作技能是学生的特色。加强实践教学环节是培养学生创新素质的重要手段。要逐步转变以往在实践教学中，太过强调操作程序的准确性、操作动作的规范性、评价标准的单一性，不利于学生的创新性思维和能力的培养。要摒弃"教师演—学生仿—教师评"的三段式教学法。要采取教师为主导、学生为主体的灵活多样的教学方法，如实践反思讨论法、角色转换法、情境模拟教学法等，突出学生在教学过程中的主体地位，充分发挥学生的主体作用和主动性，强化护理操作中的创新能力的培养，在不违反操作规程的前提下，对学生的创新尝试和行为予以认同并加以鼓励。在操作技能的考核中，将创新能力评价体系列于考核标准中，使学生明白，仅仅是完整流畅、机械性的完成操作是不会取得最佳成绩的，也不是我们学习的最终目的。这样，既增强了学生的实践能力，又培养了学生的创新意识和创新能力。

（二）个人提升

一般而言，大学生提升创新素质有间接途径和直接途径，护理学专业的学生亦可作为参考。

1. 大学生提升创新素质的间接途径 大学生提升创新素质的间接途径主要是创业教育与创业体验。

（1）善于观察 多与创业人士交谈或向其请教，多阅读成功创业者的故事和经历，有意识地分析创业者的成功之处。

（2）勤于学习 多阅读可以帮助自己提高经营技巧的书籍，尤其是励志类、营销类的书籍杂志；选修有关创业课程，补充创业知识。

（3）参加相关培训与竞赛 制订未来的创业计划，增强创业动机；积极参加"创青春""互联网＋""黄炎培职业教育奖创新创业大赛"等创业或创业计划书竞赛；积极参加学校社团锻炼，参加集体性讨论等。

2. 大学生提升创业素质的直接途径 大学生提升创业素质的直接途径主要是亲自参与创业过程。

（1）尝试着实际加入一个创业团队，或者去创业型企业中学习，真实地参与一次创业过程。

（2）借助各类"孵化器"进行一次创业项目的实际运作。

（3）实地观察、提炼或评估一家创业公司的绩效和管理过程。

（4）创办一家自己负责任的公司。

第二节 创新意识培养

一、创新意识的概述

创新意识指人们根据社会以及个体生活发展的需要，引起创造新事物的观念和动机，并在创造活动中表现出来的意向、愿望和设想。它是人类意识活动中的一种积极的、富有成果性的表现形式，是人们开展创造活动的出发点和内在动力，是创造性思维和创造力的前提。

创新意识包含创造动机、创造兴趣、创造情感和创造意志。创造动机是一切创造活动的动力因素，它能促进和激励人们自发地进行创造性活动。创造兴趣能推动创造活动的成功，是促使人们探索新鲜事物的心理倾向。创造情感是引起、推进甚至是完成创造的心理因素，只有具有积极正向的创造情感方可使创造成功。创造意志是在创造中攻关克难、冲破障碍的心理因素，具有较强的目的性、坚定性和自制性。

创新意识与创造性思维两者有所区别，创新意识是产生创造性思维的前提和条件，创造性思维是创新意识的必然结果，二者联系密不可分。创新意识是创造性人才必备的，创新意识的培养和开发是培养创造性人才的起点，要从小培养创新意识，方可为创造性人才培养打下良好的基础。一个具有创新意识的民族才会屹立世界优秀民族之林。

二、创新意识的作用

（一）创新意识是决定一个国家、民族创新能力最直接的精神力量

创新意识不停地推动社会生产力的发展。科学的本质就是创新。科学技术的每一次进步都是通过创新来实现的。创新更新了人类的生产工具和生产技术，提高了劳动者的素质，开辟出了更为广阔的劳动对象，推动了社会生产力的发展。21 世纪，创新能力是一个国家、民族的靓丽名片，是一个国家和民族解决自身生存和发展问题能力大小的最客观、最重要的标志。

（二）创新意识促使社会多种因素的变化，推动社会进步

创新意识源于社会生产方式，它的形成和发展又推动社会生产方式的进步，从而带动经济的飞速发展，促使上层建筑的进步。创新意识有利于进一步解放思想，有利于人们形成开拓意识、领先意识等先进观念更新；创新意识有利于社会政治更加文明、民主，先进的政治制度又反过来促进创新意识的扩展，更有利于创新活动的进行。

（三）创新意识能促进人的成长，提升人的本质力量

创新实质上是一种新的人才标准，它代表着人才素质变化的性质和方向，这意味着社会需要充满生机和活力的人、有开拓精神的人、有新思想道德素质和现代科学文化素质的人。它客观上引导人们朝这个目标提高自己的素质，使人的本质力量在更高的层次上得以延伸。它激发人的能动性、创造性的进一步发挥，从而使人自身的内涵获得极大丰富和发展。

三、创新意识培养的基本方法

创新意识，是创造力的源泉。要培养具有创新精神的人，首先是要培养其创新意识。因此，我们应想方设法地挖掘学生的潜能，鼓励学生大胆地联想、想象，运用不同的思维方式从各种角度进行思维训练。排除创新思维中的障碍，营造出一种良好的氛围。

任何伟大的发明创造，都来自于创新意识。只有培养了学生的创新意识，他们才会去探索研究，才会有创新欲望，才会有创新要求，才有可能成功。常常听到一些人在科研成果面前不屑一顾地说："这么简单的东西，还变成了发明创造！"也许，每个人都具有创造力，但不是人人都具有创新意识。只有具有创新意识的人才会去观察生活、反复思考在生活中引人关注的问题，并想方设法解决生活中的各种疑难杂症，从而产生强烈的创造欲望。如果把创造力比作钞票，那创新意识就是验钞机。我们可以假想，一个对周围事物漠不关心、麻木不仁，对任何新生事物毫无兴趣的人，决不会想到去发明创造。因

此，从小就要重视创新意识的培养，冰冻三尺，非一日之寒。创新意识是一种非常独特的思维方式，它能造就创造性的成果，它是人类智慧的中枢。人类社会文明的进步，制度的日臻完美，都离不开创新意识这个智慧中枢。"大众创业、万众创新"这一新时代引领，必将共铸伟大复兴中国梦的新征程。

创新意识可以通过培养、训练来不断提高。护理专业学生将来是各类医疗机构技术岗位的主体，具有理论联系实践的最优条件。因此要下大力气培养学生的创新意识，为学生将来创新事业打下坚实的基础。让学生成为护理管理、护理技能操作改革、创新的中坚力量，给我们的医疗事业留下无限多、无限美的想象空间。

（一）要加强创新意识的培养

在日常生活和学习、工作中，时常会遇到一些难题，按常规的思维方法要么不能解决，要么解决起来太繁琐、太费时、费力。是否能寻求一种简洁、高效的办法来解决？这种想法，实际上已有创新意识。

素质提升

高斯的故事：创新意识

德国著名数学家、物理学家、天文学家、大地测量学家卡尔·弗里德里希·高斯在小学二年级时，有一天他的数学老师因为事情已处理了一大半，虽然上课了，仍希望将其完成，因此打算出一道数学题目给学生练习，他的题目是：$1+2+3+4+5+6+7+8+9+10=?$，因为加法刚教不久，所以老师觉得出了这题，学生肯定是要算蛮久的，才有可能算出来，也就可以藉此利用这段时间来处理未完的事情，但是才一转眼的时间，高斯已停下了笔，闲闲地坐在那里，老师看到了很生气地训斥高斯，但是高斯却说他已经将答案算出来了，就是55，老师听了吓了一跳，就问高斯如何算出来的，高斯答道，我只是发现1和10的和是11；2和9的和也是11；3和8的和也是11；4和7的和也是11；5和6的和还是11，又$11+11+11+11+11=55$，我就是这么算的。高斯长大后，成为一位很伟大的数学家。高斯小的时候能将难题变成简易，当然资质是很大的因素，但是他懂得观察，寻求规则，化难为简，如果他没有改变旧算法的意愿，也就没有创新意识，他也不会获得成功，而会像其他小朋友一样认真地重复前人的计算方法，足见创新意识是多么重要，这是值得我们学习与效法的。

创新意识都具有明确的目的性，都是为了解决生活、工作中的难题。为了开启学生的心智，培养创新意识，提高思维能力，教师应该精心设计各种难题，让学生学习运用各种思维方法解决难题，在长期的反复训练中，学生的创新意识必将得到显著提高。

某公安局在考核刑侦人员时，出了一道题：给每位应试者发一串钥匙，让其在限定的时间内打开一扇指定的房门。结果，绝大部分考生都拿着钥匙，一遍又一遍地去试开房门，结果都没打开，因为他们都陷入了"钥匙开门"的惯性思维中。只有其中一位，飞起一脚，踢开了房门。他经过分析，运用了逆向思维，因为在限定的时间内不可能试完大串的钥匙。这是考验分析、判断的能力，他们必须具备敏捷、果断、无畏的品质。又如湖南省2017年某医学技术大赛中，要求各参赛团队对患者施救，患者上身穿一件扣扣子的衬衫，施救时必须脱掉上身的衬衫。有的团队完全按照书本所教，从下至上一粒一粒解开衬衫的扣子，然后再把衬衫打开，结果在比赛的过程中超时，而不能完成比赛导致淘汰出局。而有的团队快速解开下面三粒扣子再把衣服卷起，快速完成施救步骤而完美完成比赛胜出。这就是有的学生在学习的过程中固化了自己的思维，理论与实践脱节的一种表现。

众所周知，水对人体有压力，为此设计了潜水服，可是潜水员的手裸露在潜水服外照常工作，还有好多深海生物，怎么没被压得粉碎呢？另外，恐龙生活在亿万年前，早已深埋地底，而地面每下降4米，就会增加一公斤的压力，按照传统的物理理论，恐龙应该是粉末了，可是考古学家挖出来的恐龙化石却完好无损，这又是为什么呢？虽然学生不能回答这些问题，但可以让学生认真思考。思考、质疑都是有意识的行为，是创造的幼苗，是辉煌的萌芽。所有的教育者应该多思考、多探索、多努力，努力启发学生的心智，挖掘学生的潜能，培养学生的创新意识，为创新教育献计献策。

（二）想象力是人类能力的试金石

创新意识来源于人们丰富的想象力。想象力就是以客观信息为基础，在大脑中塑造出一种超越现实景象的思维能力。想象力反映出当事人的向往、追求和现实生活的需要，充分利用想象思维，经过不懈努力最终达到心理目标，这体现了人们立足于现实，又不满足于现实的心理追求和对美的渴望。

想象力的实质，是沉积在脑海深处的知识和信息被激活、被调动，重新排列组合，得到一种超越现实的结果，想象力可以使生活中原本没有的事物变为事实。创造学和创造工程之父亚历克斯·奥斯本说："想象力是人类能力的试金石，人们正是依靠想象力征服世界。"

想象力不是天生的，而是后天开拓。我们可以通过培养而获得想象的能力。核心是要进行想象力的训练，才能培养和保持丰富的想象力。生活中的任何事物、情景都能成为训练想象力的内容，比如浮云、绿草、游鱼、顽石等通过想象都会变得纷繁无穷、绚丽多彩。古人曾想象人在空中飞行、嫦娥奔月、深海龙宫……现在均已变成现实，于是我们就有了飞机、潜艇、宇宙飞船……丰富的想象力，结合联想、模仿、创新，持续地推进人类的进步和文明。

（三）创新技法是创新意识实现的有力保证

在拥有了创新意识之后，最重要的就是创新技法。做任何整改都需要有方法。授人以鱼不如授人以渔。慧语有云：人们往往把他拥有的东西当成了财富，其实他真正的财富是获得这些东西的方法。

创新技法是创造学家根据创新思维发展规律总结出的创造发明的一些原理、技巧和方法。在实践中总结出的创新技法可以在其他创造过程中加以借鉴使用、从而有助于提高人们的创造力，并对创造成果的实现提高比例。到目前为止，总结出来的创新技法有300多种，下面将常见的6种方法做简单介绍。

1. 组合创新法　当今世界，重大科技的创新基本上都是组合创新或集成创新，原始的创新一般是集成创新中的核心技术。所以，最为重要的是组合（集成）创新。

比如，我国的"两弹一星"和神舟系列载人航天等科技成果，这两项科技是组合创新最成功的典范。载人航天飞行技术是由航天技术、材料技术、能源技术、信息技术、气象技术、生物技术和系统科学技术等多种技术构成的，缺一不可。所以说神舟五号、神舟六号载人航天飞行的成功，不是哪一种技术的原始创新，而是多种技术的组合（集成）创新。

2. 联想创新法　想象力是创新能力的灵魂，没有想象力，就不会有创新能力。运用各种联想，如接近联想、相似联想、对比联想，将不同的事物和不同的设计联系起来，根据实际情况和具体需求加以整合、调整、改造、完善，构成新的创造性设计就是联想创新法。

（1）接近联想　1891年，杜里埃从其爱妻喷洒香水中得到了启发，学会了将油与空气均匀混合，保证了内燃机有效的工作，因此，他发明了发动机的汽化器。

（2）相似联想　相似联想创新，在寻找浮选或研制新药剂时非常有效。具有相同或相似结构性能的药剂对相同或相似矿物的浮选都可能有效。

（3）对比联想　19世纪，手术后的化脓率达到了45%，英国的医学家利斯特研究了很久，仍没有找到有效的解决办法。正当他百思不得其解，坐在树荫底下看报纸时，看到了有关法国生物学家发现食物腐败是因为微生物大量繁殖和坏死的报道，他运用对比联想，找到了手术后化脓的原因和解决化脓问题的办法。

3. 仿生创新法　仿生创新法不是科学，也不是一种思维，而是应用仿声学的理论和方法，借助仿声思维而产生的发明技法。什么是仿声思维呢？它是一种借用生物的功能和行为，模仿和制造出新的技术设备和系统的思维。人类社会以来，模仿生物原理的发明创造层出不穷。比如：飞机是模仿鸟类飞行的原理创造的，潜艇是模仿鱼类上浮下潜实现的，响尾蛇导弹则是模仿响尾蛇跟踪红外线发射体咬人的原理创造的，而现在炙手可热的人工智能机器人，则是模仿人的活动创造出来的一种智能机器。

4. 智力激励法　现代科学技术发展史表明：一项技术革新或科技成果，大都先有一个创造性设想。一般来说，创造性的设想越多，发明也越容易获得成功。

那么，怎样才能获得大量的创造性的假设呢？

我国有句俗话，叫集思广益。在应用发明的过程中，应用"集思广益"的案例屡见不鲜。例如：某国树脂公司随着生产的发展，急需研制出一种新型净化池。公司领导召开了十余名技术人员，在不到一天的时间里就提出了近 80 种解决方案，并从中选出了 10 种最优秀的方案。然后，将此 10 种方案设计成图纸，并贴在白板上，再将每人提出的对新方案的改进设想写在便条上，贴在净化池结构图的相应部位，再通过公司内部技术人员的评审，最后得出研制新型净化池的最佳方案。

从以上案例可知，集思广益是一种有效的创造方法。创造学家在此基础上创造了一种科学的开发创造性设想的创造技法——智力激励法。

智力激励法是世界上最早付诸实用的创造技法。它由美国创造学家亚历克斯·奥斯本首先提出。这种技法，一般通过特殊的会议，让参加其中的人员相互启发，填补知识的空隙，从而引起创造性设想的化学反应，产生出更多的创造性设想。

智力激励会议的具体组织方法如下。

（1）参加会议的人数不超过 10 人，会议的时间控制在 20 分钟至 60 分钟。

（2）每次会议的目标要明确，到会人员围绕议题可以任意发表自己的想法。

为了使会议的参与人员均充分表达和发挥自己的设想，还必须作如下几项规定。

（1）决不允许批评任何人提出的设想。

（2）提倡任意的自由思考。

（3）任何人不能做判断性结论。

（4）提出的设想越多越好。

（5）集中注意力，针对目标。

（6）参加会议的人员平等相待，不分等级。

（7）禁止私下交谈，以免干扰别人的思维活动。

（8）不允许用集体提出的意见来阻碍个人的创造性思维。

（9）各种设想不分好坏，均记录在案。

在智力激励会议上，每个人都可以充分利用别人的设想来激发自己的灵感，或者综合他人的设想提出新的设想，所以要比单独思考更容易获得数量众多的、更有价值的设想。一般来说，讨论 60 分钟可以产生数十个乃至几百个设想。

5. 设问探讨法　设问探讨法是当今生产中常常使用的一种创造技法，特点是简单易学，还可因地制宜，根据不同需要，改换设问的方法。

6. 逆向思考创新法　科技史上很多重大的创新发明其起源就是逆向思考创新法。1877 年爱迪生在改进电话时发现，音膜随声音能发生有规律的振动。那么，同样的振动是否能转换为声音呢？经过反复试验研究，爱迪生终于发明了世界上第一台留声机。

第三节　创新思维培养

思维是人类特有的精神意识活动，它最初是人脑借助于语言对客观事物的概括和间接反应的过程。思维对事物的间接反映，是指其通过媒介的作用来认识客观事物，以及依托已有的知识和经验，已知的条件来推测未知的事物。思维天然与创新存在联系，通过对事物的理性认识，人类获得了改造世界的知识。

一、思维的含义

众所周知，人类与动物相比，人类的肢体结构并没有特别优越的地方。人的眼睛比不了鹰的眼睛；人的手掌比不了虎的利爪；人的双脚比不了豹的速度；人的耳朵比不了一些小动物感知的超声波……但是，人类凭借自己的力量改造自然，移山平海、造田开渠，建起了高楼、蛛网式的公路、铁路……整个地球表面正因为人类日新月异，发生着翻天覆地的变化。不仅如此，在中国贵州，还建立起全球的"天眼"，收集外太空的信号；中国的蛟龙号潜水器，已下潜到海洋极深处……很显然，人类神奇的力量并非来自肢体，而是来自头脑，来自头脑的思维功能。

所谓思维，就是我们通常说的"想""思考""动脑筋"，是指人的大脑对信息、知识进行加工与处理的活动。

如果进一步来认识思维的含义，可以这样来理解。即：思维是借助语言、符号与形象作为载体来间接地、概括地反映事物本质和规律性的生理和心理活动；是人们在实践的基础上进行分析、综合，然后做出推理和判断的过程。思维是人类特有的精神活动，是人类最本质的特征，它是人脑的功能和产物，是人类在劳动协作和语言交往的社会实践中产生、发展起来的。

人们通过思维能够概括出事物的本质属性，总结出事物的一般规律特性，用以指导人们的实践活动；也能够超越具体的时间和空间，超越目前的现实，借助想象的翅膀在无穷的时空自由的翱翔。概括性和超越性是思维的两个基本属性。借助思维的概括性和超越性，人们可能突破自身经历和环境的限制，去认识、想象和预测那些没有直接经历过或接触过的事物，从而实现创造。

思维是人类与大自然的斗争过程中，为了求得自身的生存和发展，经历了几百万年进化而获得的一种特殊功能。

二、创新思维的含义

所谓创新思维（或称创造性思维），就是以创新的意识、开放的心态和突破各种思维定式的束缚进行思考，并产生创新成果的思维。简明地说，就是不受现成的、常规的思路约束，寻求对问题全新的、独特的解决方法的思维过程。

这里所说的创新成果，主要是指对事物的新认识、新判断和解决问题的新方案、新途径等"思维的创新产物"。

创新思维不是一般性思维，它不是单纯依靠现有的知识和经验进行抽象和概括，而是在现有的知识和经验的基础上进行想象、推理和再创造，对前人尚未解决的问题进行探索、找出新答案的思维活动。

创新思维的对立面主要是常规思维，反映在思维习惯上就是单一片面、思路固定、机械刻板；反映在思维结果上就是千篇一律、重复模仿、答案雷同。

创新思维不是天生就有的，它是通过人们的学习和实践而不断培养和发展起来的。

三、创新思维的特点

创新思维是思维的高级形态，具有其自身的特点，这些特点主要包括灵活性、新颖性、突发性、求异性、反常规性等。

1. 灵活性　灵活性是指思维灵活，能及时应变转换思路，善于从多角度、多层次、多方位、多学科进行立体思考。

2. 新颖性　任何一项构思都会使人耳目一新，展示出一种新的概念、新的形象、新的结构、新的范畴。

3. 突发性　所谓突发性，就是在极短的时间里，以突发形式迸发出创造性的思想火花，新的观念随之脱颖而出。

4. 求异性　求异性是指在别人司空见惯、习以为常、不认为有问题的地方能看出问题，表现出常中见奇、标新立异、独树一帜、非同寻常的能力。

5. 反常规性　利用"反常规"思维，追求新、奇、特，避免"构思平庸""与人雷同"，做到不落俗套。

四、创新思维是创新能力的核心

只有想得到，才能做得到；只有想得好，才能做得好。因为，不论我们进行何种创新，如管理创新、科技创新、理论创新或其他方面的创新，都必须首先要用头脑去思考，从而产生出新观念、新点子、新思路、新方案、新办法等。然后才能去开展创新活动。人们常说："思路就是出路""没有思路就没有出路"。换言之，创新，最根本、最核心的就是要靠创新思维发挥作用。

事实上，人类的一切创新成果，都是创新思维的具体体现和物化。所以，若要提高创新能力，最重要的就是必须要提高创新思维能力，因为创新思维是创新能力的核心。

五、创新思维训练

创新思维是多种思维方式的综合运用，既有逻辑思维也有非逻辑思维，既有抽象思维也有形象思维，既有发散思维也有收敛思维。其中发散思维和收敛思维对于创新思维十分重要。尤其是发散思维，是开展创新活动所不可缺少的一种有效的思维方式。可以说，没有发散思维，就没有创新。

发散思维的方法多种多样，如逆向思维、变位思维、侧向思维等。下面主要介绍 5 种发散思维的训练方法。

（一）横向思维训练

横向思维也叫"侧向思维"，即向思考的事物及问题的侧面伸展思维触角，以求获得新的思维成果，这是发散思维中最常使用的一种方法。例如中国的传统节日端午节食用的粽子，从外形看，大致有扁方和六棱两种，是否能再变换几种？从米料来看主要有糯米、黄米两种，是否可以改用别的米料？从馅来看，常见的有红枣、豆沙和猪肉等，能否增加馅料的品种？要解决上述问题便离不开横向思维。

（二）逆向思维训练

逆向思维也叫反向思维、反转思维，其特点是改变习惯思维方向，从相反的方向来认识事物、思考问题。由于这种思维突破了人们考虑问题的思维定式，因而往往能够获得定势思维所不能取得的成效。例如：春秋战国时期的田忌与齐威王赛马，按照惯例应该是次马对次马，良马对良马。田忌却运用逆向思维方法，以次马对良马，以良马对中马，以中马对次马与齐威王比赛。最终田忌取得了三赛两胜的战绩，赢得了比赛。

《司马光砸缸》的故事也是运用了逆向思维来救人。通常把大水缸里的人、物救出或取出，一般是从缸口打捞，或者将水缸放倒，而不是把水缸打破。当时司马光年纪小，不可能采取大人使用的两种办法，于是，他便急中生智，运用逆向思维想出了砸缸救出小伙伴的办法。

（三）求同思维训练

"求同"是指在两个以上事物中找到它们的共同之处。运用求同思维，有助于在不同的事物之间找到结合点，使新结合的事物在性质、形态、功能等方面有所变化，以获得创新的效益。例如：茶杯和暖水瓶各有其功能，利用求同思维将两者相结合，便有了现在大家都使用的不锈钢保温杯，既有暖水瓶的保温功能，又是方便携带的喝水用的杯子。用求同思维方法，找到暖瓶与饭盒的结合点，把暖水瓶改成了广口状、成为携带饭菜的保温桶。再如：把磁疗垫放在鞋子里，做出磁疗皮鞋；把录音机和电话机相结合，创造出录音电话；把滚动带和计时器组合起来，做成跑步健身器。尤其是仿生学研究中，求同思维具有不可替代的地位。如：仿照蛋壳、乌龟壳发明了建筑的薄壳结构；通过模拟生动酶的催化作用创造了高级催化剂。

（四）求异思维训练

"求异"指在相同或相似的两个以上事物中找出不同之处，这是在科研、科技、产品研制、经营管理、广告宣传、文学创作等工作中能够获得新成效的一种思维方法。有些企业，为了使产品能够在竞争激烈的市场上占有一席之地，便采用"你无我有，你有我廉，你廉我精、你精我专"等生产、经营策略，制定和实施这些策略，自然离不开同中求异的创新思维方法。例如：北京烤鸭驰名中外，全国各地纷纷开设烤鸭店。南方有个城市在制作烤鸭时并不完全仿照北京，而"同中求异"，把烤制方法略加改变。他们为了减轻北京烤鸭的肥腻感，把鸭皮烤酥，名曰"北京脆皮鸭"，很受顾客欢迎。

（五）换位思维训练

人们在思考问题、处理事情时，常常受所处的地位、所持立场的影响，想不出解决问题的办法。但是如果变换一下立场，转变一下地位，就可能产生新思路，想出有效的方法。

❀ **学生活动**

测试创新思维能力

创造性人才在管理中越来越重要，他们能创造性地完成工作，不会被困难吓倒，不会因为条件不完善而放弃努力。在寻找创新、开发、管理方面的人才时，必须考虑人才的创新能力。

下面有 10 个题目，如果符合你的情况，则回答"是"，不符合则回答"否"，拿不准则回答"不确定"。

1. 无论什么事情，要让你产生兴趣，总比让别人产生兴趣要困难得多。

2. 你认为那些使用古怪和生僻词语的作家，纯粹是为了炫耀。

3. 对那些经常做没把握事情的人，你不看好他们。

4. 你常常凭直觉来判断事情的正确与错误。

5. 你审美能力较强。

6. 你善于分析问题，但不擅长对结果进行综合、提炼。

7. 你的兴趣在于不断提出新的建议，而不在于是否能说服别人去接受这些建议。

8. 你不喜欢提那些显得无知的问题。

9. 你做事总是有的放矢，不盲目行事。

10. 你喜欢哪些一门心思埋头苦干的人。

评分标准：

题号后分别为"是""不确定"与"否"的得分

1: 0 1 4   2: 1 0 2   3: 0 1 2   4: 4 0 -2   5: 3 0 -1

6: 1 0 2   7: 2 1 0   8: 0 1 3   9: 0 1 2   10: 0 1 2

结果分析：

得分 22 分以上，说明被测试者有较强的创造思维能力，适合从事环境较为自由、没有太多约束、对创新性有较高要求的职位，如美编、工程设计、装潢设计、软件编号人员等。

等分 22～10 分，说明被测试者善于在创造性与习惯做法之间找到平衡，具有一定的创新意识，适合从事管理工作，也适合从事其他许多与人打交道的工作，如市场营销。

得分 10 分以下，说明被测试者缺乏创新思维能力，属于循规蹈矩的人，做人总是有板有眼，一丝不苟，适合从事对纪律性要求较高的职位，如质量监督员、会计等职位。

目标检测

答案解析

一、单项选择题

1. 下列哪项不是大学生提升创业素质的直接途径（　　）

　　A. 尝试着实际加入一个创业团队　　　B. 借助"孵化器"进行一次创业项目的实际运作

　　C. 创办一家自己负责任的公司　　　　D. 多阅读多学习

2. 歌曲中"一根筷子哟轻轻被折断，十双筷子哟牢牢抱成团；一颗小树哟弱不禁风雨，百里森林哟并肩耐岁寒"。体现的是（　　）

　　A. 团结协作　　　　　　　　　　　　B. 一叶知秋

　　C. 勇于创新　　　　　　　　　　　　D. 坚韧不拔

3. 下列哪些不是新的教学方法（　　）

　　A. "灌注式"　　　　　　　　　　　　B. 启发式

　　C. 讨论式　　　　　　　　　　　　　D. 情景式

4. 下列哪项不是培养学生的创新人格方法（　　）

　　A. 培养学生的求知欲　　　　　　　　B. 培养学生的好奇心

　　C. 帮助学生自主学习　　　　　　　　D. 帮助学生逆来顺受

5. 下列哪些事物不是通过想象力创造的（　　）

　　A. 嫦娥奔月　　　　　　　　　　　　B. 大闹天宫

　　C. 龙宫探宝　　　　　　　　　　　　D. 神舟十三号，再度问天

6. 下列哪项是组合创新法产生的（　　）

　　A. 的士　　　　　　　　　　　　　　B. 公交

　　C. 滴滴　　　　　　　　　　　　　　D. 地铁

二、多项选择题

1. 当今时代对创新素质的要求主要包括以下几个方面（　　）

　　A. 基础扎实，学识渊博　　　　　　　B. 品德高尚，德才兼备

　　C. 团结协作，攻关克难　　　　　　　D. 追求真理，勇于实践

2. 大学生提升创新素质的间接途径主要是（　　）

　　A. 创业教育　　　　　　　　　　　　B. 开始创业

C. 时来运转   D. 创业体验

3. 创新意识的作用有哪些（   ）

    A. 创新意识是决定一个国家、民族创新能力最直接的精神力量

    B. 创新意识促使社会多种因素的变化，推动社会进步

    C. 创新意识能促进人的成长，提升人的本质力量

    D. 创新意识可以让人不劳而获

三、填空题

1. 创新素质主要包括创新意识、_____、创新能力和创新人格。

2. 创新思维是思维的高级形态，具有其自身的特点，这些特点主要包括灵活性、新颖性、突发性、_____、反常规性等。

3. 发散思维的方法多种多样，如_____、变位思维、侧向思维等。

4. 创新意识包含_____、创造兴趣、创造情感和创造意志。

四、名词解释

1. 创新素质

2. 创新意识

3. 创新思维

4. 思维

5. 逆向思维

五、思考题

1. 创业成功是靠"灵光一现""一夜暴富"，还是靠"天道酬勤"。

2. 创新意识的培养，怎样理解"冰冻三尺，非一日之寒"。

书网融合……

本章小结

第十章 创新创业观与创业能力素质

◎ 学习目标

1. 通过本章学习，重点把握创业的内涵和创业的基本素质。
2. 学会在当代大学生创业的时代背景下，具有创业者应具备的素质和能力。

≫ 情境导入

情境描述 某企业创始人的创业灵感来自一份国际电池行业动态，一份简报似的东西。1993年的一天，他在一份国际电池行业动态上读到，日本宣布本土将不再生产镉电池，他立刻意识到这将引发镉电池生产基地的国际大转移，意识到自己创业的机会来了。果然，随后的几年，他利用日本企业撤出留下的市场空隙，加之自己原先在电池行业多年的技术和人脉基础，做得顺风顺水。还有一位成功人士是个非常有意思的人，据说这个人不管走到哪里，随身都会带着两样宝贝：一样是手提电脑，因为他在全国设有很多分公司，他带着计算机走到哪里，哪里就是公司的总部；另一样是一个旅行箱，里面全是各种各样的报纸，他走到哪里，读到哪里，将一箱一箱报纸，当成了精神食粮。另一位成功人士，据说将企业做起来以后，已经不大过问企业的事情，每天大多时间都花在读书、看报，思考企业的战略上。很多人将读书与休闲等同，对创业者来说，阅读是一种工作，是工作的一部分，一定要有这样的意识。

讨论 1. 了解什么是创业能力？
2. 通过以上的几个小事例，你学到了什么？

第一节 科学的创新创业观

一、创业

（一）创业的内涵

伴随着我国市场经济的不断发展和完善，体制与机制的相应变革，劳动力供给与分配机制都发生了巨大的变化，高等职业院校毕业生的就业模式也发生了巨大变化，从最初的"统招统分"，发展为现在的"毕业生自主择业、用人单位择优录取"的双向选择就业模式。高等职业院校毕业生发展空间和展示才华的舞台不断扩大，高等职业院校学生就业渠道也呈现出多元的态势。随着高校的扩招，高校毕业生人数随之直线上升，就业压力日渐增加，"创业也是一种就业"的观念日渐深入人心，高等职业院校学生自主创业从国家政策到社会舆论都获得了广泛的支持，也得到了很多在校大学生的认可。部分高等职业院校毕业生把"自主创业"看成是另类就业的黄金口岸，不仅自己当老板，还可以为其他人提供就业岗位，何乐而不为？

所谓创业，是一种自我谋职的活动，是人们把握社会需求、运用自身的才能创造新的业绩或创立新的工作岗位的过程。创业即开创新的事业，是为社会创造财富、为个人开辟新的生活道路的社会活动。创业是就业的另一种模式，它有益于社会，有益于人民，有利于劳动者自身的发展与完善。

（二）创业的特点

1. 利益性　创业也许有很多的目的，但是根本目的就是获利，这是创业者的共同目标。没有利益驱动，人们就不会冒着风险去创业，创业的过程中获利的多少，也是人们衡量创业者创业成功与否的重要标志。

2. 创新性　创业对于创业者来讲是一个创新的过程，这是因为创业者在整个创业过程中所面临的工作和问题几乎是全新的，解决这些新的问题需要创业者运用创造性思维和能力。

3. 艰难性　创业是一项艰难的工作，创业者在创业过程中，都会体验到创业的艰难，尤其是白手起家的学生创业者，往往需要经过多年的艰苦奋斗，倾注大量的心血，才能成就事业。

4. 风险性　创业是有风险的，创业可能成功或者失败。创业成功给创业者带来的是喜悦和自信，创业失败带给创业者的不单是沮丧，还会有财产的损失与信心的丧失。但是，如果只考虑创业风险而不去创业，那就永远不能成为一个成功的创业者。

5. 自主性　创业活动中的项目、计划、人员、资金和场地等相关要素，都由创业者自己做主。

（三）创业的意义

1. 创业是一种新的就业方式　创业的关键在于创新，在自己谋取职业的同时也为他人创设了岗位，高等职业院校学生应该具有创新精神和创业意识，并做好承担风险的心理准备。

2. 创业是时代发展的需要　科学技术是生产力，知识就是资本。现代科技的发展为青年人创业提供了条件，也开拓了广阔的道路。要使自己从容地生活在这个时代，就必须跟随时代的潮流，结合自身的特点和优势，去勇敢地创业，使自己真正融入到这个不断变化的时代之中。

3. 创业可以增加社会财富　创业过程不仅为社会积累了财富，为国家增加了税收，还满足了人民的生活需要，促进了社会的发展。

4. 创业是人生价值的体现　创业为创业者提供了自我发展和自我完善的空间，创业者可以依靠自己的能力和智慧，做自己想做的事情。无论成功与失败，在奋斗的过程中，创业能充分实现创业者的人生价值。

（四）创业的准备

创业犹如打仗，存在很大的风险，只有知己知彼，才能百战不殆。所以，在创业之前，要进行充分的市场调查，选准项目，熟悉企业注册登记手续，掌握组建企业的基本程序和方法，才能开创自己的事业。

1. 市场调查　市场调查主要包括创业环境调查和市场需求调查。创业环境调查包括地区环境调查、行业环境调查及国家宏观环境调查等，调查的目的是为进一步决策提供科学依据；市场需求调查就是对某一项目技术或产品的潜在购买者和使用者及市场运营中可能出现的问题进行调查，市场需求调查的作用是帮助创业者作出正确的决策。

2. 创业风险预测　市场经济条件下，创业总是有风险的。创业者在创办企业时，应充分估计可能出现的风险，要制定出相应的应对措施，才能将损失降到最低限度。

3. 选准风险预测　成功创业必须寻找好的创业项目，创业者只有根据自身特点，选准既适合自己又适合市场需求的创业项目，才能为创业铺平道路。

4. 制定计划　选定创业项目后，必须制定一份完整的创业项目计划书，它是创业过程的前提，是一种和国际接轨的商业文件。

5. 组织实施　创业者的生产经营活动，必须符合国家规定的开办条件，经法定程序，到工商行政管理机关登记核准，取得合法的经营凭证，才能组织实施自己的生产经营活动。开业前还需要刻制公章、开设银行帐号及税务登记等活动。

二、大学生创新创业的时代背景

通常说的"创业"一词，顾名思义就是创建新的企业。现在"创业"这个词有很大的延伸，创业可以发生在各种企业和组织的各个发展阶段，包括新老企业，大小企业，私人和非盈利的组织等。根据国外创业教育领域的定义，创业是一种思考、推理和行动的方式，它为机会所驱动，需要在方法上全盘考虑并拥有一定的领导能力。

1983 年，美国奥斯丁德州大学举办了首届大学生创业竞赛（他们称之为商业计划竞赛），接着包括麻生理工学院、斯坦福大学等世界一流大学在内的十多所大学，每年都举办这一类的竞赛，并逐渐扩展到世界其他国家和地区。

在我国，1999 年清华大学第一届"清华创业计划大赛"拉开了大学生自主创业的帷幕。1998 年，我国将创业教育确定为教育改革的重要内容，国家颁布的《关于深化教育改革，全面推进素质教育的决定》中强调指出，开展创业教育是高等教育方法和方式的改革与创新，高等教育要重视培养大学生的创新能力、实践能力和创业能力。

联合国科教文卫组织在 1999 年发表的《21 世纪的高等教育：展望与行动世界宣言》中提出："必须将创业技能和创业精神作为高等教育的基本目标。"创业教育被称为教育的"第三本护照"，和学术教育、职业教育具有同等重要的地位。

在我国，受到长期以来传统教育观念的影响，大学生毕业面临的选择是就业、考研、出国，大学人才培养目标也仅局限于研究型、应用型，整个社会和国家也缺乏对孩子创新精神与创业意识的培养教育。我国大学生创业比例不到毕业生总数的 1%。

伴随着我国高等教育从"精英教育"向"大众教育"转化，高校毕业生就业形势日益严峻，大学毕业生数量将远远超过空缺岗位的数量。有专家指出，近几年城镇每年需要就业的人数将保持在 2400 万人以上，而在现有经济结构下，每年大概只能提供 1100 万个就业岗位，年度就业岗位缺口在 1300 万左右。因此，今后在很长时期内，大学生将面临更为严峻的就业形势。因此，大学毕业生创业具有很重要的现实意义。

（一）有利于缓解大学生就业压力

大学生创业能力的培养，有利于解决大学生就业难的问题。创业能力是一个人在创业实践活动中的自我生存、自我发展的能力。一个创业能力很强的大学毕业生不但不会成为社会的就业压力，反而还能通过自主创业活动来增加就业岗位，从而缓解社会的就业压力。

（二）有利于大学生谋求生存与自我价值的实现

大学毕业生通过自主创业，可以把自己的兴趣与职业紧密结合，做自己最感兴趣、最愿意做和自己认为最值得做的事情。在社会舞台中大展身手，最大限度地发挥自己的才能。创业并非人人都能成功，既然如此，为什么还有众多的人选择创业这条路径呢？谋求自我价值的实现是创业最主要的原动力。

（三）有利于促进中小企业的快速发展

从国际经验来看，等量资金投资于小企业，其所创造的就业数量是大企业的四倍。发达国家一般有90% 的企业属于小企业，65% 的劳动者在其中就业。美国对中小企业的发展一直比较重视，称其为"美国经济的脊梁"，美国企业创新产品中 82% 来自中小企业。而我国小企业太少，因此鼓励大学生自主创业有利于中小企业的发展。

在大学生创新创业的过程中，可以培养他们艰苦奋斗的作风。在这个过程中，遇到困难挫折，甚至是失败都是很常见的。这就要求自主创业的大学毕业生具备顽强的意志和良好的品格，勇于承担风险，自立自强，艰苦拼搏。因此，通过创业可以培养他们自强意识、风险意识和拼搏精神。我国的青年一代，特别是大学生是中国最具活力的群体，如果失去了创造的冲动和欲望，而仅仅安于现状和守成，那么中华民族最终将失去发展的不竭动力。大学生的创业活动，有利于培养用于开拓创新的精神，把就业压力传化为创业的动力，培养出越来越多的各行各业的创业人才。

三、社会环境对创新创业的鼓励与支持

（一）经济发展为创业环境提供了舞台

随着我国经济发展和改革的逐步深入，以及经济结构战略性调整的不断推进，产业结构的调整已经加快了步伐。这意味着行业中原有的投资主体已经退出，个别行业将会萎缩或者是消退，而新的投资者会出现，新兴行业会迅速崛起。新兴行业的出现和投资主体的多元化将推动一大批创业者的产生与成长，如第三产业的发展使得各种中介服务、社会服务、文化服务、科技服务及家政服务等一大批新的职业需求发展，而这些都非常适合大学生的创业。

（二）知识经济时代提供了更多的创业机遇

知识经济时代社会财富被新的知识创新阶层所掌控。一些新的就业方式和财富增长方式也将出现，在知识、信息、网络、数字化等领域就业者大量涌现。大学生作为我国的高素质群体，知识经济时代的到来为其提供了更多的创业机会。在知识经济时代，大学生往往通过科技创新取得突破性的成果，进而独立或者与他人合作创办公司，在为自己创造就业机会的同时，人们也为社会和他人创造更多的就业机会。

（三）融资环境的不断改善

对于创业者来说，要实现自己的创业梦想，融资是相当关键的一步。大学毕业生自身的经济实力薄弱，因而通过一般的商业贷款获得资金是相当困难的。但是，我国银行已经普遍开展创业贷款业务，大学生创业者所创办的企业规模普遍较小，可以通过这种贷款获得数万元的资金，实现自己的创业梦想。同时，近些年风险投资在我国迅速兴起，由于风险投资能够解决中小企业发展的融资问题，因而成为推动当前大学生创业的关键因素之一。

（四）良好的政策法规环境

创业者能够顺利创业，离不开良好的法律政策环境，特别是允许个人创办、经营企业的相关政策法规。改革开放以来，我国逐步建立起以公有制为主体，多种经济成分共同发展的经济体系。非公有制经过四十余年的发展，在就业结构中已经占有非常重要的地位。在全面建设小康社会的新阶段，国家为自主创业、开办私人企业提供了一个良好的政策法规环境。《中华人民共和国公司法》《中华人民共和国个人独资企业法》《中华人民共和国合伙企业法》《就业促进法》等法律和一系列对大学生创业的优惠政策已经出台并生效，公司、个人独资企业和合伙企业等三种最常见的企业形式的地位已经得到了确立，大学生创办企业的门槛已经大大降低。这为大学生创业提供了最基本的法律保障，营造了宽松的政策环境。

（五）良好的社会文化心理条件

社会的文化心理状况同样影响创业行为。随着我国经济发展和社会进步，人们的创新意识和能力得到彰显，人们的生活方式、工作方式、挣钱方式、自我实现方式发生了深刻的变化。由此，人们对就业方式的认识也发生了改变。大学生到外资企业、民营企业或根据自己的兴趣爱好自谋职业的方式逐渐被社会认可和接受，大学生自主创业也得到了广泛的理解。

四、大学生对创新创业的内在渴望

大学生的价值取向，反映了大学生以什么样的状态去对待社会价值和自我价值，并作出什么选择和追求。随着市场经济不断发展，个人利益的合理性与合法性得到了承认和肯定，大学生群体的价值观体系，已经不是以某种价值观为核心的单一主导价值观，而是以多元价值观为基础的兼容性价值体系。新世纪的大学生立志成才，渴望成功。他们逐步认识到，要取得成功必须制定适合自己的成功目标。为此，他们有着不同的设计和选择，自主创业这种方式也成为了他们的选择目标之一。

（一）"身份意识"淡化，效益观念增强

今天的大学生不愿在择业上受到太多的束缚，不希望成为被动的"工作机器"，一些工作弹性度大、自由支配度高、经济收入高的职业逐渐受到青睐，工作的稳定性不再是他们追求的唯一目标。在选择上，他们不再迷信大单位和铁饭碗，择业的领域逐渐放宽。"政府机关、事业单位、国有大型企业"这些热门行业不再是他们的唯一选择，进入高收入的非国有企业或者是自主创业也成为了大学生就业的一种方式。自主创业的观念已经被当代大学生接受，许多在校大学生正逐渐树立起自主创业意识，不断适应社会发展需求。

（二）注重个人兴趣，择业意识明显

多数毕业生根据自己的兴趣到社会中锻炼自己、培养能力。当前大学毕业生就业已经从被动等待就业的方式，向主动多元化就业方式转变。可以看出，随着时代和社会的进步，新一代大学生的个体意识逐渐加强，更加注重自我价值的实现和关注生存条件和职业发展空间。在择业过程中既重视经济待遇，又重视兴趣爱好，并以此设计未来的发展。

（三）就业压力对自主创业的催化

近几年来，毕业生求职队伍迅速扩大，由此带来了巨大的就业压力也进一步的增加了。从这些年就业数字来分析，我们能看到明显的增长，2005 年要求就业的人数达到了扩招前的三倍，达到了 340 万人，而到了 2022 年我国的毕业总数超过了 1000 万人。这个数字并未包括历年来沉淀下来的未就业的毕业生。在激烈的竞争下，与其去争抢一个就业岗位，不如根据自己的兴趣、爱好和特长来自主创业，自己当老板。

（四）未来对职业的呼唤

当今的社会，是充满竞争的社会。加入 WTO 以后，中国经济逐渐与世界融为一体，外资进入中国，中国走向世界。因此，未来的竞争，是世界范围的竞争，并将更加激烈。激烈竞争的核心因素，是人的素质、能力方面的竞争，而人的素质、能力是需要经过实践锻炼才能培养出来的。但是，由于中国的传统教育观念及相应的育人方式，使得当代大学生始终在一种过度保护的状态下生活，许多应该由孩子做的事情，都被家长或社会包办代替，这些学生直到大学毕业对现实生活还比较陌生。

发达国家非常重视培养学生的动手能力，他们从小学到大学都有非常多的实践来接触社会，深入生活，学生从学校走向社会时就已经练就了独当一面的能力。发达国家的大学生毕业后，自主创业也是一种就业的常态，与到公司找工作或考取公务员等就业选择，在人们的心中没有什么区别。

单就应对未来挑战、增加生活阅历、锻炼实践能力来说，毕业生从事自主创业是一条很好的自我成才途径。作为自主创业者，要融资，要生产，要组建团队，要推销产品，要从事很多性质不相同的工作；要与经营伙伴打交道，要与服务对象打交道，要与工商、税务等部门打交道，要与社会各个层面的人打交道。与单纯在一家单位从事一项单一的工作相比，这些经历更能让人体会生活的内涵，更能培养

出年轻人独当一面的综合能力。

因此，当代大学生具备过去的求职者所不具备的优势，所以应当抓住当前创业的黄金期，走在创业队伍的最前沿，把创业作为人生成功的重要途径，通过创业实现自己的理想，体现自己的人生价值，实现精神与物质财富的双丰收，为国家经济发展、社会进步和民族崛起贡献自己的力量。

第二节　创业能力和素质

一、创业基本知识

创业是一个复杂、艰辛的历程，大学生在校时就应主动地培养自己的创业素质，掌握一定的创业技能，进而享受创业和创新所带来的无穷乐趣。有专家通过对上千例创业成功人士的研究，发现创业成功者具有多种共同特性，基本上包括以下几个方面。

（一）创业的欲望

创业者首先需要的是创业的欲望。创业的欲望实际上是一种目的，一种人生理想。如果一个人没有欲望，觉得眼前的生活足够好了，就不可能去创业，所以欲望是第一位的，它可以帮助大学生坚持创业，保持想要创业的积极性。

我们经常这样说，一个人只有知道想要的是什么，才能更好地得到。所以，在创业之前，创业者最重要的就是创业的欲望，创业者自身要想创业，在想创业的基础上，才能更好地创业。这也是创业者创业的基础，有了这个基础以后，创业者才会进行创业的准备，才能使自己逐渐具有创业的素质和能力。

（二）创新素质

能以新颖、独特的方法解决问题，能想出新的创意，创造出新事物，发现新的思路，并且能够将这些想法付诸行动。就需要我们的创业者在这个过程中，能够敏锐地观察周围的环境，察觉潜在的市场，大体来说可以分为创新思维、萌发创新意识、锻炼创新能力。

创新素质是指人在先天遗传素质基础上，后天通过环境影响和教育所获得的稳定的在创新活动中必备的基本心理品质与特征。创新素质应包括创新品质、创新思维和创新能力。能够打破常规、突破传统，具有敏锐的洞察力、直觉力、丰富的想像力、预测力和捕捉机会的能力等，从而使思维具有一种超前性、变通性。

创新素质属于非智力因素，是创新活动的内在动力机构。包括创新精神、创新意识、创新人格。创新精神指推崇创新，追求创新，以创新为荣；创新意识是指善于发现并提出问题，具有强烈的"问题意识"；创新人格指具有好奇心、求知欲，具有献身科学、献身人类事业的内在动力和坚强意志，具有敢闯、敢冒风险、敢于怀疑和批判的科学精神，具有良好的精神状态和心理素质。

创新素质属于创新活动的工作机构。具备宽广而扎实的基础知识，广阔的视野，以及善于综合开拓新领域的能力，掌握创新知识的方法论，尤其是具备良好的创造技能，包括一般工作能力和动手能力，熟练掌握和运用创造技法的能力，创新成果的表达能力（论文写作）、表现能力（艺术创作）和物化能力（创造设想物化为模型和产品）。

（三）知识经济管理

创业者需要具备经济头脑和管理素质，能够运用现代管理的理念和方法，统筹、控制和优化各种资源，指挥、调动并协调好本企业的员工，能够对本组织机构进行设计和再设计。不少创业者由于缺少经济管理方面的知识，甚至连起码的财务管理知识也知之甚少，不了解自己一个月到底净利率多少、毛利率多少，没有充分考虑周转资金或流动资金而导致创业失败。

1. 知识经济管理是信息化时代的必然产物　当今社会迈向信息化时代，创业者获取信息比以往任何时候都容易。他们除了可以通过比以往更为广泛的一般信息渠道获取信息外，还可以通过网络获取企业所需要的信息。但是，要从这些信息的海洋里找到真正有用的信息，却比以往任何时候都困难，而要对这些信息进行有效的管理则更是难上加难，为了适应这一新的挑战，一些企业便尝试开展知识经济管理，设立信息（知识、智力）主管，专门负责信息方面的工作。

2. 科学技术的飞速发展是知识经济管理产生的重要前提条件　科学技术在加速发展，它对生产力的推动作用越来越明显。保持雄厚的科技实力是企业谋求长远发展的关键，而准确界定企业技术水平在同行业中的地位及发展方向，是企业进行技术攻关的一个重要前提。这就要求企业积极开展知识经济管理，为企业经营提供技术信息咨询，加强对员工的教育培训，提高员工的科技素质，也就是说现代企业也需要知识型工人。

3. 知识经济管理的出现是企业参与市场竞争的需要　在现代商战中，谁获得了市场，谁就获得了发展壮大的机会；谁失去了市场，谁就失去了发展乃至生存的可能性。因此，市场就是企业的生命线，尤其是在市场竞争日趋激烈的今天，企业只有具备完备的信息系统，把握市场信息，才能在激烈的市场竞争中立于不败之地。这就需要企业开展知识经济管理，准确掌握市场信息，积极开发科技含量较高的、适应市场需求的新产品，以此扩大市场占有率，来赢得更多的生存和发展壮大的机会。

（四）法律素养与法律意识

创业过程中，创业者会碰到各种各样的法律问题，企业经营管理的各个方面都会涉及法律法规。因此，创业者必须具有法律意识和法律素质，了解市场、社会和企业内外的法律规定及其运行机制，在避免自身触犯法律的同时，学会用法律保护自己和企业的合法权益。

法律素养包含三层含义，一是指法律知识，即知道法律相关的规定；二是法律意识、法律观念，即对法律尊崇、敬畏、有守法意识，遇事首先想到法律，能履行法律的判决；三是法律信仰，即个人内心对于法律应当被全社会尊为至上行为规则的确信，这是对法律认识的最高级阶段。

一个人的法律素养如何，是通过其掌握、运用法律知识的技能及其法律意识表现出来的。法律知识主要由两部分组成，一是现行法律条文中关于法律规则的知识；二是法律学问中关于原理的知识，即所谓的法理知识。我们所常常提及的一般意义上的学法、懂法，就是要求既熟知一些基本的法律条文，同时又掌握一定的普遍适用的法律原理，这是法律素养的客观方面。

而法律意识，它是社会意识的一种形式，"是人们的法律观点和法律情感的总和，其内容包括对法的本质、作用的看法，对现行法律的要求和态度，对法律的评价和解释，对自己权利和义务的认识，对某种行为是否合法的评价，关于法律现象的知识以及法制观念等"，它是人类在法律方面的实践活动的精神成果，包含着人类在认识法律现象方面的世界观、方法论、思维方式、观念模式、情感、思想和期望。法律意识不是自发形成的，它是人们在社会生活中学习和自觉培养的结果，也是法律文化传统潜移默化的影响的结果，它是法律素养的主观方面。良好的公民法律意识能驱动公民积极守法。创业者只有很好地掌握了以上的素养，才能更好地为自己的创业做准备。

💡 **素质提升**

一切以人民的身体健康为目标：居家护理的兴起

居家护理是在有医嘱的前提下，社区护士直接到患者家中，应用护理程序向社区中有疾病的个人即出院后的患者或长期家庭疗养的慢性病患者、残障人士、精神障碍者，提供连续、系统的基本医疗护理服务。

随着我国人口老龄化速度加快，且很多家庭结构已经转变成"4—2—1"模式，即一个家庭中有4位老人，2位年轻人和1个孩子。因此不难看出家庭中赡养老人的压力很大，而且老年人多半体弱多病，智力下降，有的甚至患上老年痴呆症，需要专门人员在身边照料，他们对家庭护理的需求尤显迫切。

居家护理有如下意义。

（1）为患者提供持续性医疗护理，使其出院后仍能得到全面照顾。

（2）降低出院患者再住院率及急诊的求诊频率。

（3）减少患者家属往返奔波医院之苦。

（4）减少家庭经济负担。

（5）扩展护理专业领域，促进护理专业发展。

（6）缩短患者住院日，增加病床利用率。

目前，一些三甲医院陆续开展居家护理新模式。一般采用"互联网＋居家护理"的模式。有资质的医护人员在线注册，可接单照料居家患者。开启了护理患者的新模式，节约了大量的医疗经费。为更好地解决"老有所养，病有所医"贡献了新的力量。

二、创业需具备的能力与素质

根据我国目前的创业环境，要成为一名成功的创业者应具备以下一些素质。

（一）良好的文化素质和鲜明的个性特征

文化素质是在知识社会中长久保持成功所必备的品质。一个人的文化素质集中体现在思想道德、专业和思维方式上。没有个性，就没有创造力，个性对于创业非常重要，因为它是包括了人的智力、性格、情绪和意志的综合体。

文化素质指人们在文化方面所具有的较为稳定的、内在的基本品质，表明人们在这些知识及与之相适应的能力行为、情感等综合发展的质量、水平和个性特点。文化素质不只是学校教授的科学技术方面的知识，更多的是指学生所接受的人文社科类的知识，包括哲学、历史、文学、社会学等方面的知识。这些知识通过语言或文字的表达体现出来、通过举手投足反映出来的综合气质或整体素质。所以有知识的人不一定有文化，不一定有思想，因为科学技术方面的知识也有很大的局限性，尤其是现在学校教育传授的技术方面的知识具有局限性和片面性。

（二）敏锐的政治观察力和准确的市场判断力

创业者不能只盯着市场，只有全面了解市场和国家、政府的总体发展形势，才能经营好自己的事业。

政治观察力是指政治主体所具有的政治认知、政治态度和政治信仰，它既包括民族和个人的政治心理（政治文化）的能力。政治文化反映的主要是民众的政治心理，而意识形态则是一种居于统治地位的政治意识。政治意识主要是指政治思想、政治观点，以及对于政治现象的态度和评价。要求领导干部增强政治意识，就是要求领导干部在瞬息万变、错综复杂的形势下，保持清醒的政治头脑，具有正确的政治思想、坚定的政治立场、敏锐的政治观察力、鉴别力。

政治是经济的集中表现，产生于一定的经济基础，又为经济基础服务，给经济的发展以极大影响。政治与经济的这种辩证关系，在不同的历史发展阶段具有不同的表现形式。在今天，以经济建设为中心，是党在社会主义初级阶段基本路线的中心内容，创业者只有明白了了我们的政治和经济是社会主义的政治和经济，决定政治和经济的性质、贯穿于政治和经济辩证关系中的一条主线，才能更好地实现自己的创业计划。

（三）创新意识

创业要素包括的内容是多方面的，主要由创业者、资本、技术及市场等资源组成，其中创业者的创新意识是关键因素。创新意识就是要求创业者摆脱思维定势，充分发挥创造性思维，开创新的局面。创业者只有靠独具匠心，走别人没有走过的道路，才能在市场竞争中立于不败之地。

创新意识是指人们根据社会和个体生活发展的需要，引起创造前所未有的事物或观念的动机，并在创造活动中表现出的意向、愿望和设想。创新意识有主动性和被动性两大类。它是人类意识活动中的一种积极的、富有成果性的表现形式，是人们进行创造活动的出发点和内在动力；是创造性思维和创造力的前提。创新意识包括创造动机、创造兴趣、创造情感和创造意志。

创新意识是决定一个国家、民族创新能力最直接的精神力量。在今天，创新能力实际就是国家、民族发展能力的代名词，是一个国家和民族解决自身生存、发展问题能力大小的最客观和最重要的标志。所以，我们说创新意识促成社会多种因素的变化，推动社会的全面进步。创新意识根源于社会生产方式，它的形成和发展必然进一步推动社会生产方式的进步，从而带动经济的飞速发展，促进上层建筑的进步。创新意识进一步推动人的思想解放，有利于人们形成开拓意识、领先意识等先进观念；创新意识会促进社会政治向更加民主、宽容的方向发展，这是创新发展需要的基本社会条件。这些条件反过来又促进创新意识的扩展，更有利于创新活动的进行。同时，创新意识能促成人才素质结构的变化，提升人的本质力量。创新实质上确定了一种新的人才标准，它代表着人才素质变化的性质和方向，它输出着一种重要的信息：社会需要充满生机和活力的人、有开拓精神的人、有新思想道德素质和现代科学文化素质的人。它客观上引导人们朝这个目标提高自己的素质，使人的本质力量在更高的层次上得以确证。它激发人的主体性、能动性、创造性的进一步发挥，从而使创业者自身的内涵获得极大丰富和扩展。

（四）创新能力

创新能力是创业的灵魂，也是创业者在激烈的竞争中获胜的关键。创新能力是指一种能够顺利实现创业目标的能力，是高层次的综合职业能力，是带有创新特征的能力，是成功创业者最重要的能力要求之一。一个成功的创业者要不断地将新思想、新技术、新制度和新方法运用到企业中，积极开拓，勇于创新。

创新能力是动物本能，也是人类各种能力的其中一种能力的诠释或代称，如果将人类的各种能力分级的话，那么创新能力是各种能力中的最高级别。创新能力，是由创新和能力两个名词共同构成，而创新是指：以现有的思维模式提出有别于常规或常人思路的见解为导向，利用现有的知识和物质，在特定的环境中，本着理想化需要或为满足社会需求，而改进或创造新的事物，并能获得一定有益效果的行为。

在科学技术飞速发展的今天，创新意识和创新能力越来越成为一个国家国际竞争力和国际地位的最重要的决定因素。改革开放以来，我国创新能力有了很大提高，少数科学研究和技术创新在世界上也占有一席之地。但无可置疑的现实是，我国创新能力和国际先进水平的差距较大。根据近些年的有关分析数据，中国在 49 个主要国家中，科技创新综合能力处于第 28 位，也就是中等偏下的水平。如果中国 2020 年要进入创新型国家行列，意味着要从当前的水平再前进 10 位，进入世界前 20 位。21 世纪，中国的科技人力资源达到 3850 万人，名列世界第一；研发人员 109 万人，名列世界第二。这是中国进入创新型国家行列的、任何国家无法比拟的最宝贵的资源。

（五）风险决策能力和抗压能力

创业者同时是一名决策者，必须对企业所处的环境、经营方针有敏锐的观察力，同时具备制定战略的能力。创业的风险要高于就业，创业者必须承担创业过程中所面临的各种风险和压力。抗压能力就是在外界压力下处理事务的能力。其根源其实还是处理事务的能力，只不过外界环境或者条件不同。所以问题的关键还是在做事。

（六）学习能力

创业者必须具备很强的学习能力，不断去适应新环境和新形势的变化，主动更新原有的专业知识和技能，综合运用各学科的知识。在《能力的内涵》一文中，将"能力"区分为"学习能力""执行能力"与"专业知识"三类，其中，尤以学习能力为其他能力之基础。因为学习能力就是学习的方法与技巧（并非是学到什么东西），有了这样的方法与技巧，学习到知识后，就形成专业知识；学习到如何执行的方法与技巧，就形成执行能力。所以说学习能力是所有能力的基础。

（七）组织管理能力和协调能力

创业者承担着领导一个企业的重任，必须重视经营和管理，要能够有效地保障企业的正常运作，学会组织机构的完善，学会整合各种资源，协调各种关系。对于企业来说，组织管理能力是指开展组织工作的能力，是指公司在与竞争对手投入相同的情况下，具有以更高的生产效率或更高质量，将其各种要素投入转化为产品或服务的能力。组织管理能力包括企业所拥有的一组反映效率和效果的能力，这些能力可以体现在公司从产品开发到营销再到生产的任何活动中。精心培养的组织能力可以成为竞争优势的一个来源。

协调能力是指决策过程中的协调指挥才能。决策的领导者应该懂得一套科学的组织设计原则。应该熟悉并善于运用各种组织形式，还应该善于用权，能够指挥自如，控制有方，协调人力、物力、财力，以获得最佳效果。协调能力包括人际沟通能力、员工激励能力和人际交往能力。

（1）有效的人际沟通能力　是指创业者通过各种语言或其他媒介向他人传达某种信息，以有效地使他人获得理解，促进经营管理活动顺利地进行。创业者在经营管理活动中必须及时向下属、同层次人员、上级或其他人员传达信息。要使对方理解其信息，促进双方的协调就必须进行有效的沟通。

（2）高超的员工激励能力　创业者要善于利用各种手段激励员工，以激发员工的积极性、主动性和创造性。对此，创业者必须把握以下几个方面：一是创业者对其下属的不同需要和价值取向必须具有敏感性；二是创业者必须努力增加下属员工的"努力工作可以产生好绩效"的期望；三是创业者必须保证下属员工感到组织的公平对待；四是创业者要善于鼓励下属员工设立具体的有挑战性的现实合理的绩效目标。

（3）良好的人际交往能力　是指创业者在人际交往中以各种技能来建立良好的人际关系，即"为我所用"的能力。譬如如何与下属或上司建立良好的同事关系等。

创业者的人际交往能力是有效经营管理的前提条件。作为人际交往能力的重要部分，积极倾听、有效反馈、训导、解决冲突和谈判都是企业经营管理所应具备的技能。

（八）良好的心理素质

创业者承担着重任和重压，学会整合各种资源，协调各种关系。一定要学会面对挫折不消极悲观，面对成功不沾沾自喜。心理素质是人的整体素质的组成部分。以自然素质为基础，在后天环境、教育、实践活动等因素的影响下逐步发生、发展起来的。心理素质是先天和后天的表现。从心理学角度讲：心理素质包括情感、信心、意志力和韧性等。

1. 心理潜能　每个人生来都具有一定的潜能；每个人都亟欲把自己的潜能发挥出来或得到实现；每个人只要自己努力都可以充分发挥或实现自己的潜能。潜能并不神秘，它是人的心理素质乃至社会素质赖以形成与发展的前提条件或某种可能性。或者说，正因为人具有一定的潜能，所以就能把他们培养成为真正的人。

2. 心理能量　亦称心理力量或心理能力，也可简称为能或力。世界上的万事万物（包括精神）都有一定的能量，即都是有"力"的。人也是如此，"人生莫不有力"（《论衡·效力》），可称之为人力。人是一个系统，是由身体系统与心理系统构成的，而这两个子系统也是有力（能量）的，前者为体力即身体之能力，后者为心力即精神之能力。这种心理能量乃是人的心理素质的体现，也是用意识来调节的能量作用，其大小强弱也能够反映出一个人的心理素质水平。

3. 心理特点　特点、特性、特征、属性等是一回事，都是指事物本身所固有的某种东西。人的心理活动总具有自己的特点，可以把它归结为六对：客观性与主观性的统一、受动性与能动性的统一、自然性与社会性的统一、共同性与差别性的统一、质量与数量的统一、时空性与超时空性的统一、人的各种心理现象也具有各自的特点，如感知的直接性与具体性，思维的间接性与概括性，情感的波动性与感染性，意志的目的性与调控性，等等。心理特点也是心理素质的具体标志。

4. 心理品质　心理品质与心理特点有联系，但二者也有区别，不能混为一谈。它并非心理活动本身所固有，而是后天习得的。品质有两个方面的涵义：一是个别差异，即人与人之间各具有不同水平的心理品质；一是培养标准，即要求人们的心理所应当达到的水平。几乎每一种心理现象都具有一定的品质，如记忆的敏捷性、持久性、准确性、备用性，思维的灵活性、深刻性、独立性、批判性，情感的倾向性、多样性、固定性、功效性，意志的自觉性、果断性、坚持性、自制性，等等。心理品质的优劣最能表现出人的心理素质的水平。

5. 心理行为　人们无论简单的行为还是复杂的行为，归根结底都受人的心理支配，都是人的心理的外部表现。因此，从这个意义上说，人的一切行为都可以称为心理行为。这种心理行为是心理素质的标志，通过它可以检验心理素质水平的高低。而且，前述心理素质的四个组成因素如心理潜能、能量、特点、品质等，也都会明显地或不明显地在行为上反映出来。可见，心理行为是构成心理素质的一个重要成分。

由上所述，创业者应具备心理潜能、心理能量、心理特点、心理品质与心理行为的有机结合，称为心理素质。而这五个方面又都蕴含在智力因素与非智力因素之中。也就是说，所谓培养心理素质，就是要发挥、发展、培养、提高、训练智力与非智力因素的潜能、能量、特点、品质与行为。

三、高等职业院校学生创业的优势

（一）年轻人敢想敢干，适合创业

高等职业院校毕业生年龄一般在17至20岁之间，精力充沛，具有好动、好胜和好奇等特点，有利于创业活动。古往今来，不少青年人凭借"初生牛犊不怕虎"的精神，大胆创新，勇于实践，取得了事业的成功。当今时代的高等职业院校学生被成为"具有创业精神的一代人"，这个时代是创业的时代，是青年人发展的时代。

（二）学校坚持以就业为导向，积极开展就业和创业指导

职业教育的特色之一就是面向新兴的产业和现代服务业培养实用型的人才，高等职业院校积极开展就业指导工作，十分重视学生动手能力的培养，以就业为导向，不断改革教学方法，创新人才培养模式，为毕业生创业奠定了一定的基础。

（三）我国经济社会的发展，对技能型人才的需求空间大

我国工业化进入新阶段，由于产业结构调整，对专业人才有了新的需求，包括类似需求、层次需求和数量需求。在劳动力市场上，大量技术工人和高级技术工人短缺，为毕业生的就业和创业提供了很大的空间。

（四）国家为创业提供了广阔的天地

进入 21 世纪以来，我国政府将改善创业环境和增加就业岗位作为重要职责，为高等职业院校学生开展创业活动创造了难得的机遇。

1. 第三产业是创业的主攻方向　目前，我国正在采取各种优惠政策培育第三产业、个体私营以及中小企业，吸纳大量的劳动力，形成新的经济增长点，高等职业院校学生要抓住大好机遇，积极创业。

2. 小企业是创业的主要场所　小企业是我国经济心的增产点，成为增加就业岗位、促进就业的重要渠道。

3. 非公有制企业是创业的新天地　国家明确指出，要全面落实科学发展观，鼓励、支持、引导非公有制经济发展。

4. 社区服务业商机无限　随着我国城市化进程的推进，居民对社区的依赖不断增强，对社区服务的需求越来越多、越来越高，为社区服务业提供了发展机遇。我国社区服务业从业人员的比例较发达国家还有很大差距，发展潜力十分巨大，毕业生要抓住机遇，选对路子，大胆实践，一定会收到事半功倍的效果。

5. 护理人才短缺　我国护理事业发展规划纲要中明确指出，下一步工作的具体目标就是增加临床一线护士的总量，提高护士队伍整体素质。发展社区护理，拓展护理服务，发展中医护理，加强护理领域的国际交流与合作。

创业不是蛮干，不能看见别人成功，就幻想自己也能成功，必须对自己有充分的了解。了解自己的爱好、特长、性格和职业能力，在实践中不断弥补自己的不足，积极准备，大胆创业。

四、对大学生创新创业的几点建议

（一）理想创业

目前，我国的人才观念一直落后于社会发展，企业家的价值还未被社会"完全肯定"，特别是对自主创业而致富的民营企业家的认可程度并不高。因此，在就业多元化成为社会发展的必然趋势的情况下，社会特别是高校应当及时转变人才培养观念，树立正确的人才观，倡导人生价值观的多元性，科学家、企业家和政治家等对国家和民族具有同样的价值体现，鼓励大学生通过自主创业来实现人生的价值和梦想。大学生应响应国家的号召，用自己的知识、青春和热情，把创业作为人生成功的重要途径，通过自主创业实现自己的理想，体现自己的人生价值，实现精神与物质财富的双丰收，为国家经济的发展和民族的进步贡献自己的力量。

（二）知识创业

知识是创业的财富，信息是创业的钥匙。大学生创业需要热情、激情，但更需要知识、能力和资本，中外大学生运用知识创造财富的例子比比皆是，靠运气和敢闯敢干创富的传统时代已经过去，我们已经进入了一个靠创新和知识创意的新时代。因此，认同大学生休学创业，不鼓励大学生放弃学业去创业，更不鼓励大学生辍学去创业，因为一个创业的大学生要带领企业最终走向成功和辉煌，需要资本即资金更需要知识即学识，如果说资本是取得一时成功的要素，那么知识才是取得一生成功的关键。

（三）阳光创业

对新时代的大学生创业者来说，在为自己赢得财富的同时应主动承担相应的社会责任，积极倡导大学生树立合法创业的观念，成为"阳光创富"的倡导者和引导者。应当不断学习各种知识，提高自身的素质，树立正确的创业观和财富观，树立科学经营的理念和强烈的社会责任意识，在新的制度下合法与合理地创造财富，同时健康地使用财富，让创业在阳光下运行，让财富在阳光下聚集，这样的财富才能得到法律保护。

（四）诚信创业

做人讲诚信，做事讲诚信，经营企业更要讲诚信，诚信经营是企业长久生存与发展的根本，对于刚刚创业的大学生更要切记诚信的重要性，要充分认识到"经营企业、诚信为本"的内涵。初涉创业的大学生，用诚信走好人生的第一步创业路非常关键和重要，我们说创业路上"失败可以再来"，但是在创业路上"不诚信的污点"可能一辈子都难以抹去。

（五）团队创业

统计显示，世界发达国家大学生创业比例是 20% ~ 30%，而我国大学生创业的比例不足 1%。目前我国大学生创业面临的最大困难是缺少资金和经验，能力不足，缺少人脉等，这也是直接导致大学生创业成功率极低的"三大杀手"。如何挖掘我国大学生自主创业的潜力是创业研究者需要探讨的话题，俗话说"三个臭皮匠顶个诸葛亮"，团结就是力量，团队就是力量。因此大学生创业者不妨选择有共同创业意愿的人组成团队来创业，创业成员的能力和资源尽量互补，既要取长补短，更要扬长避短，相对于个人独立创业来讲，一个具有高度凝聚力、团结、能力互补的创业团队创业成功的概率将大大提升。

（六）理性创业

虽然大学生创业有很多优势存在，但也存在很多不足之处，所以在鼓励大学生创业的同时，更希望大学生理性创业。大学生创业者要合理利用家庭的良好影响，更要注重平时经商经验的积累。只有创业所需的各种条件都具备的时候，采取实施。理性选择创业目标，明晰划分目标市场，坚持脚踏实地，切记好高骛远；鼓励埋头苦干，杜绝一切"一夜暴富"空想。大学生创业者要客观理性创业，而不要一时冲动地盲目创业，要脚踏实地一步一个脚印。而对于有工作经历后重新走上创业之路的大学生而言，在创业项目和时机的选择上相对在读的大学生应该更具理性，更务实。当然，拥有理想和务实态度，并非要抹杀创业的激情和创富的冲动，而是要把四者有机地结合起来，实现"激情成为创业成功的持续动力，理性成为创业的安全保障"。

❀ **学生活动**

要求每个同学结合自己的实际情况，分析自身的优、缺点，设计一份自己的创业计划。

目标检测

一、单项选择题

1. 下列哪项不是创新能力（　）

    A. 学习能力   B. 分析能力

    C. 综合能力和想象力   D. 睡眠能力

2. 下列选项中，不属于良好心理素质内容的是（　）

    A. 意志   B. 情绪情感   C. 性格   D. 气质

3. 下列哪项不是政治主体所具有的政治观察力（　）

    A. 政治认知   B. 政治信仰   C. 政治斗争   D. 政治态度

4. 下列哪项不是创业的特点（　）

    A. 利益性   B. 风险性   C. 自主性   D. 散漫性

5. 下列哪项不是创业的积极意义（　）

    A. 创业是就业的一种新模式   B. 创业有可能浪费社会资源

    C. 创业可以实现人生价值   D. 创业可以为社会积累财富

6. 下列哪项不是当代大学生创业的困难（　）

    A. 太年轻   B. 创业知识不足

    C. 创新意识待提升   D. 资金短缺

二、多项选择题

1. 创新素质应包括（　）

    A. 创新品质   B. 创新思维   C. 创新能力   D. 创新课程

2. 法律素养包含哪些层次的内容（　）

    A. 法律知识   B. 法律意识   C. 法律观念   D. 法律信仰

3. 创业要素包括的内容是多方面的，主要由（　）等资源组成

    A. 创业者   B. 资本   C. 技术   D. 市场

三、填空题

1. 政治观察力是指政治主体所具有的政治认知、政治态度和＿＿＿＿＿，它包括民族和个人的政治心理（政治文化）的能力。

2. 创业要素主要由＿＿＿＿＿、资本、技术及市场等资源组成。

3. 创新能力是创业的＿＿＿＿＿，也是创业者在激烈的竞争中获胜的关键。

4. 创新意识是指善于发现并提出＿＿＿＿＿，具有强烈的"问题意识"

四、名词解释

1. 文化素质

2. 政治观察力

3. 创业要素

4. 创新能力

5. 法律素养

五、思考题

1. 创业需具备哪些能力与素质？
2. 怎样理解创新能力？

书网融合……

本章小结

第十一章 创业形势政策与赛事锻炼

PPT

情境导入

    情境描述   2015年6月8日，是泉州师范学院软件学院毕业典礼的日子，数字媒体学院动漫设计与制作专业的应届毕业生李铮，用赚下的百万身家为自己交上了一份圆满的毕业答卷。他的这笔财富是在不到1年的时间内创业得来的。刚刚22岁的他，靠大三自主创业的1年打下江山，已是厦门两家智能手机体验店的老板，日销售额达4万元，身家超过百万元。而现在，他正酝酿着开第三家、第四家，未来还要打造厦门智能手机体验店的航母。

    讨论   1. 你认为创业成功需要具备哪些要素？

          2. 李铮创业成功给我们什么启示？

第一节 创业形势

    就业是民生之本，创业是就业之源。高校毕业生是国家宝贵的人才资源，是贯彻和实施创新驱动战略，推进"大众创业，万众创新"的生力军。

一、国内创业形势

    高校毕业生目前所面临的创业形势严峻复杂、不容乐观。高校毕业生创业与国内就业环境密切相关。尤其是随着我国高等教育的快速发展，高等教育招生规模不断扩张，就业人数逐年上升，供给侧结构性矛盾突出，外部经济环境也影响着高校毕业生创业。

（一）创业意识有待提高

    国务院发布的相关文件将之称为"敢为人先"，追求创新、百折不挠。但是在大学生、下岗职工以及农民工群体中，希望创业、敢于创业、乐于创业的人比例偏少。在宏观方面，国家应该通过布署创新创业战略，并与小微公司的培育相结合，通过共享经济等新兴业态，促进科技与创业两端同时发力，进行提前布署和进程中的实时监测，制定人力资源计划，使就业健康可持续发展，构建较为完备的政策体系和创新创业教育体系。

（二）创业融资渠道不畅

    根据相关资料显示，我国创业人员对本国的融资环境满意度在30%左右，企业成立时的注册资本主要来源于合伙集资、个人资金、家人和亲戚，创业者对风险投资和银行贷款的满意度不超过 30%，主要问题有成本过高、手续复杂、条件苛刻等。2016 年的调查报告显示，我国青年创业者的资金主要有 3 个来源：朋友占 36%、家庭占 34.6%、亲戚占 16.3%。目前小额贷款因担保受限而惠及面较窄，导致创业者与政府政策的设计不能很好地在这个方面与市场匹配。依据诺贝尔奖获得者埃尔文·E·罗斯在《共享经济》中所论述的市场设计及其应用，就要考虑如何进行有效的设计，实现公平、以人为本，防止这个市场的进入者过于稀少。

（三）创业成本普遍偏高

创业初期的成本会影响创业的活跃度，高昂的人力成本、超载的税负、复杂的规章制度、较高的开业资金都会增加创业难度。自 2003 年起，全球创业观察对中国进行跟踪研究，发现居高不下的创业成本成为一直阻碍中国成为创业大国的软肋。在我国风险承受能力弱的劳动者人群主要来自刚毕业的大学生、城市下岗失业职工及农民工。随着创业成本的上升，加之创业过程中的风险，就有可能使他们的创业活动无法继续下去。

（四）创业环境有待改善

2014 年发布的《全球创业观察中国报告：创业环境与政策》指出，创业环境有 9 个衡量指标，分别是政府政策、教育和培训、政府项目、金融支持、商业环境、基础设施、市场开放程度、研究开发转移、文化和社会规范。中国的创业环境在所有 69 个国家创业环境中排名第 36 位。从推动更多创业活动发生、降低风险、提高收益的角度来说，中国目前的创业环境在不断地改善。

（五）创业能力有待提升

根据相关数据调查显示，当前我国大学生创业成功率最高的省份为浙江，成功率达到 4%，中国大学生创业的成功率仅为 2%，而欧洲和美国的大学生创业的成功率达到了 20%，两者相比差距巨大。我国大学生创业成功率偏低是一个不争的事实。调研发现，创业者拥有的技能优势分别为商业眼光（26.36%）、人脉资源（18.46%）、核心技术（33.74%）、行业运作（11.59%）等。毕业即创业的比例为 4.31%，创业前没有职业的比例为 4.99%。创业者经验获取的主要途径是行业沉浸（46.92%）和创业实践（37.97%），见表 11 - 1。

表 11 - 1　创业者技能优势及所占比例

技能优势	比例	技能优势	比例
商业眼光	26.36%	行业运作	11.59%
核心技术	33.74%	其他	9.85%
人脉资源	18.46%		

二、经济形势分析

（一）国内经济下行压力变大，部分行业产能严重过剩

受到全球经济增长乏力的影响，我国经济也面临诸多矛盾和困难。楼市高库存已经成为当前中国经济的一个痛点。部分产能过剩行业，比如资源类普遍陷入困境，增速出现大幅下降，钢铁、水泥、煤炭等许多行业都在为产能过剩而苦恼。据报道，北京、天津、山东、河北等省市，因产能过剩，制造业普遍出现利润下滑甚至亏损，部分企业甚至出现裁员或者被迫停工现象。辽宁、山西等资源类、重化工业大省下行压力较大，增速低于 3%，省内部分地市甚至出现负增长，情况极不乐观。经济下行、产能过剩，导致钢铁、冶金、矿业、建筑等行业对高校毕业生有效需求减少，导致石化、石油、建材等行业用工不旺，导致电力、互联网等企业用工紧缩，导致产业吸纳能力总体偏弱，从而给就业创业带来巨大

压力。

（二）全球经济增长势头减缓，增长动力缺乏

2016 年全球经济始终在弱势复苏中艰难徘徊，经济总体增长势头较弱。世界经济增速格局继续分化，发达经济体增速继续回升，回升势头有所减缓，新兴市场与发展中经济体增速加速下滑，全球经济增长率较前一年有所下降，增长动力依旧不足，世界经济复苏之路曲折漫长。全球能源及原材料需求断档式下滑，原油、金属、铁矿等几乎所有大宗商品价格持续低迷，全球物价水平增速下行，部分经济体面临通缩压力，通货紧缩风险变大，国际贸易从低速增长变为负增长，金融市场波动剧烈，全球总债务水平持续增高，处于历史高位，全球金融稳定风险加大，全球经济复苏步伐普遍低于预期。

三、毕业生自主创业

深化高校就业创业教育改革，是解决"培养什么人，怎样培养人"这一根本问题的重要任务，是促进高校毕业生更高质量就业创业的重要举措。

（1）高校要采用系统培养，打造创业教育新模式。让创业成为学生有远见的生活方式，逐步构建和完善市场导向的创业课程体系，制定创业学分转换休学创业等具体办法，细化学生管理规定，完善个性化培养方案，创造有利于学生创业的政策环境。建设创业孵化新平台统筹资源，通过校内互动、校政携手和校企合作深度扶持学生自主创业。

（2）加大创业场地建设和资金投入，建设大学科技园、大学生创业园、大学生创业孵化基地等创业平台。建设大学生校外实践教育基地，为大学生创业提供充足的空间舞台和多渠道筹措资金，广泛吸引金融机构、社会组织、行业协会和企事业单位为大学生自主创业提供资金支持，千方百计解决制约大学生创业资金短缺和场地不足等突出问题。厚植土壤，造就创业人才培养新环境。

（3）坚持科研平台与教学平台相结合，科学研究与教学实践相结合，科学精神与人文情怀相结合。学校各级各类实验室面向全部学生开放，实施学生导师制，组建学生科技创新梯队，使学生真正融入导师科技创新团队。

（4）落实政策，提升创业服务新水平。高校要进一步实施好大学生创业引领计划，积极会同教育部、财政部、人力资源和社会保障部等部门逐条落实创业优惠政策，加强大学生创业指导服务机构建设，配齐配强专业教师队伍，实现创业导师专业化，专家化。优化升级大学生创业服务网功能，建立创业信息服务平台，根据大学生创业不同阶段和不同需求，提供有针对性的指导服务，努力做到创业指导服务"零成本"管家式定制化。

第二节　创业政策

一、国家对于就业创业的政策文件

1.《国务院关于进一步做好新形势下就业创业工作的意见》（国发〔2015〕23 号）

（1）支持创业担保贷款发展　将小额担保贷款调整为创业担保贷款，针对有创业要求、具备一定创业条件但缺乏创业资金的就业重点群体和困难人员，提高其金融服务可获得性，明确支持对象、标准和条件，贷款最高额度由针对不同群体的 5 万元、8 万元、10 万元不等统一调整为 10 万元。鼓励金融机构参照贷款基础利率，结合风险分担情况，合理确定贷款利率水平，对个人发放的创业担保贷款，在贷款基础利率基础上上浮 3 个百分点以内的，由财政给予贴息。简化程序，细化措施，健全贷款发放考核办法和财政贴息资金规范管理约束机制，提高代偿效率，完善担保基金呆坏账核销办法。

（2）调动科研人员创业积极性　探索高校、科研院所等事业单位专业技术人员在职创业、离岗创业有关政策。对于离岗创业的，经原单位同意，可在3年内保留人事关系，与原单位其他在岗人员同等享有参加职称评聘、岗位等级晋升和社会保险等方面的权利。原单位应当根据专业技术人员创业的实际情况，与其签订或变更聘用合同，明确权利义务。加快推进中央级事业单位科技成果使用、处置和收益管理改革试点政策推广。鼓励利用财政性资金设立的科研机构、普通高校、职业院校，通过合作实施、转让、许可和投资等方式，向高校毕业生创设的小微企业优先转移科技成果。完善科技人员创业股权激励政策，放宽股权奖励、股权出售的企业设立年限和盈利水平限制。

（3）鼓励农村劳动力创业　支持农民工返乡创业，发展农民合作社、家庭农场等新型农业经营主体，落实定向减税和普遍性降费政策。依托现有各类园区等存量资源，整合创建一批农民工返乡创业园，强化财政扶持和金融服务。将农民创业与发展县域经济结合起来，大力发展农产品加工、休闲农业、乡村旅游、农村服务业等劳动密集型产业项目，促进农村一二三产业融合。依托基层就业和社会保障服务设施等公共平台，提供创业指导和服务。鼓励各类企业和社会机构利用现有资源，搭建一批农业创业创新示范基地和见习基地，培训一批农民创业创新辅导员。支持农民网上创业，大力发展"互联网＋"和电子商务，积极组织创新创业农民与企业、小康村、市场和园区对接，推进农村青年创业富民行动。

2. 《国务院办公厅关于做好2014年全国普通高等学校毕业生就业创业工作的通知》

2014～2017年，在全国范围内实施大学生创业引领计划。通过提供创业服务，落实创业扶持政策，提升创业能力，帮助和扶持更多高校毕业生自主创业，逐步提高高校毕业生创业比例。各地要采取措施，确保符合条件的高校毕业生都能得到创业指导、创业培训、工商登记、融资服务、税收优惠、场地扶持等各项服务和政策优惠。各高校要广泛开展创新创业教育，将创业教育课程纳入学分管理，有关部门要研发适合高校毕业生特点的创业培训课程，根据需求开展创业培训，提升高校毕业生创业意识和创业能力。各地公共就业人才服务机构要为自主创业的高校毕业生做好人事代理、档案保管、社会保险办理和接续、职称评定、权益保障等服务。

各地区、各有关部门要进一步落实和完善工商登记、场地支持、税费减免等各项创业扶持政策。拓宽高校毕业生创办企业出资方式，简化工商注册登记手续。鼓励各地充分利用现有资源建设大学生创业园、创业孵化基地和小企业创业基地，为高校毕业生提供创业经营场所支持。对高校毕业生创办的小型微型企业，按规定落实好减半征收企业所得税、月销售额不超过2万元的暂免征收增值税和营业税等税收优惠政策。对从事个体经营的高校毕业生和毕业年度内的高校毕业生，按规定享受相关税收优惠政策。留学回国的高校毕业生自主创业，符合条件的，可享受现行高校毕业生创业扶持政策。

各银行业金融机构要积极探索和创新符合高校毕业生创业实际需求特点的金融产品和服务方式，本着风险可控和方便高校毕业生享受政策的原则，降低贷款门槛，优化贷款审批流程，提升贷款审批效率。要通过进一步完善抵押、质押、联保、保证和信用贷款等多种方式，多途径为高校毕业生解决反担保难问题，切实落实银行贷款和财政贴息。在电子商务网络平台开办"网店"的高校毕业生，可享受小额担保贷款和贴息政策。充分发挥中小企业发展专项资金的积极作用，推动改善创业环境。鼓励企业、行业协会、群团组织、天使投资人等以多种方式向自主创业大学生提供资金支持，设立重点面向扶持高校毕业生创业的天使投资和创业投资基金。对支持创业早期企业的投资，符合条件的，可享受创业投资企业相关企业所得税优惠政策。

💡 **素质提升**

夏末秋初，正是瓜果上市的好时节。随着市民生活水平的提高，水果在绝大多数的家庭里已经不可或缺。如今，在"O2O"商业模式的席卷下，手机下单、电脑下单，在家收货成为越来越多市民购买水果的首选。

大学生宁某也和同伴一起加入到了"O2O卖水果"的创业大军。他们创办的电商平台"果乐乐"，通过网站和微信公众号接受订单，每天营业额最高超过千元。与几乎所有电子商务模式一样，宁某的"果乐乐"也依赖风险投资的支持。宁某说，他们会尽全力坚持自己的梦想——把水果"卖"到纳斯达克。

3.《国务院办公厅关于发展众创空间推进大众创新创业的指导意见》（国办发〔2015〕9号）

（1）加快构建众创空间　总结推广创客空间、创业咖啡、创新工场等新型孵化模式，充分利用国家自主创新示范区、国家高新技术产业开发区、科技企业孵化器、小企业创业基地、大学科技园和高校、科研院所的有利条件，发挥行业领军企业、创业投资机构、社会组织等社会力量的主力军作用，构建一批低成本、便利化、全要素、开放式的众创空间。发挥政策集成和协同效应，实现创新与创业相结合、线上与线下相结合、孵化与投资相结合，为广大创新创业者提供良好的工作空间、网络空间、社交空间和资源共享空间。

（2）降低创新创业门槛　深化商事制度改革，针对众创空间等新型孵化机构集中办公等特点，鼓励各地结合实际，简化住所登记手续，采取一站式窗口、网上申报、多证联办等措施为创业企业工商注册提供便利。有条件的地方政府可对众创空间等新型孵化机构的房租、宽带接入费用和用于创业服务的公共软件、开发工具给予适当财政补贴，鼓励众创空间为创业者提供免费高带宽互联网接入服务。

（3）鼓励科技人员和大学生创业　加快推进中央级事业单位科技成果使用、处置和收益管理改革试点，完善科技人员创业股权激励机制。推进实施大学生创业引领计划，鼓励高校开发开设创新创业教育课程，建立健全大学生创业指导服务专门机构，加强大学生创业培训，整合发展国家和省级高校毕业生就业创业基金，为大学生创业提供场所、公共服务和资金支持，以创业带动就业。

（4）支持创新创业公共服务　综合运用政府购买服务、无偿资助、业务奖励等方式，支持中小企业公共服务平台和服务机构建设，为中小企业提供全方位专业化优质服务，支持服务机构为初创企业提供法律、知识产权、财务、咨询、检验检测认证和技术转移等服务，促进科技基础条件平台开放共享。加强电子商务基础建设，为创新创业搭建高效便利的服务平台，提高小微企业市场竞争力。完善专利审查快速通道，对小微企业亟需获得授权的核心专利申请予以优先审查。

（5）加强财政资金引导　通过中小企业发展专项资金，运用阶段参股、风险补助和投资保障等方式，引导创业投资机构投资于初创期科技型中小企业。发挥国家新兴产业创业投资引导基金对社会资本的带动作用，重点支持战略性新兴产业和高技术产业早中期、初创期创新型企业发展。发挥国家科技成果转化引导基金作用，综合运用设立创业投资子基金、贷款风险补偿、绩效奖励等方式，促进科技成果转移转化。发挥财政资金杠杆作用，通过市场机制引导社会资金和金融资本支持创业活动。发挥财税政策作用支持天使投资、创业投资发展，培育发展天使投资群体，推动大众创新创业。

（6）完善创业投融资机制　发挥多层次资本市场作用，为创新型企业提供综合金融服务。开展互联网股权众筹融资试点，增强众筹对大众创新创业的服务能力。规范和发展服务小微企业的区域性股权市场，促进科技初创企业融资，完善创业投资、天使投资退出和流转机制。鼓励银行业金融机构新设或改造部分分（支）行，作为从事科技型中小企业金融服务的专业或特色分（支）行，提供科技融资担保、知识产权质押、股权质押等方式的金融服务。

（7）丰富创新创业活动　鼓励社会力量围绕大众创业、万众创新组织开展各类公益活动。继续办好中国创新创业大赛、中国农业科技创新创业大赛等赛事活动，积极支持参与国际创新创业大赛，为投资机构与创新创业者提供对接平台。建立健全创业辅导制度，培育一批专业创业辅导师，鼓励拥有丰富经验和创业资源的企业家、天使投资人和专家学者担任创业导师或组成辅导团队。鼓励大企业建立服务大众创业的开放创新平台，支持社会力量举办创业沙龙、创业大讲堂、创业训练营等创业培训活动。

（8）营造创新创业文化氛围　积极倡导敢为人先、宽容失败的创新文化，树立崇尚创新、创业致富的价值导向，大力培育企业家精神和创客文化，将奇思妙想、创新创意转化为实实在在的创业活动。加强各类媒体对大众创新创业的新闻宣传和舆论引导，报道一批创新创业先进事迹，树立一批创新创业典型人物，让"大众创业，万众创新"在全社会蔚然成风。

4.《普通高校学生自主创业政策公告》（2022）

（1）税收优惠政策

1）持人社部门核发《就业创业证》的高校毕业生在毕业年度内创办个体工商户的，可按规定在3年内以每户每年12000元为限额（最高可上浮20%，具体由各省、自治区、直辖市人民政府根据本地区实际情况确定）依次扣减其当年实际应缴纳的增值税、城市维护建设税、教育费附加、地方教育附加和个人所得税。

2）对高校毕业生创办小微企业的，可按规定享受小微企业普惠性税费政策；创办个体工商户的，对其年应纳税所得额不超过100万元的部分，在现行优惠政策基础上减半征收个人所得税。

（2）担保贷款和贴息政策

1）创业担保贷款和贴息支持　可在创业地申请创业担保贷款，最高贷款额度为20万，对符合条件的个人合伙创业的，可根据合伙创业人数适当提高贷款额度，最高不超过总额的10%。对10万元及以下贷款、获得设区的市级以上荣誉的高校毕业生创业者免除反担保要求；对高校毕业生设立的符合条件的小微企业，最高贷款额度提高至300万元，财政按规定给予贴息。

2）创业担保贷款申请程序　申请创业担保贷款贴息支持的个人和小微企业应向当地人力资源社会保障部门申请资格审核，通过资格审核的个人和小微企业，向当地创业担保贷款担保基金运营管理机构和经办银行提交担保和贷款申请，符合相关担保和贷款条件的，与经办银行签订创业担保贷款合同。

（3）资金扶持政策

1）免收有关行政事业性收费　毕业2年以内的普通高校毕业生从事个体经营的，3年内，免收管理类、登记类和证照类等有关行政事业性收费。

2）求职创业补贴　对在毕业学年有就业创业意愿并积极求职创业的低保家庭、贫困残疾人家庭、原建档立卡贫困家庭和特困人员中的高校毕业生，残疾及获得国家助学贷款的高校毕业生，给予一次性求职创业补贴。

3）一次性创业补贴　对首次创办小微企业或从事个体经营，且所创办企业或个体工商户自工商登记注册之日起正常运营1年以上的离校2年内高校毕业生，试点给予一次性创业补贴。

4）享受培训补贴　对大学生在毕业年度内参加创业培训的，按规定给予培训补贴。

（4）工商登记政策　简化注册登记手续：创办企业，只需填写"一张表格"，向"一个窗口"提交"一套材料"，登记部门直接核发加载统一社会信用代码的营业执照，"多证合一"。

（5）户籍政策　取消落户限制：高校毕业生可在创业地办理落户手续（直辖市有关规定执行）。

（6）创业服务政策

1）免费创业服务　可免费获得公共就业和人才服务机构提供的创业指导服务。

2）技术创新服务 各地区、各高校和科研院所的实验室以及科研仪器、设施等科技创新资源可以面向大学生开放共享，提供低价、优质的专业服务。

3）创业场地服务 鼓励各类孵化器面向大学生创新创业团队开放一定比例的免费孵化空间。政府投资开发的孵化器等创业载体应安排 30% 左右的场地，免费提供给高校毕业生。有条件的地方可对高校毕业生到孵化器创业给予租金补贴。

4）创业保障政策 加大对创业失败大学生的扶持力度，按规定提供就业服务、就业援助和社会救助。毕业后创业的大学生可按规定缴纳"五险一金"。

（7）学籍管理政策

1）折算学分 各高校要设置合理的创新创业学分，建立创新创业学分积累与转换制度，探索将学生开展自主创业等情况折算成学分。

2）弹性学制 学校可以根据情况建立并实行灵活的学习制度，可放宽学生修业年限，保留学籍休学创新创业。

二、高校毕业生就业创业政策解答

（一）高校毕业生自主创业优惠政策

（1）税收优惠 持人力资源和社会保障部门核发《就业创业证》（注明"毕业年度内自主创业税收政策"）的高校毕业生在毕业年度内（指毕业所在自然年，即 1 月 1 日至 12 月 31 日）创办个体工商户、个人独资企业的，3 年内按每户每年 8000 元为限额依次扣减其当年实际应缴纳的营业税、城市维护建设税、教育费附加和个人所得税。对高校毕业生创办的小型微型企业，按国家规定享受相关税收支持政策。

（2）创业担保贷款和贴息支持 对符合条件的高校毕业生自主创业的，可在创业地按规定申请创业担保贷款，贷款额度为 10 万元。鼓励金融机构参照贷款基础利率，结合风险分担情况，合理确定贷款利率水平，对个人发放的创业担保贷款，在贷款基础利率基础上上浮 3 个百分点以内的，由财政给予贴息。

（3）免收有关行政事业性收费 毕业 2 年以内的普通高校毕业生从事个体经营（除国家限制的行业外）的，自其在工商部门首次注册登记之日起 3 年内，免收管理类、登记类和证照类等有关行政事业性收费。

（4）享受培训补贴 对高校毕业生在毕业学年（即从毕业前一年 7 月 1 日起的 12 个月）内参加创业培训的，根据其获得创业培训合格证书或就业、创业情况，按规定给予培训补贴。

（5）免费创业服务 有创业意愿的高校毕业生，可免费获得公共就业和人才服务机构提供的创业指导服务，包括政策咨询、信息服务、项目开发、风险评估、开业指导、融资服务、跟踪扶持等"一条龙"创业服务。各地在充分发挥各类创业孵化基地作用的基础上，因地制宜建设一批大学生创业孵化基地，并给予相关政策扶持。对基地内大学生创业企业要提供培训和指导服务，落实扶持政策，努力提高创业成功率，延长企业存活期。

（6）取消高校毕业生落户限制，允许高校毕业生在创业地办理落户手续（直辖市按有关规定执行）。

（二）大学生创业工商登记的要求

深化商事制度改革，进一步落实注册资本登记制度改革，坚决推行工商营业执照、组织机构代码证、税务登记证"三证合一"，推进"三证合一"登记制度改革意见和统一社会信用代码方案，实现"一照一码"。放宽新注册企业场所登记条件限制，推动"一址多照"、集群注册等，降低大学生创业门槛。

（三）大学生自主创业学籍管理的要求

根据《教育部关于做好 2016 届全国普通高等学校毕业生就业创业工作的通知》（教学〔2015〕12号）文件规定，对有自主创业意愿的大学生，实施弹性学制，放宽学生修业年限，允许调整学业进程、保留学籍休学创新创业。

（四）高校对自主创业大学生提供的条件

（1）学生参加创新创业、社会实践等活动以及发表论文、获得专利授权等与专业学习、学业要求相关的经历、成果，可以折算为学分，计入学业成绩。具体办法由学校规定。学校应当鼓励、支持和指导学生参加社会实践、创新创业活动，可以建立创新创业档案、设置创新创业学分。

（2）学校可以根据情况建立并实行灵活的学习制度。对休学创业的学生，可以单独规定最长学习年限，并简化休学批准程序。

（3）休学创业或退役后复学的学生，因自身情况需要转专业的，学校应当优先考虑。

（4）各地各高校建设一批大学生创业示范基地，继续推动大学科技园、创业园、创业孵化基地和实习实践基地建设，高校应开辟专门场地用于学生创新创业实践活动，教育部工程研究中心、各类实验室、教学仪器设备等原则上都要向学生开放。

（5）各高校要优化经费支出结构，多渠道统筹安排资金，支持创新创业教育教学，资助学生创新创业项目。

（五）高校毕业生提升自主创业的能力

各高校要根据人才培养定位和创新创业教育目标要求，促进专业教育与创新创业教育有机融合，调整专业课程设置，挖掘和充实各类专业课程的创新创业教育资源，在传授专业知识过程中加强创新创业教育。面向全体学生开发开设创新创业必修课和选修课，纳入学分管理。

各地人力资源和社会保障部门已形成一些成熟的创业培训模式，如"GYB"（产生你的企业想法）、"SYB"（创办你的企业）、"IYB"（改善你的企业）。高校毕业生可选择参加创业培训和实训，并可按规定享受培训补贴，以提高创业能力。

（六）高校如何开展创新创业教育

1. 健全创新创业教育课程体系 高校要加快创新创业教育优质课程信息化建设，推出一批资源共享的慕课、视频公开课等在线开放课程。建立在线开放课程学习认证和学分认定制度。组织学科带头人、行业企业优秀人才，联合编写具有科学性、先进性、适用性的创新创业教育重点教材。

2. 改革教学方法和考核方法 高校要广泛开展启发式、讨论式、参与式教学，扩大小班化教学覆盖面，推动教师把国际前沿学术发展、最新研究成果和实践经验融入课堂教学，注重培养学生的批判性和创造性思维，激发创新创业灵感。运用"大数据"技术，掌握不同学生学习需求和规律，为学生自主学习提供更加丰富多样的教育资源。改革考试考核内容和方式，注重考查学生运用知识分析、解决问题的能力，探索非标准答案考试，破除"高分低能"积弊。

3. 强化创新创业实践 高校要加强专业实验室、虚拟仿真实验室、创业实验室和训练中心建设，促进实验教学平台共享。各地区、各高校科技创新资源原则上向全体在校学生开放，开放情况纳入各类研究基地、重点实验室、科技园评估标准。鼓励各地区、各高校充分利用各种资源建设大学科技园、大学生创业园、创业孵化基地和小微企业创业基地，作为创业教育实践平台，建好一批大学生校外实践教育基地、创业示范基地、科技创业实习基地和职业院校实训基地。完善国家、地方、高校三级创新创业实训教学体系，深入实施大学生创新创业训练计划，扩大覆盖面，促进项目落地转化。举办全国大学生创新创业大赛，办好全国职业院校技能大赛，支持举办各类科技创新、创意设计、创业计划等专题竞赛。支持高校学生成立创新创业协会、创业俱乐部等社团，举办创新创业讲座论坛，开展创新创业实践。

第三节　创新创业竞赛锻炼

一、创新创业竞赛的意义与作用

根据国家人才培养计划，创新创业竞赛是实施科教兴国、人才强国的重要举措。通过举办创新创业竞赛，有利于培养学生的社会适应性，教育学生树立终身学习理念，提高学习能力，学会交流沟通和团队协作，提高学生的实践能力、创造能力、就业能力和创业能力；还有利于将学生的专业知识与社会实践相结合从而运用到社会生产实践的各个领域内，创新创业竞赛的开展不仅给生产力的发展提供了不断的动力，还使得科技成果迈向现实生产力有了可能性。

创新创业竞赛作为创新创业教育的一个重要组成部分，发挥着不可替代的重要作用。这具体又体现在以下三方面。

（1）"以赛促学"　打破传统的单一培养应用型人才的教育模式，助力高等教育教学改革，培育一专多能的创新创业型人才。传统的以知识为中心的人才培养观已经不适应未来社会发展的需求，以单一应用技能为核心的人才培养模式也逐步显现其局限性。高质量的创新创业竞赛，本质上创造性地设计了一个近似于真实创业的平台，让不同专业的学生在练习和比赛的过程中，真实地锻炼了平时所学的专业技能与创新创业技能，为一专多能的创新创业型人才培养提供了新思路。创新创业竞赛所体现的"以赛促学"归根到底就是通过比赛构建培养一专多能的创新创业型人才教学平台，推进高等教育教学改革，构建基于专业、融入人才培养全过程、旨向一专多能的创新创业型人才培养模式。

（2）"以赛诊学"　检测创新创业教育的教学质量，以创新创业竞赛促进创新创业教学。创新创业竞赛可以有效地检测当前创新创业教育的教学质量，特别是对当前学生创新创业技能水平的检验应该是不能取代的。创新创业竞赛的举办，还可以发现当前创新创业教育实践教学中存在的问题，并以此作为蓝本推进创新创业教育实践教学方法的改革，全面提高创新创业教育实践教学的效果。

（3）"以赛导学"　引导创业教育从创新创业知识导向过渡到创新创业能力导向。知识是学生发展的基础，但不是教育的终极目的。从知识本位走向能力本位的教育质量观是中国创新创业教育的基本理念。与此同时，创新创业教育又是一种实践性非常强的素质教育。作为一种素质教育，这意味着创新创业教育就不能紧紧地对创新创业知识进行教授和传播，而是要让受教育者知道创新创业活动过程的内在规律以及其中涉及的关键问题，并且对可能遇到的风险和问题进行有效的规避、控制和解决。创新创业竞赛作为创新创业教育重要的组成部分，比赛的导向也决定着教育的导向。

二、国内大学生创新创业竞赛介绍

（一）中国国际"互联网 + "大学生创新创业大赛

1. 大赛简介　中国国际"互联网 + "大学生创新创业大赛由教育部、中央统战部、中央网络安全和信息化委员会办公室、国家发展和改革委员会、工业和信息化部、人力资源社会保障部、农业农村部、中国科学院、中国工程院、国家知识产权局、国务院扶贫开发领导小组办公室、共青团中央和政府共同主办的国际性大学生创新创业大赛。大赛旨在深化高等教育综合改革，激发大学生的创造力，培养造就"大众创业、万众创新"的主力军；推动赛事成果转化，促进"互联网 + "新业态形成，服务经济提质增效升级；以创新引领创业、创业带动就业，推动高校毕业生更高质量创业就业。大赛分为高教主赛道、"青年红色筑梦之旅"赛道、职教赛道、萌芽赛道和产业命题赛道。

2. 大赛任务

（1）以赛促教，探索人才培养新途径　全面推进高校课程思政建设，深入推进新工科、新医科、新农科、新文科建设，不断深化创新创业教育改革，引领各类学校人才培养范式深刻变革，形成新的人才培养质量观和质量标准，切实提高学生的创新精神、创业意识和创新创业能力。

（2）以赛促学，培养创新创业生力军　服务构建新发展格局和高水平自立自强，激发学生的创造力，激励广大青年扎根中国大地了解国情民情，在创新创业中增长智慧才干，坚定执着追理想，实事求是闯新路，把激昂的青春梦融入伟大的中国梦，努力成长为德才兼备的有为人才。

（3）以赛促创，搭建产教融合新平台　把教育融入经济社会发展，推动成果转化和产学研用融合，促进教育链、人才链与产业链、创新链有机衔接，以创新引领创业、以创业带动就业，推动形成高校毕业生更高质量创业就业的新局面。

3. 参赛要求

（1）参赛项目能够紧密结合经济社会各领域现实需求，充分体现高校在新工科、新医科、新农科、新文科建设方面取得的成果，培育新产品、新服务、新业态、新模式，促进制造业、农业、卫生、能源、环保、战略性新兴产业等产业转型升级，促进数字技术与教育、医疗、交通、金融、消费生活、文化传播等深度融合。

（2）参赛项目应弘扬正能量，践行社会主义核心价值观，真实、健康、合法。不得含有任何违反《中华人民共和国宪法》及其他法律法规的内容。所涉及的发明创造、专利技术、资源等必须拥有清晰合法的知识产权或物权。如有抄袭盗用他人成果、提供虚假材料等违反相关法律法规和违背大赛精神的行为，一经发现即刻丧失参赛资格、所获奖项等相关权利，并自负一切法律责任。

（3）参赛项目只能选择一个符合要求的赛道报名参赛，根据参赛团队负责人的学籍或学历确定参赛团队所代表的参赛学校，且代表的参赛学校具有唯一性。参赛团队须在报名系统中将项目所涉及的材料按时如实填写提交。已获本大赛往届总决赛各赛道金奖和银奖的项目，不可报名参加。

（4）参赛人员（不含产业命题赛道参赛项目成员中的教师）年龄不超过35岁。

4. 比赛赛制（以第八届大赛为例）

（1）大赛主要采用校级初赛、省级复赛、总决赛三级赛制（不含萌芽赛道以及国际参赛项目）。校级初赛由各院校负责组织，省级复赛由各地负责组织，总决赛由各地按照大赛组委会确定的配额择优遴选推荐项目。大赛组委会将综合考虑各地报名团队数（含邀请国际参赛项目数）、参赛院校数和创新创业教育工作情况等因素分配总决赛名额。

（2）大赛共产生3500个项目入围总决赛（港澳台地区参赛名额单列），其中高教主赛道2000个（国内项目1500个、国际项目500个）、"青年红色筑梦之旅"赛道500个、职教赛道500个、萌芽赛道200个、产业命题赛道300个。

（3）高教主赛道每所高校入选总决赛项目总数不超过5个，"青年红色筑梦之旅"赛道、职教赛道每所院校入选总决赛项目各不超过3个。产业命题赛道每道命题每所院校入选项目总数不超过3个。萌芽赛道每所学校入选全国总决赛的项目总数不超过2个。

5. 赛程安排（以第八届大赛为例）

（1）参赛报名（2022年4～7月）　参赛团队通过登录全国大学生创业服务网（网址：http：//cy.ncss.cn/）或微信公众号（名称为"全国大学生创业服务网"或"中国互联网十大学生创新创业大赛"）任一方式进行报名。在服务网"资料下载"板块可下载学生操作手册指导报名参赛，微信公众号可进行赛事咨询。

报名系统开放时间为 2022 年 4 月 15 日，报名截止时间由各地根据复赛安排自行决定，但不得晚于 7 月 31 日。国际参赛项目通过全球青年创新领袖共同体促进会官网进行报名（网址：htpp：//www. pilcchina. org/），具体安排另行通知。

（2）初赛复赛（2022 年 6 ~ 8 月）　各地各学校登录全国大学生创业服务网（htpp：//cy. ncss. cn/gl/login）进行大赛管理和信息查看。省级管理用户使用大赛组委会统一分配的账号进行登录，校级账号由各省级管理用户进行管理。初赛复赛的比赛环节、评审方式等由各校、各地自行决定。国际参赛项目的遴选推荐工作另行安排。

（3）总决赛（2022 年 10 月）　大赛设金奖、银奖、铜奖；另设省市组织奖、高校集体奖及若干单项奖。入围总决赛的项目将通过网评和会评，择优进入总决赛现场比赛，决出各类奖项。大赛组委会通过全国大学生创业服务网、国家 24365 大学生就业服务平台（https：//www. ncss. cn/）为参赛团队提供项目展示、创业指导、人才招聘、资源对接等服务，各项目团队可登录上述网站查看相关信息，各地可利用网站提供的资源，为参赛团队做好服务。

（二）"挑战杯"全国大学生系列科技学术竞赛

1. 竞赛简介　"挑战杯"全国大学生系列科技学术竞赛（以下简称"'挑战杯'竞赛"），是由共青团中央、中国科学技术协会、教育部和全国学联共同主办的全国性的大学生课外学术实践竞赛，是中国最具代表性、权威性、示范性、导向性的大学生竞赛。

"挑战杯"竞赛在中国共有两个并列项目，一个是"挑战杯"中国大学生创业计划竞赛，另一个则是"挑战杯"全国大学生课外学术科技作品竞赛。这两个项目的全国竞赛交叉轮流开展，每个项目每两年举办一届。

2. 竞赛意义

（1）吸引广大高校学生共同参与的科技盛会　从最初的 19 所高校发起，发展到 1000 多所高校参与；从 300 多人的小擂台发展到 200 多万大学生的竞技场，"挑战杯"竞赛在广大青年学生中的影响力和号召力显著增强。

（2）促进优秀青年人才脱颖而出的创新摇篮　竞赛获奖者中已经产生了两位长江学者，6 位国家重点实验室负责人，20 多位教授和博士生导师，70% 的学生获奖后继续攻读更高层次的学历，近 30% 的学生出国深造。他们中的代表人物有：第二届"挑战杯"竞赛获奖者、国家科技进步一等奖获得者、中国十大杰出青年、北京中星微电子有限公司董事长邓中翰，第五届"挑战杯"竞赛获奖者、"中国杰出青年科技创新奖"获得者、安徽中科大讯飞信息科技有限公司总裁刘庆峰，第八届、第九届"挑战杯"竞赛获奖者、"中国青年五四奖章"标兵、南京航空航天大学 2007 级博士研究生胡铃心等。

（3）引导高校学生推动现代化建设的重要渠道　成果展示、技术转让、科技创业，让"挑战杯"竞赛从象牙塔走向社会，推动了高校科技成果向现实生产力的转化，为经济社会发展做出了积极贡献。

（4）深化高校素质教育的实践课堂　"挑战杯"已经形成了国家、省、高校三级赛制，广大高校以"挑战杯"竞赛为龙头，不断丰富活动内容，拓展工作载体，把创新教育纳入教育规划，使"挑战杯"竞赛成为大学生参与科技创新活动的重要平台。

（5）展示全体中华学子创新风采的亮丽舞台　香港、澳门、台湾众多高校积极参与竞赛，派出代表团参加观摩和展示。竞赛成为两岸四地青年学子展示创新风采的舞台，增进彼此了解、加深相互感情的重要途径。

3. 竞赛类型

（1）中国大学生创业计划竞赛　大学生创业计划竞赛起源于美国，又称商业计划竞赛，是风靡全球高校的重要赛事。它借用风险投资的运作模式，要求参赛者组成优势互补的竞赛小组，提出一项具有市场前景的技术、产品或者服务，并围绕这一技术、产品或服务，以获得风险投资为目的，完成一份完整、具体、深入的创业计划。

"挑战杯"大学生创业计划竞赛采取学校、省（自治区、直辖市）和全国三级赛制，分预赛、复赛、决赛三个赛段进行。大力实施"科教兴国"战略，努力培养广大青年的创新、创业意识，造就一代符合未来挑战要求的高素质人才，已经成为实现中华民族伟大复兴的时代要求。作为学生科技活动的新载体，创业计划竞赛在培养复合型、创新型人才，促进高校产学研结合，推动国内风险投资体系建立方面发挥出越来越积极的作用。

（2）全国大学生课外学术科技作品竞赛　参加"挑战杯"大学生课外学术科技作品竞赛的作品一般分为三大类：自然科学类学术论文、社会科学类社会调查报告和学术论文、科技发明制作，凡在举办竞赛终审决赛的当年7月1日起前正式注册的全日制非成人教育的各类高等院校的在校中国籍本专科生和硕士研究生、博士研究生（均不含在职研究生）都可申报参赛。每个学校选送参加竞赛的作品总数不得超过6件（每人只限报一件作品）、作品中研究生的作品不得超过3件，其中博士研究生作品不得超过1件。各类作品先经过省级选拔或发起院校直接报送至组委会，再由全国评审委员会对其进行预审，并最终评选出80%左右的参赛作品进入终审，终审的结果是，参赛的三类作品各有特等奖、一等奖、二等奖、三等奖、且分别约占该类作品总数的3%、8%、24%和65%。

（三）黄炎培职业教育奖创业规划大赛

1. 大赛背景　为深入贯彻落实《国务院关于大力推进大众创业万众创新若干政策措施的意见》和《国务院办公厅关于深化高等学校创新创业教育改革的实施意见》等文件精神，大力弘扬黄炎培职业教育思想，进一步推动"大众创业、万众创新"，促进职业院校创新创业教育发展，努力搭建职业院校师生创新创业教育和实践提升平台，为助推高质量发展提供人才和智力支撑。

2. 比赛要求　中职组参赛作品可以是一个创业点子，高职组参赛作品可以是一个已经实施的创业项目，也可以是一个创业规划。

参赛作品的选题、核心部分的构思设计、申报评审书的撰写均应由学生完成；参赛作品必须按照要求向大赛组委会提交全部资料，相关细节应作详细说明；参赛作品使用别人已经注册的知识产权内容，申报时应注明出处。凡是不符合方案规定、弄虚作假、剽窃他人成果、不能如实申报相关材料和主动声明引用他人成果者，将取消参赛资格。

已获得往届中华职业教育创新创业大赛奖项的作品不得参加比赛，一经发现，取消比赛资格。鼓励立足当地社会经济发展需求、立足所学专业知识和技术技能的作品参赛；提倡职创、专创、原创、真创、小创、深创。

3. 比赛流程（以2022年湖南黄炎培职业教育奖创业规划大赛为例）

（1）初赛　中职组初赛由各市州教育（体）局、党委统战部和中华职业教育社共同组织，没有成立职教社组织的市州，由市州教育（体）局、党委统战部共同组织；具体工作由市州教育（体）局落实。高职组由各院校组织。各参赛单位关注微信公众号"湖南中华职业教育社"下载大赛通知，并组织指导各参赛团队按要求填写好2022年湖南黄炎培职业教育奖创业规划大赛申报评审书，遴选出参加省级大赛的作品。大赛组委会将根据需要组织专家分片对各单位的初赛进行指导。

初赛结束后，各地各校大赛联系人通过回执邮箱及时查收申报评审平台（以下简称"大赛平台"）用户名及密码，登录大赛平台（http：//cyds.hnszhzjs.org.cn：8080/），按要求填写、提交大赛申报评审书。并通过大赛平台打印填写好的申报评审书（A4纸黑白双面打印并做普通装订），盖章后报送至大赛组委会秘书处，一式一份。

（2）网评　大赛组委会秘书处组织专家对各参赛单位上报的作品进行网评，各参赛单位大赛负责人可通过大赛平台查看本单位参赛作品成绩。

中职组网评入围决赛名额确定原则：①各市州按要求组织了初赛并达到申报数量的，市州赛排名第一的参赛作品直接入围决赛，直接入围决赛的作品不需要参加省级网评，但必须按要求在大赛平台提交评审书，请各市州在"初赛意见"栏明确。②除直接入围决赛的作品外，其他作品根据网评成绩排名取前 24 个入围决赛，若第 24 个参赛作品有并列名次，则该并列名次所有参赛作品均同时入围决赛。

高职组网评入围决赛名额确定原则：①根据网评成绩排名取前 40 个参赛作品入围决赛，若第 40 个参赛作品有并列名次，则该并列名次所有参赛作品均同时入围决赛。②当高职院校网评参赛作品总数超过 200 个，则每多 10 个参赛作品相应增加 1 个入围决赛名额；此时按增加名额数量依据网评成绩排名增加参赛作品入围决赛，若所增加参赛作品最后一个有并列名次，则该并列名次所有参赛作品均同时入围决赛。

（3）决赛　分为小组赛和一等奖争夺赛两个环节。

4. 评分规则

（1）网评评分规则　网评共有 35 名评委，以 5 名专家为一组进行评审，随机分配评审项目，每位评委 100 分，满分 500 分。

①可行性（25 分）：指作品是否立足地方经济社会发展的重点领域，是否立足地方产业结构调整的要求，是否具备技术可行、团队可行、财务可行、未来可行的要求。②创新性（25 分）：指参赛作品是否具备技术创新、商业模式创新和社会价值创新。③专业性（25 分）：指参赛作品涉及的内容是否与参赛团队成员所学和擅长的专业技能、个人特长及爱好紧密结合；参赛团队的组合搭配和分工在知识结构上是否科学合理。④实践性（25 分）：指参赛团队是否开展与项目相关的市场调研、研发、生产、销售和人力资源管理等创业实践活动。

（2）决赛评分规则　小组赛评委评分规则，入围决赛的小组赛团队通过赛前抽签，决定所在小组和参赛顺序。

小组赛共有 25 名评委，每组 5 名评委，赛前抽签决定评委分组。每位评委 100 分，满分 500 分。

①项目陈述（40 分）：主要考察团队进行创业实践的过程、成果和收获；考察项目的创新性、实践性和市场价值。②回答提问（30 分）：主要考察团队成员回答问题的准确性、连贯性、针对性、对项目的熟悉程度以及团队成员的创业实践参与度。③整体表现（20 分）：主要考察团队成员的协作能力、项目与专业的融合水平、项目的可操作性等。④可行性评估（10 分）：综合考察项目在技术、财务、团队、未来发展四个方面是否可行。

一等奖争夺赛评委评分规则，入围一等奖争夺赛的团队通过赛前抽签，决定参赛顺序。

总决赛共有 25 名评委，总分 500 分。其中 5 名专家评委每人 60 分，共 300 分；20 名企业代表评委每人 10 分，共 200 分。

1）专家评委　①项目陈述（30 分）。主要考察团队进行创业实践的过程、成果和收获；考察项目的创新性，实践性和市场价值。②回答提问（20 分）。主要考察团队成员回答问题的准确性、连贯性、针对性、对项目的熟悉程度以及团队成员的创业实践参与度。③整体表现（10 分）。主要考察团队成员的协作能力、项目与专业的融合水平、项目的可操作性等。

2）企业代表评委　可行性评估（10 分）。综合考察项目在技术、财务、团队、未来发展四个方面是否可行。

3）额外加分条款　额外加分指参赛作品入围决赛后，在小组赛现场答辩时具备以下条件的，可以在小组赛现场答辩专家评分的基础上适当加分，加分的原则是就高但不累加。所有申请额外加分的作品，必须提供佐证材料，由大赛组委会认定。

参赛作品已经取得国家专利证书的，发明加 3 分，实用新型加 2 分，外观设计加 1 分；专利证书的"发明人""设计人"或"专利权人"，须为参赛团队成员（含指导教师）；专利证书加分有效期为 2019 年 9 月 1 日起至决赛前一天，不在规定期限的不予加分；专利所列信息应与参赛作品具有较高的一致性。

5. 奖励设置

（1）竞赛奖　中职组、高职组分设一、二、三等奖和优胜奖，分别取一等奖 4 名，二等奖 8 名，三等奖若干名。所有参加省赛的作品，经大赛评审委员会审查合格都可以获得优胜奖。获得一等奖的作品，将择优推荐参加第六届中华职业教育创新创业大赛。

（2）指导教师奖　对获奖作品的指导教师颁发同等级的指导教师奖。

（3）竞赛组织奖　15 名，对在大赛组织工作中表现突出的参赛单位进行表彰。主要依据参赛的组织规模、送审作品的质量、申报材料报送是否及时、申报材料是否规范及参赛单位获奖等情况评定。中职组评奖对象主要为市州代表队，高职组评奖对象主要为参赛院校。

（4）获奖单位和个人　由主办单位颁发获奖证书，获得三等奖及以上的创业团队还将获得一定的创业扶持资金；园区及风投企业将选择性给予获奖作品创业资助，包括优先优惠入驻各地创业园区，获得创业基金等。

三、创新创业竞赛项目筛选与培育

（一）参赛选手的选拔

各高校每年都会进行创业比赛参赛人员的选拔，通过选拔将会挑选出优秀的学生，再由这些学生进行自由组队创建项目去参加创新创业比赛。

（二）项目整体

创业项目需要考虑的因素有：项目是否有自身壁垒，是否有盈利能力，是否可持续发展，是否有实物生产等。组建成功的团队将会进行头脑风暴创建创业项目，创业项目确定后将会进行项目商业策划书的编写、制作、讲说，幻灯片及项目视频的录制。

其中商业策划书包含以下一些因素：关注产品、敢于竞争、了解市场、表明行动的方针、展示你的管理队伍、出色的计划摘要。

计划摘要包括：产品（服务）介绍、人员及组织结构、市场预测、营销策略、制造计划、财务规划及完整的退出机制。

幻灯片的制作原则是简洁明了，切记不要过于花哨而掩盖了项目的内容，将项目的各重点部分展示出来，多图片，少文字。

项目视频录制：根据比赛的要求进行视频的录制，视频内容能够切实地反映出项目的主旨即可，录制画面一定要清晰。

（三）当比赛日程下达后需进行赛前会议

研究解读具体关于比赛的一切安排和前期准备工作（在有创新创业比赛经验的指导教师组织下进行）。

（四）比赛文件解读

仔细研读比赛所需的项目材料及比赛的要求：普遍比赛项目策划书一式八份、电子版策划书、幻灯片、视频、项目申报表（详情见各个创新创业大赛材料准备）。参赛时需要准备的物资有相机、幻灯笔、校旗、每组自带一台电脑、U 盘、身份证及服装。

四、创新创业竞赛赛前准备

（1）在赛前准备时一定要确定比赛时间，在规定的时间到达比赛地点。

（2）出发到达比赛地点之前先到宾馆将住处安排妥当，接下来跟随着比赛志愿者到达会场进行比赛前的材料上交。

（3）在比赛之前要对比赛场地进行前期的勘察，以便在正式比赛之前各组自行进行赛前最后的排练准备。

目标检测

答案解析

一、单项选择题

1. 将小额担保贷款调整为创业担保贷款，针对有创业要求、具备一定创业条件但缺乏创业资金的就业重点群体和困难人员，提高其金融服务可获得性，明确支持对象、标准和条件，贷款最高额度由针对不同群体的 5 万元、8 万元、10 万元不等统一调整为（　　）万元
   A. 5   B. 8   C. 10   D. 15

2. 对于离岗创业的，经原单位同意，可在（　　）年内保留人事关系，与原单位其他在岗人员同等享有参加职称评聘、岗位等级晋升和社会保险等方面的权利
   A. 2   B. 3   C. 4   D. 5

3. 对高校毕业生创办的小型微型企业，按规定落实好减半征收企业所得税、月销售额不超过（　　）万元的暂免征收增值税和营业税等税收优惠政策
   A. 1   B. 2   C. 3   D. 4

4. 毕业（　　）年以内的普通高校毕业生从事个体经营（除国家限制的行业外）的，自其在工商部门首次注册登记之日起 3 年内，免收管理类、登记类和证照类等有关行政事业性收费
   A. 1   B. 2   C. 3   D. 4

5. 持人力资源和社会保障部门核发《就业创业证》（注明"毕业年度内自主创业税收政策"）的高校毕业生在毕业年度内（指毕业所在自然年，即 1 月 1 日至 12 月 31 日）创办个体工商户、个人独资企业的，3 年内按每户每年（　　）元为限额依次扣减其当年实际应缴纳的营业税、城市维护建设税、教育费附加和个人所得税
   A. 5000   B. 6000   C. 7000   D. 8000

6. 鼓励金融机构参照贷款基础利率，结合风险分担情况，合理确定贷款利率水平，对个人发放的创业担保贷款，在贷款基础利率基础上上浮（　　）个百分点以内的，由财政给予贴息
   A. 1   B. 2   C. 3   D. 4

二、多项选择题

1. 各地公共就业人才服务机构要为自主创业的高校毕业生做好（　　）、（　　）、（　　）和接续、职称评定、权益保障等服务
   A. 人事代理   B. 档案保管   C. 社会保险办理   D. 户口落户

2. 各银行业金融机构要通过进一步完善（　）、（　）、（　）、（　）和信用贷款等多种方式，多途径为高校毕业生解决反担保难问题，切实落实银行贷款和财政贴息

A. 抵押　　　　　　B. 质押　　　　　　C. 联保　　　　　　D. 保证

3. 鼓励（　）、（　）、（　）、（　）等以多种方式向自主创业大学生提供资金支持，设立重点面向扶持高校毕业生创业的天使投资和创业投资基金

A. 企业　　　　　　B. 行业协会　　　　C. 群团组织　　　　D. 天使投资人

三、填空题

1. 发挥政策集成和协同效应，实现＿＿＿＿相结合、＿＿＿＿相结合、孵化与投资相结合，为广大创新创业者提供良好的工作空间、网络空间、社交空间和资源共享空间。

2. 深化商事制度改革，简化住所登记手续，采取＿＿＿＿窗口、网上申报、多证联办等措施为创业企业工商注册提供便利。

3. 进一步落实注册资本登记制度改革，坚决推行＿＿＿＿、组织机构代码证、税务登记证"三证合一"。

4. 中国国际"互联网＋"大学生创新创业大赛分高教主赛道、"青年红色筑梦之旅"赛道、＿＿＿＿、萌芽赛道和产业命题赛道。

四、名词解释

1. 创业环境9个衡量指标
2. 创业小额担保贷款
3. 大学生创业引领计划
4. 贴息政策
5. 行政事业性收费

五、思考题

1. 如何提高毕业生自主创业？
2. 高校对自主创业大学生提供的条件有哪些？

书网融合……

本章小结

第十二章　创业管理与实务

PPT

学习目标

1. 通过本章学习，重点把握创业机会对大学生创业的意义；创业资源与大学生创业的关系。

2. 学会根据自己的兴趣爱好，结合自身情况从创业机会、创业资源、创业风险、创业管理四个方面进行深入分析，具有形成一份针对自己创业实施计划的能力。

情境导入

情境描述　2015 年初，吴堉荧将自己成立的公司命名为"创客"。她很欣赏"创客"二字的定义——勇于创新，努力将自己的想法变为现实的创业者。这位知性女士做过多份工作，结婚后一度脱离职业生涯，专心在家带孩子。孩子长大后，吴堉荧藏在心灵深处的"不怕苦，不甘心"信念再泛波澜，下定决心做个"创客"，创一番事业。2014 年底，她在广州首次乘坐网约车，就抓住了机会，成为中山"滴滴出行"的创业者。

讨论　1. 有评论说，吴堉荧走向了创业之路，看起来有几分偶然，实际上又是一种必然，如何理解？

2. "机会人人面前过，如何才能属于我"，谈谈大学生职业生涯中如何抓住创业机会？

第一节　抓住创业机会

一、创业机会的概念

创业机会主要是指具有较强吸引力的、较为持久的有利于创业的商业机会。创业者据此可以为客户提供有价值的产品或服务，并同时使创业者自身获益。

二、创业机会识别的重要性

俗话说，"好的开始是成功的一半"，随着"大众创业，万众创新"的观念逐步深入人心，创业活动正逐渐成为国家经济发展的积极因素，也是促进就业的重要措施。然而，对于大学生创业而言，创业机会的识别是他们进行创业的开端，也是他们进行创业的前提。创业机会的识别与发现对于计划创业的大学生来说是至关重要的，能否识别出有价值的创业机会将对大学生们的创业活动产生不可估量的作用，甚至能够决定他们创业的成败。

三、大学生如何对创业机会进行识别

（一）虽然没经验，但要有勇气

对于即将踏入社会的大学生而言，对创业你可能什么都不懂，所以你什么都不怕！你什么经验都没有，所以你什么都敢于尝试！在成功之前，你需要的是"没经验"的勇气，有勇气去尝试时便开启了你对机会识别的第一扇大门。

（二）善于学习借鉴别人经验

作为当代大学生，我们有理论知识的积累，但是缺乏实践能力的锻炼，我们即将迈出创业的第一步，第一步该如何迈出？以后的创业长路该如何走？我们没有经验，这就要求我们善于向别人学习，善于借鉴别人的经验，要在借鉴中认真学习与分析，把握别人经验中的实质、认识别人经验中的特点、找准别人经验中的优势，重点对别人经验中的精髓进行学习，通过学习找出别人经验中存在的不足，做到借鉴其长，补齐其短，终将别人的经验拿来为我所用，你会发现，学习与借鉴是大学生对创业机会进行识别的重要途径。

（三）深入学习专业技术知识

大学生们应该在自己所学专业上广泛深入地学习，因为拥有在某个领域更多专业知识的人，会比其他人对该领域内的机会更具有警觉性和敏感性，你学习的专业涉及金融，你对金融产业内的机会和需求相对于学习语言文学的要敏感，大学生要做到学一行、爱一行；爱一行、专一行。只有这样你才能在你所学专业中更早、更快地识别到与所学专业相关的创业机会。

（四）构建高效社会关系网络

良好的人际关系，可很大程度上提高个人的事业成功率。可见，人脉是成功的引擎。能否编织出自己的高效的人际关系网络，人际关系网络的深度和广度影响着对创业机会的识别，这已是不争的事实。通常情况下，如果你拥有一个强大的人际关系网络，那就会在同类人中占据先天的资源优势，能够更早更快地捕捉到更有价值的创业机会。因此，作为一名大学生，无论如何要构建好自己高效的人际关系网络，这样你会比那些拥有少量网络的人容易得到更多机会。

（五）善于发挥创造性思维

大多数机会都不是显而易见的，需要去发现和挖掘，对机会的识别源自创意的产生，在创意没有产生之前，机会的存在与否意义并不大；创业的本质是创新，创业因机会而存在，而机会又因创意而产生，独特的、新颖的、难于被模仿的以及客观的、真实的、具有可操作性的创意，便很可能成为极具价值的创业机会。因此，作为一名大学生，拥有远大的智慧，应该善于发挥创造性思维，才能有效识别高价值区的创业机会。

四、如何抓住创业机会

（一）创业机会属于有准备的人

中国有句古话："台上一分钟，台下十年功"。我们常称别人的成功为运气，羡慕别人成功、青睐别人的命运。但我们忽略了荣誉和鲜花背后所付出的千辛万苦。作为当代大学生，我们要做好自己的职业生涯规划，努力学习；不断丰富自己的知识、文化、道德、修养、思想等；武装起一颗有灵感的大脑，因为机会偏爱有灵感的大脑，机会属于有准备的人。

（二）创业机会属于敢想敢做的人

眼下，创新、创业有许多好的政策，创新、创业也不缺机会，但对于某些人来说，再好的创业机会也会从自己的眼前溜走，因为他们坐等、依靠、左顾右盼。在机会面前，有5种人：第一种人相信机会，不必眼见为实，相信能成功就去做；第二种人把握机会，看到别人成功，眼见为实才去做；第三种人等待机会，知道怎么做会成功，但总是等待更好的机会；第四种人失去机会，不愿意改变，知道机会来了，却不把握或者让机会流失；第五种人根本就没有机会，主观意识很强，经常为反对而反对，为质疑而质疑，看到成功也不以为然，反而给成功者浇冷水。因此，不是谁最先获得信息、看到机会，谁就可能先人一步抓住创业机会成功创业；那些想做事、敢做事的人才能抓住创业机会。

（三）创业机会属于善于发现并着力思考解决问题的人

创业的根本是满足大众的需求，而大众的需求没有得到满足就产生了一个有待解决的问题。发现和体会自己和他人在需求方面的问题或生活中的难处，我们便看到了机会的存在，然后用我们的方式来加以解决，我们便抓住了创业机会。例如，李维斯看到采矿工人工作时容易磨损裤子，于是在他的灵光一现之下，耐磨的"牛仔裤"出现了。在需求中发现创业机会，"牛仔裤"成就了李维斯的创业梦想。创业者最应具备思考和解决问题的能力，善于思考和解决问题的人才善于抓住创业机会。

（四）创业机会属于善于拥抱变化的人

世界上唯一不变的是"变"，诺基亚是一家全球化、家喻户晓的手机品牌。直至 2010 年第一季度，在全球智能手机市场上该品牌以 44.3% 的市场份额仍据全球首位。这一全球领先的移动设备制造商，如今却面临着衰退的厄运，分析诺基亚品牌在经历奇迹般的巅峰后又经历戏剧性衰退的原因，是在当今科学技术水平裂变式的爆发增长下，其产品设计的前沿性、前瞻性不能随时顺应新时代理念。那些能"寻找变化并积极反应，把其当作机会充分利用起来的人"抓住了创业机会，于是产生华为、苹果、小米。当今，不能忽视新生力量的实力、潜力，因此，创业机会属于善于拥抱变化的人。

第二节　建立创业资源

一、创业资源的概念

创业资源是指企业在初创与后续成长中所需要的各种生产要素和支撑条件，包括有形资产和无形资产的总和。

二、创业资源的分类

按照资源在创业过程中的作用结合大学生创业的特点以及资源在最初创业过程中所发挥的作用，创业资源可分为资金资源、人才资源、技术资源、社会资源、管理资源等 5 大类资源。

三、创业资源的重要性

大学生创业过程中能否合理有效的投入人、财、物、社会以及管理等资源，决定创业者在创业过程中的竞争力，决定创业过程能否可持续进行。因此，创业资源充足与否是大学生创业成功与否的保证。

（一）资金资源的重要性

2011 年，中国青少年网络协会发表的《全国大学生创业调研报告》中认为，"资金"问题是大学生创业过程中需要面对的首要问题，此问题的占比达到 83.3% 。由此可见，"巧妇难为无米之炊"是他们在创业时最先思考的问题。

（二）人才资源的重要性

人才，是创业过程得以持续发展的"原动力"，是推动大学生创业得以成功的"引擎"。创业过程是一个充满竞争的过程，但说到底最核心的竞争还是人才的竞争。如今，人才问题已经成为关系到大学生创业成败的关键性问题之一，可见，人才资源已成为大学生创业能否成功的第一保障性资源，在大学生创业过程中，其重要性不言而喻。

（三）技术资源的重要性

大学生的创业必然会涉及对技术的应用，大多数的创业项目都是一个多种技术的有机组合体系，依靠传统技术推动创业前行，势必会遇见严峻的挑战和阻碍。新形势下的大学生创业，必须要加强新兴技术资源的整合与应用，构筑和保持自己在创业过程中的技术资源优势，才能获得创业发展。美国的微软公司和苹果公司，最初创业资本都不过几千美元，创业人员也只有几人，它们之所以走向成功，就是因为它们拥有独特的创业技术。所以，创业企业成功的关键是首先寻找到成功的创业技术。

（四）社会资源的重要性

社会资源是一个广义的概念，指为了应对需要和满足需求，所有能提供且足以转化为具体服务内涵的客体，皆可称为社会资源。社会资源可分为有形社会资源（如人力、财力、场地等）和无形社会资源（如知识、技术、组织、社会关系等）。教育部《关于大力推进高等学校创新创业教育和大学生自主创业工作的意见》指出：大力推进高等学校创新创业教育工作；加强创业基地建设，打造全方位创业支持平台；进一步落实和完善大学生自主创业扶持政策，加强创业指导和服务工作。

由此可见，全方位引入社会资源助推大学生进行创新创业的重要性已经上升至国家层面，大学生创新创业应该对社会资源进行高度关注、合理整合、有效应用。

（五）管理资源的重要性

风险，是社会活动中客观存在的，它在大学生创业活动中也客观存在着，究其来源，主要体现在以下几个方面。

（1）创业环境竞争激烈，大学生初创企业短时间之内难以与有成熟创业基础的企业竞争。

（2）创业经验不足，大学生创业初期没有比较成熟、成系统的创业管理经验。

（3）创业想法不成熟，创业想法中混合有很多的盲目。

（4）对自我的认知与分析不到位，对自己定位不清晰，不能很好地判断自己的能力与性格是否适合创业。

因此，加强大学生自主创业管理就显得尤为重要。俗话说"无规矩不成方圆"，任何一个创业者都应该具备一套与自己创业项目相匹配的管理方案，并且有保证方案得以落地实施的管理资源的支持，才能使大学生在创业过程中能够进行有效的自我管理和项目管理，使各个环节的风险得以最大限度地规避，才能使创业过程得以可持续发展。

四、如何建立创业资源

（一）资金资源的创立

在国家的倡导下，许多学生踏上了创业的征途，大学生创业问题已然成为国家和社会广泛关注的热点问题之一，然而在一些大学生投身创业大潮的同时，却面临一个严重困扰他们的事情。由于创业资金受限，在钱的问题上难以突围，很多大学生想创业，但资金从哪儿来？对于想创业的大学生如何建立"资金"资源，都有哪些重要来源渠道？

1. 来源于父母、亲友资助　据相关调查数据显示，目前大学生自主创业资金主要来源还是父母或者是亲友投资，少数部分还加上了学生在校期间靠兼职等赚取的个人储蓄，这部分学生所占比例为60%~80%。由此可见，父母、亲友对当代大学生自主创业还是持积极态度的，父母、亲友的资金资助是大学生资金资源的重要建立渠道。

2. 来源于创业贷款资助　随着国家对大学生创业的日益支持和重视，各级针对大学生创业出台了许多贷款优惠政策，为了支持大学生创业，创业贷款的利率可以按照中国人民银行规定的同档次利率下浮 20%，许多地区还推出了大学生创业贷款可以享受 60% 的政府贴息；根据创业类型所属行业范畴的不同，国家将根据实际情况予以不同程度的免征企业所得税；国家还出台政策要求各国有商业银行、股份制银行、城市商业银行和有条件的城市信用社要为自主创业的毕业生提供小额贷款，并简化程序，提供开户和结算便利。优惠政策是国家针对所有自主创业的大学生所制定的，各地政府为了扶持当地大学生创业，也出台了相关的政策法规，而且更加细化，更贴近实际，同学们可了解咨询当地的相关政策法规，将创业贷款作为自己建立创业"资金"资源的重要渠道。

3. 来源于创业扶植资金资助　国家、各地政府也高度关注大学生创业，积极出台众多扶植政策，其中，对符合条件的大学生自主创业的，可在创业地按规定申请创业担保贷款，贷款额度为 10 万元；国家还鼓励金融机构参照贷款基础利率，结合风险分担情况，合理确定贷款利率水平，对大学生发放的创业担保贷款，在贷款基础利率基础上上浮 3 个百分点以内的，由财政给予贴息。很多省份每年均会提供专项资金对大学生创业项目中科技含量高、有潜在经济社会效益、市场前景的创业项目进行扶植，可见，创业扶植资金也是大学生建立创业资金资源的重要渠道。

4. 来源于风险投资基金资助　风险投资是一种权益资本，而不是借贷资本。对于创业者来说，风险投资不需要抵押，也不需要偿还，使用风险投资创业即便是失败了，也不会背上债务，因此，这就使得风险投资成为年轻人创业最青睐的资金来源。但是，风险投资是一种极为昂贵和值得珍惜的资金来源，因为风险投资者投资且参与经营管理，这就客观要求大学生有科技含量高、市场前景广阔的创业创业项目。有调查显示，只有约 6% 的大学生创业项目能够得到风险投资的青睐，大学生应该关注风险投资，在有充分准备的前提下，力争让风险投资成为自己创业资金建立的主要来源。

（二）人力资源的建立

1. 来源于亲人、朋友的建立渠道　在大学生创业初期，正是急需大量人才的时期，人才直接关系到初创企业的生存和发展。由于初创企业各方面的条件尚不成熟，人力资源的建立更多的是来自于亲人和朋友。从创业者的角度而言，此时对人的"能力"的要求并不是首选要素，创业者更多的是考虑亲人、朋友，这个群体是大学生创业初期人才资源建立的重要渠道之一。

2. 来源于完善用人策略的建立渠道　随着创业的不断发展，原有的"亲人＋朋友"模式已经很难适应企业的发展要求，此时创业者应将人的问题提升至人力资源管理战略高度，从思想上摆脱传统人事管理的束缚，要引进专业的人力资源管理者管理此项工作，建立适合于创业项目发展的人力资源管理规划，才能宏观地进行人力资源的建立，具体策略主要体现在以下几个方面：①为企业注入现代化的人力资源管理理念；②实现家族化人才任用思想向职业化人才任用思想转变；③建立积极有效的选人制度；④建立科学合理的用人制度；⑤完善科学的留人制度；⑥以文化凝聚人才。

通过以上渠道，将企业人才资源建立阶段分段进行，逐渐实现从人情化管理转变为制度化与人情化并重管理，以实现对人才资源的优化建立。

五、社会资源的建立

社会资源也叫社会资本，指企业所拥有的各种社会关系，包括创业者个体以及创业成员的社会关系。社会资本在某种程度上为创业者提供了一种较为廉价的资源获取途径。大学生应在创业过程中注重对社会资源的整合建立，重点从以下几个层面对社会资源进行整合建立。

（1）关注国家、政府、部门、机构针对大学生创业的相关政策，依托政策平台结合创业项目进行社会资源的整合建立。

（2）大学生初创业阶段尚未完全脱离学校，可依托高校针对大学生创新创业服务平台结合创业项目进行社会资源的整合建立。

（3）大学生创业过程中会与很多其他企业有关系往来，大学生创业者应该依托企业交流合作平台结合创业项目进行社会资源的整合建立。

大学生在对社会资源进行整合建立时应遵循社会资源建立的客观规律，注重社会资源与创业项目的市场性、竞争性、有效性、协调性，通过对社会资源的合理整合，不断开拓社会资源，以有效的社会资源推动创业的发展步伐。

六、管理资源的建立

管理资源是指一种无形的、动态的、间接资源，只有管理资源运用得当，一般资源才能得到经济合理的使用。管理资源可分为管理人才资源、管理组织资源、管理技术资源及管理信息资源；大学生可通过在学校、班级、社团担任学生管理干部等方式，结合实习，参加社会实践等方式锻炼组织与管理能力，在此过程中可以积累人脉资源、技术资源、信息资源等有形或无形的管理资源；这种方式是大学生建立管理资源的有效途径。

第三节　初创企业管理

一、初创企业的背景

自 1999 年普通本专科院校扩大招生以来，新生代大学生受教育程度大幅提高，但他们却面临着严峻的就业问题。经数据统计显示，2022 年的大学生毕业人数高达 1076 万，相比上一年增加了 167 万人，规模和增量都创下了历史新高，如何带动就业是一个迫切需要得到解决的问题。为此，教育部办公厅印发了《关于开展 2022 年高校毕业生就业创业政策宣传月活动的通知》，出台《普通高校学生自主创业政策公告》，为大学生自主创业提供全方位政策支持，更好地以创业带动就业。

二、初创企业的特点

多数初创企业由 80 后、90 后新生代大学生创立，创业者给它们注入了全新的观念和思想，展现出年轻、有活力、创造性强、追求自由、竞争、个性、容易接受新生事物等特点；新一代大学生创业者充满着理想，敢做敢闯，但是缺乏文化沉淀和管理积淀。没有管理一个企业的成熟的、系统性的经验，使得他们的创业存活率很低，仅有 2%～3%，呈现创业率较低、创业成功率较低、创业层次较低的"三低"现象，如何从管理上提高大学生创业企业的存活率，使更多的大学生在自主创业中容易成功，成为时下迫切需要解决的问题。

三、初创企业管理上存在的问题

（一）管理无系统性，随意性强

新生代大学生创立的企业，根据创业者的特点，初创期多数由自己的亲人、朋友、同学参与企业管理，由于没有健全的管理方案和管理制度，加上对亲人、朋友及同学的情感投入，碍于情面，容易将公司的管理引入随意化管理；结合他们追求自由的性格，会使这种无系统性支撑的随意化管理加剧。

（二）个人主义，缺乏管理凝聚力

由于新生代大学生的思想能够更好地衔接社会的发展，他们的想法和创意更能够依托社会实际，创业项目能够很好地切合社会需要，即便在缺乏系统性的管理方式下，创业的过程会客观地取得一些阶段

性的成功。这样的成功结果会在其大脑中转化为以自我为中心的骄傲自满，从而将自己定义为成功的创业者。这便误导大学生开始涉足享乐主义，将管理事务全部交出任由他人进行全盘管理。自己成为有名无实的"管理者"，主要精力放在务虚的各种场合，使企业脱离最初的创业设想，找不到前进的方向，无法凝聚企业的文化、员工的奋斗之心。最终使员工精神涣散、缺乏工作积极性，企业逐渐走向衰退甚至宣布创业过程失败。

四、如何对初创企业进行管理

（一）建立健全管理制度

任何一个创业型企业都应有与之相应的管理规章制度来规范其有序运营。最重要的一点就是必须保证各项规章制度能够落地实行，有了与创业项目相匹配的科学的、创新的、人性的、规范的管理制度，方可保证制度顺畅地执行，把管理制度真正地贯彻下去，又有利于树立制度的权威性。这样就进入一个制度和执行力相互促进、协同发展的良性循环，最终有利于提升企业的整体管理水平，使企业在愈来愈激烈的市场竞争环境当中能够不断发展壮大，使大学生的创业过程得以可持续发展。

（二）建立健全企业文化

企业文化是一种客观存在着的现象，有企业便有企业文化；一个企业的文化就是这个企业的灵魂，但凡是成功的企业都有优秀的企业文化，凡是失败的企业都有不良文化的影响。优秀的文化对员工的积极性和创造性有着正反馈作用，将企业的价值观及企业的发展前景清晰地展示给员工有正向的激励作用，可以帮助企业在市场竞争中提高竞争力，助推大学生的创业过程得以长期发展。而文化这个灵魂往往掌握在这个公司创始人的手里，因此，初创期企业创业者应提前意识到文化对创业发展的重要意义，建立与创业项目核心价值观相统一的企业文化。

（三）建立健全激励机制

大学生创业是一个复杂而充满曲折的过程，在这过程中，有很多的管理因素会影响到创业过程的成与败，但激励机制可算是核心影响因素之一。可以说，企业的成败与企业的激励机制密不可分。建立健全企业激励机制，可最大限度地激发企业工作者的工作动机和工作积极性。创业者应根据自己选择的创业项目特点，将物质激励和精神激励进行有机整合，建立一套卓有成效的激励机制。将该机制与人才动态管理、企业用人管理、劳动分配方案、竞争淘汰管理相结合，形成一个多层次的长效激励机制，使其对创业发展过程发挥促进作用。

第四节　规避创业风险

一、大学生创业风险背景

当前，随着我国经济持续深入改革，大学生迈入"大众创业，万众创新"大部队，其自主创业成为当下一个重要的创新就业模式，一个创新经济改革试点，在社会各界引起了广泛关注。他们通过转变思维、创新创业，成功者可解决自身就业问题，还可带动社会就业。因此，国家、社会、学校给予各种优惠政策鼓励大学生进行创业，吸引政策扶植下的大学生创业大军逐年壮大。但是，基于大学生在认知、分析以及处理问题能力上的不足，加之管理意识跟不上，使他们的成功率普遍偏低。据统计，大学生自主创业的公司在3年内基本倒闭，失败率高达95％，间接反映出大学生在创业过程中风险重重，道路异常艰难险阻。因此，强化大学生自主创业风险管理，有效规避创业风险是非常有必要的，这样才可能提高其创业成功率。

二、大学生创业风险概念

大学生创业风险是指大学生通过一系列步骤创办企业、开创事业，在将产品或服务推向市场的过程中，由于市场规律、个人决策不当等带来的危机或损失，从而导致创业偏离预期目标的可能性及后果。

三、大学生风险意识重要性

大学生创业者在创业的过程中，只有充分意识到、预见到创业过程中可能遇到的风险，并能掌握、探索出对策进行合理规避和转化，实现化险为夷，才能让创业之路可持续走下去。

四、大学生创业风险来源

（一）来源于创业机会的识别

俗话说，"好的开始是成功的一半"。大学生创新创业如果在创业机会的识别阶段就出现偏差，那创业成功的可能性就几乎不存在。能够从众多的创业机会中识别到适合自己的创业机会，是创业取得成功的根源性保障。可见，创业机会的识别中蕴藏着巨大的风险。

（二）来源于创业项目的选择

走出象牙塔的大学生，没有创业经验的积累，其创业项目多来源于学校的就业指导课、互联网上的创业项目介绍、对优秀企业家的盲目模仿，缺乏对项目的认真分析与思考，没有经过科学严谨的考量，使得创业项目与创业者自身知识、经验、技能、资源、特长、喜爱不相吻合，导致创业过程因项目的选择不当注入了潜在风险。可见，创业项目的选择是创业风险的重要来源。

（三）来源于管理经验的缺乏

（1）大学生创业初期团队组建模式单一，因同质化强，导致出现单一的管理模式，为企业的管理带来风险。

（2）大学生创业过程中可以得到国家、政府在资金、技术上的支持，但政策支持中尚缺乏适用于保障大学生创业的成熟的管理资源支持，导致大学生创业过程中管理模式均在不断摸索中曲折进行，很容易因管理跟不上导致创业失败，为创业带来了管理上的风险。

（3）大学生创业过程中容易"忘记初心"，创业过程因管理观念的落后使创业过程以营利为中心，忽略了作为一个大学生创业过程中应该履行的责任和应该解决的问题。这样的管理观念使创业变得功利、急切，为创业带来了管理上的风险。

（四）来源于充满竞争的市场

俗话说，"商场如战场"。大学生在创业过程中，考虑资金投入等的低风险性，大多选择技术含量相对偏低、准入门槛不高的项目进行，而大学生的创业活动又是在充满竞争的市场，该市场每时每刻都在变化，充满不确定性，这就为新入围的大学生创业者带来极大的创业风险。

（五）来源于创业者自身的素质

"打铁还需自身硬"。大学生由于商业经验和综合能力的欠缺，难以准确把握市场规律，不能很好地琢磨消费者的需求或需求发展方向，因而难以及时地更新产品或者服务，这样极易导致大学生创业的失败。因此，个人素质的偏低也会为创业带来极大的风险。

五、大学生创业风险规避途径

（一）正确识别创业机会

对于大学生创业者而言，能否把握正确的创业机会，并且将正确的机会进行开发使之形成一个成功的企业，是创业者应当具备的重要能力之一。从创业过程角度来看，它是创业的起点；在创业机会识别阶段，创业者需要弄清机会在哪里、如何去识别。对于大学生创业者而言，创业机会主要有现有的市场机会、潜在的市场机会、衍生的市场机会。大学生拥有大量的理论知识，但是面对极具市场价值的创业机会，并非所有的大学生都能够有效识别并将机会转化成功。如果大学生有强烈的创业愿望、有较强的创业能力、有良好的创业环境的支持，则创业的风险会大幅降低，成功率会大大提升。可见，对创业机会的识别需建立在有主观意愿和客观条件的双重支持下，这样的机会识别模式是规避创业模式的有效途径之一。

（二）有效进行创业管理

想要成为一个优秀的创业者，需要有较强的创业管理能力，企业管理无小事，管理上的细节能够决定大学生的创业成败。所以，我们需要克服无效管理，探寻有效管理，通过强化管理以提升创业凝聚力和市场竞争力。企业对于创业者来说，就像自己组建起来的一个家庭，自己不去精心整理和经营，这个家肯定很快变成一个废弃的场所。因此，创业者要做管理上的有心人，将企业打理得井井有条、干干净净，没有"死角"，从管理的角度规避管理风险的产生，创业方可健康成长。

（三）合理选择创业项目

选择创业项目是踏上创业之路的第一步，也是最为重要的一步。对于刚出象牙塔的大学生而言，为实现心中创业梦想，选对一个合适的创业项目作为自己创业的第一步极为关键，成败决定于此。基于大学生创业者在知识水平、学习能力、创业热情等方面具有优势，但同时存在着经验不足、心理不成熟、社会资源薄弱、整合资源困难等问题，这些都会对其创业过程产生影响。而"商场如战场"，创业项目的制定和作战方案的制定有着共同特征，具有高风险性和不确定性，因此，大学生应该通过正确地认识自己去正确选择创业项目，寻找项目选择与实际条件的平衡点，以合理的项目开启创业，方可顺势而为、乘势而上，极大地规避项目选择不合理而带来的风险伤害。

（四）深入探索市场规律

社会化发展有效推动了市场的快速发展，而多数人对快速发展的市场规律的适应性相对滞后，在现代经济条件下仍在坚持靠"守摊吃饭"的创业模式还大量存在，这样的创业活动必将遭到残酷的淘汰。大学生作为创新创业的主力军，要按照市场要求，遵循市场规律践行创业过程。根据市场规律结合创业实际，积极研究适应市场规律的创新管理制度和长效实施机制，坚持对市场规律进行深入探讨，不断总结规律，实现稳中求变，提高创业过程适应市场规律的能力，方可对创业过程进行实时调控，确保创业方向不走偏。可见，对市场规律进行深入探索，可积极规避创业市场风险。

（五）加强综合素质培养

创业素质是大学生社会创业的基础。而大学生的创业素质主要由创业意识、创业品德和创业能力构成，通过对上述三个方面的创业素质的培养和提升，可提高他们的风险意识。对大学生创业素质的培养，社会、学校、家庭、学生要齐发力。在社会层面，应通过政府出台相关政策、文件，建立多元化的扶植渠道与保障体系提升学生创业意识；企业应加强对学生创业的认可程度、加强校企合作，提升学生创业能力；学校应通过创新创业教育、营造创业校园文化氛围、完善创业教育教学体系、开展心理培训与咨询服务提升学生创业内在动力，培养学生的创业品质；家庭应通过改变传统的就业观念、支持子女创业、帮助子女创业等来坚定创业信念。通过各方努力培养，大学生积极提升个人创业综合素质，可极大地降低创业风险，有效规避风险带来的不良后果。

目标检测

答案解析

一、单项选择题

1. （　）主要是指具有较强吸引力的、较为持久的有利于创业的商业机会。创业者据此可以为客户提供有价值的产品或服务，并同时使创业者自身获益
   A. 创业意识　　　　　B. 创业能力　　　　　C. 创业机会　　　　　D. 创业资源

2. （　）是指企业在初创与后续成长中所需要的各种生产要素和支撑条件，包括有形资产和无形资产的总和
   A. 创业意识　　　　　B. 创业资源　　　　　C. 创业机会　　　　　D. 创业能力

3. 大学生在对社会资源进行整合建立时应遵循社会资源建立的客观规律，注重社会资源与创业项目的（　）、竞争性、有效性、协调性
   A. 市场性　　　　　　B. 时效性　　　　　　C. 针对性　　　　　　D. 广泛性

4. 大学生创业者在创业的过程中，只有充分意识到、预见到创业过程中可能遇到的（　），并能掌握、探索出对策进行合理规避和转化，实现化险为夷，才能让创业之路可持续走下去
   A. 机遇　　　　　　　B. 资金　　　　　　　C. 挑战　　　　　　　D. 风险

5. 建立健全企业（　），可最大限度地激发企业工作者的工作动机和工作积极性
   A. 企业文化　　　　　B. 激励机制　　　　　C. 管理能力　　　　　D. 人才储备

6. 创业素质是大学生社会创业的基础，大学生的创业素质主要由（　）、创业品德和创业能力构成
   A. 文化涵养　　　　　B. 创业意识　　　　　C. 创业行为　　　　　D. 创业机遇

二、多项选择题

1. 按照资源在创业过程中的作用结合大学生创业的特点以及资源在最初创业过程中所发挥的作用，创业资源可分为（　）、（　）、（　）、（　）、管理资源等5大类资源
   A. 资金资源　　　　　B. 人才资源　　　　　C. 技术资源　　　　　D. 社会资源

2. 大学生创业过程中能否合理有效的投入（　）、（　）、（　）、（　）以及管理等资源，决定创业者在创业过程中的竞争力，决定创业过程能否可持续进行
   A. 人　　　　　　　　B. 财　　　　　　　　C. 物　　　　　　　　D. 社会

3. 创业素质是大学生社会创业的基础，而大学生的创业素质主要由（　）、（　）和（　）构成
   A. 创业意识　　　　　B. 创业品德　　　　　C. 创业行为　　　　　D. 创业能力

三、填空题

1. 随着"大众创业，万众创新"的观念逐步深入人心，_____正逐渐成为国家经济发展的积极因素，也是促进就业的重要措施。

2. 学习与_____是大学生对创业机会进行识别的重要途径。

3. _____，是创业过程得以持续发展的"原动力"，是推动大学生创业得以成功的"引擎"。

4. 新形势下的大学生创业要赢得创业竞争，必须要加强_____的整合与应用，构筑和保持自己在创业过程中的技术资源优势，才能获得创业发展。

四、名词解释

1. 创业机会

2. 创业资源

3. 大学生创业风险

4. 社会资源

5. 企业文化

五、思考题

1. 大学生如何对创业机会进行识别?

2. 大学生如何做好创业风险规避?

书网融合……

本章小结

参考文献

[1] 曹旭. 职业生涯规划与就业创业指导 [M]. 北京: 中国医药科技出版社, 2018.

[2] 苏文平. 大学生职业生涯规划与就业创业指导 [M]. 北京: 中国人民大学出版社, 2018.

[3] 姚飞. 大学生职业生涯规划与就业创业指导 [M]. 北京: 人民邮电出版社, 2021.

[4] 周文超. 学生职业生涯规划与就业创业指导 [M]. 北京: 中国药科科技出版社, 2021.

[5] 丁旭, 莫晔. 创新创业教程 [M]. 北京: 清华大学出版社, 2019.

[6] 毛婷婷, 门奎英. 职业生涯规划 [M]. 北京: 清华大学出版社, 2022.

[7] 蒋乃平, 杜爱玲. 就业与创业指导 [M]. 北京: 北京师范大学出版社, 2020.

[8] 彭军, 谭军, 刘义. 大学生职业生涯发展与就业创业指导 [M]. 北京: 北京理工大学出版社, 2019.

[9] 张季菁, 张雪松. 大学生职业生涯发展与就业指导 [M]. 北京: 中国经济出版社, 2018.

[10] 刘晨. 大学生职业生涯发展与就业指导 [M]. 成都: 四川大学出版社, 2018.

[11] 慕课版/通识教育规划教材编写组. 大学生职业生涯规划 [M]. 北京: 人民邮电出版社, 2019.

[12] 马腾文, 孙沛. 职业发展与就业指导 [M]. 北京: 化学工业出版社, 2018.

[13] 顾玲. 大学生就业指导 [M]. 武汉: 湖北科学技术出版社, 2018.

[14] 沈长生. 职业生涯规划与就业指导 [M]. 北京: 中国人民大学出版社, 2020.

[15] 陈细兵. 新编大学生职业生涯规划与就业创业指导教程 [M]. 北京: 北京交通大学出版社, 2020.

[16] 殷朝华, 何弦, 李坤. 大学生创新创业教育 [M]. 天津: 天津科学技术出版社, 2020.

[17] 杨炜苗. 大学生职业生涯规划与就业指导 [M]. 北京: 清华大学出版社, 2020.

[18] 才晓茹, 夏立平. 职业生涯规划与就业指导 [M]. 北京: 人民卫生出版社, 2019.

[19] 赵麟斌. 大学生职业生涯规划与就业指导 [M] 2 版. 北京: 北京大学出版社, 2020.

[20] 夏金华, 程文海. 医学生职业规划与就业指导 [M] 2 版. 北京: 人民卫生出版社, 2020.

[21] 李毅. 职业生涯规划与就业创业指导 [M]. 北京: 科学出版社, 2020.

[22] 孙晓杰, 韩晓昌、白冰. 走向成功 – 大学生就业指导 [M]. 北京: 现代教育出版社, 2019.

[23] 刘玉红. 大学生职业发展与就业指导 [M]. 北京: 科学出版社, 2020.

[24] 邓山. 职业生涯规划与就业指导 [M]. 北京: 中国医药科技出版社, 2018.

[25] 严颖, 倪洪燕. 大学生就业指导实务 [M]. 北京: 中国商务出版社, 2019.